THE MINISTRY OF A SHEPHERD

인 쇄	2020. 9. 4	
발 행	2020. 9. 8	

지 은 이 　김철봉
펴 낸 이 　박신웅
펴 낸 곳 　도서출판 생명의양식
　　　　　등록번호 서울 제 22-1443호(1998년 11월 3일)
주　　소 　06593 서울시 서초구 고무래로 10-5(반포동)
전　　화 　02-533-2182
홈페이지 　qtland.com
디 자 인 　이현정

ISBN 979-11-6166-102-5
값은 뒤표지에 있습니다.

이 책은 저작권법에 의해 보호를 받는 출판물입니다.
기록된 형태의 출판사의 허락이 없이는 무단 전재와 복제를 금합니다.

셰퍼드 목회론

김철봉 지음

목차

추천사 • 8
평전 연시조 • 18
저자 서문 • 20

제1부
목자로 부르신 하나님의 은혜

1장 나를 인도하신 하나님 • 24
2장 교회, 이 땅의 희망 • 35
3장 사랑하는 가족들 • 47
4장 전국과 세계를 누비다 • 61
5장 애국과 남북 화합 • 68

제2부

쓰러진 목자를 다시 세우시는 하나님

탈진과 회복 •80

1장 탈진은 사건이 아니라 과정이다 •84

2장 인생은 재미가 아니라 의무다 •90

3장 성경을 읽어라, 그 안에 답이 있다 •96

4장 인생은 갈대다, 그러나 생각하는 갈대다 •101

5장 하나님이 싫어하는 것 세 가지 •106

6장 '사람'은 '살다'라는 말에서 나왔다 •111

7장 항상 기뻐하라, 쉬지 말고 기도하라, 범사에 감사하라 •115

8장 사람은 서로 만나야 한다 •120

9장 고난 속에 들어 있는 축복을 기대하라 •125

10장 탈진을 예방하라 •128

11장 자기 진단을 하고 재충전하라 •135

12장 탈진 회복의 열 가지 비결 •143

나가는 말 •150

제3부

세퍼드 목회론

1장 목회는 목양(牧羊)이다 •154

2장 목회는 성육신이다 •163

3장 목회는 사람을 살리는 것이다 •168

4장 목자는 양의 이름을 알고 그 이름을 부른다 •173

5장 목회자는 소명에 이끌려 살아간다 •177

6장 목자의 몸에는 양 떼의 냄새가 나야한다 •182

7장 목회는 섬김 곧 디아코니아이다 •186

8장 목회는 목양일념으로 해야 한다 •192

9장 성령님과 함께하는 신나는 목회 •198

10장 목자의 리더십은 당회 운영에서부터 •202

11장 좁고 힘든 목회자의 길 •208

12장 목회 철학과 전문성을 갖추라 •214

나가는 말 •222

제4부
목자의 노래

1장 초지일관하는 신앙인이 됩시다 •228

2장 아름답도다 전도하는 자들의 발이여 •237

3장 지상에서 가장 아름다운 일 •245

4장 통일과 시대정신 •252

5장 지구상의 첫 결혼식 •260

6장 야곱, 환도뼈를 얻어맞다: 성경이 가르치는 인생관 •269

7장 나는 이제 더 이상 내 것이 아니라 주님의 것입니다! •274

8장 당신은 제자입니까? •279

9장 개혁주의 교회관 •285

10장 착한 행실을 보고 하나님께 영광을 돌리게 하라 •290

11장 아브라함처럼 복을 나누어주는 사람이 됩시다 •296

12장 신앙의 정통과 생활의 순결 고신교단 •303

13장 일상의 행복 •310

추천사

한상동 목사의 마지막 제자인 김철봉 목사의 "셰퍼드 목회론"은 오늘날 목회자들에게 분명한 목회 신학과 목회 철학을 제시한다. 특히 자신의 경험을 바탕으로 '탈진과 회복'을 다룬 2부 내용은 현대 목회자들에게 예방 주사와 백신 주사 같은 내용이다. 이에 더하여 사랑하는 가족을 기억하며 쓴 글도 참으로 감동적이다. 신학의 장정에 들어선 아들에게 쓴 편지는 가슴 뭉클한 권고이며, 백세를 향수하고 천국 가신 어머니를 향한 그리움은 독자들에게 잔잔한 감동과 울림을 주고도 남을 것이다.

김영산 선교사(KPM 국내 이주민 선교부)

목사들 중에 어릴 때부터 신학 외길을 걸어온 분들이 있는 반면, 세상 물정을 구경하고 들어선 사람도 있다. 저자는 전자에 속하여 52년 목양 외길로 살아왔다. 옛날로 치면 웬만한 사람의 한평생 기간이다. 후자에 속하는 추천자로서는 전자에 속한 분들을 정말로 존경한다. 본서에는 저자의 70년 인생, 인격, 학문이 그려졌고 반세기 동안의 목양 경험에서 우러나오는 지혜가 담겨있다. 교회가 기업처럼 바뀌고, 목회자는 직업인이 되어간다는 우려가 높은 한국교회에 본서와 같은 목회 교본이 발간되는 것은 크나큰 축복이다. 본서를 통하여 한국교회의 셰퍼드 목회가 다시 회복되기를 바라며 기쁜 마음으로 추천한다.

남후수 선교사(Cebu Bible College 학장, KPM 선교사)

현대 목회자들이 목회 정체성을 잃어가고 있는데 저자는 본서를 통해 후배 목회자들에게 목회 본질을 보여주면서 올바른 정체성을 갖게 합니다. 책 제목이 "셰퍼드 목회론"인데 우직하고도 충실하게 양떼를 지키는 셰퍼드의 모습을 보는 동시에, 또 실천 목회의 항목을 마치 보석에 장미꽃을 새기는 노련한 세공업자의 모습을 본 것 같습니다.

주종근 목사(효자제일교회 원로목사)

김철봉 목사님께서 50여 년도 넘는 목회 여정을 정리한 귀한 책을 내셨다. 은퇴하시면서까지 후배들에게 주는 귀한 선물을 주시는 목사님께 감사드린다. 이 책은 영적이면서 실제적이다. 목회 현장에서 치열하게 고민하고 기도하면서 주님이 가슴에 담아주신 귀한 교훈들을 정리한 것이기에 더욱 귀하다. 특별히 김목사님이 탈진의 위기를 넘어서 이전보다 더 귀하게 주님께 쓰임 받는 은혜를 지켜본 후배로서 이 책이 흔들리는 모든 목회자들과 성도들에게 나침반과 길잡이가 될 것을 확신한다. 김목사님과 함께하셨던 성령님의 역사가 이 책을 손에 들고 읽는 모든 이들과 함께하실 것을 기대한다.

권오헌 목사(서울시민교회 담임목사)

누구보다 사랑하고 존경하는 김철봉 목사님!

일찍이 하나님의 택하심을 받아 복음 전도의 사명자가 되어 평생을 오직 한 길, 복음에 집중하면서 하나님 나라를 위한 험난한 여정을 아름답게 걸어오신 목사님. 어언 50여 년, 결코 짧지 않은 세월 동안 귀한 사명을 충성스럽게 감당하고, 이제 그 귀한 사역에서 한 발 물러서게 되었다는 소식을 접하면서 못내 아쉬움과 섭섭한 마음을 금할 길 없습니다. 이 땅에 수많은 목회자가 있지만, 누구보다 많은 대화와 교제를 함께 나누면서 깊은 속마음을 주고받았던 김목사님이기에 여러 가지 소중한 기억들이 새록새록 생각납니다.

총회를 위해 봉사해 보겠노라고 처음에 부총회장에 나섰다가 그 누구와도 상의 없이 갑작스럽게 사퇴를 발표해 뜻을 같이 했던 많은 분들을 당황케 했던 일. 그 일로 인해 한 동안 어색한 분위기가 형성되기도 했지만, 세월이 흐른 후 자신만의 깊은 고뇌와 배려에 의한 결단이었다는 사실을 알게 되면서 김목사님의 사랑과 희생적인 성품을 가슴으로 느꼈습니다. 그 누구보다 앞날이 창창한 목사님이었지만, 갑자기 찾아 온 마음의 깊은 상처와 함께 엄청난 육신의 고통을 겪어온 세월 또한 잊을 수 없습니다. 그러나 목사님은 그 캄캄한 어두움을 헤쳐 나와 더 밝게 빛난 별이 되어 하나님의 나라를 위해 쓰임 받은 일은 모든 성도들에게 큰 용기를 주면서 귀감이 되었습니다.

경북지방 곳곳을 다니며 가졌던 그 고뇌의 시간들, 제주도 열방대학교에서의 회복과 이후 외국에서의 열정적인 전도의 시간들은 누구도 감당하기 쉽지 않은 은혜와 기적의 세월이었습니다. 그 가운데 목사님을 향한 사직동교회 당회원들과 성도님들의 응원과 기다림은 어디에서도 쉽게 보기 힘든 엄청난 사랑이었습니다. 당시 선임 장로였던 안민 장로님은 "부모가 편찮으신데 자녀된 우리가 어떻게 외면 할 수 있느냐"면서 끝까지 인내하고 기다렸습니다. 모두가 공동 운명체가 되어 목사님과 진퇴를 함께하겠다는 결단과 각오로 한 마음이 된 당회와 성도들의 사랑과 기다림은 보고 들은 많은 이들에게 엄청난 감동이었습니다. 너무나 아름답고 귀감이 되는 교회 공동체의 모범으로 우리 총회와 전국교회에 두고두고 기억이 될 것입니다.

그 결과 김목사님은 사직동교회는 물론, 총회를 위해 다시 훌륭한 지도자가 되어 눈부신 열매들을 맺는 큰 리더십을 발휘했습니다. 무엇보다 말씀이 더 살아나 많은 집회와 간증을 통해 국내외 많은 교회에서 능력 있는 말씀을 전했고, 총회장으로 활동할 때에는 겸손과 섬김의 리더십으로 세상의 희망이 되는 교회의 모습을 보이며 총회 발전에 큰 족적을 남겼습니다. 특히 교단이 화합하는 일과 무엇보다 40년 동안 헤어졌던 고려총회와 통합을 이루어내는 큰 역사의 주인공이 되었습니다. 이는 목사님의 헌신적인 사랑과 포용력, 그리고 큰 희생이 없었으면 결코 쉽게 이루어질 수 없는 일이라고 생각합니다.

지금까지 김목사님을 귀하게 쓰신 하나님은 앞으로도 복음과 말씀 증거를 위해 더 귀하게 쓰실 줄 믿습니다. 앞날에도 계속해서 하나님의 큰 은혜와 복이 가득하시기를 간절히 기도드립니다.

엄송우 장로(창원 한빛교회, 전임 고신장로부총회장)

50여 년이 넘게 목사로 사역하시고, 특별히 지난 23년 동안 사직동교회에서 영감 있는 목회로 놀랄만한 성장을 이루신 목사님께서 목회를 아름답게 마무리 하시면서 이 책을 내어놓는 것을 기쁘게 생각합니다. 믿음의 선배로서 마음에 가득한 것을 나누고 싶어 하며 말하고 싶어 하는 목사님의 생각과 열정을 독자들은 책장을 넘길 때마다 느끼며 흠뻑 젖어들 것입니다.

목회의 여정 가운데 처했던 환경과 목회 경험에서 우러나온 여러 가지 일들을 통해 하나님이 사용하시는 그릇으로 아름답게 다듬으신 하나님의 섭리를 새삼 느끼게 됩니다.

이 책이 전하는 메시지가 여기저기서 땀과 눈물을 흘리며 사역하는 많은 후배들에게 진한 감동과 도전을 줄 것이라 믿습니다.

신수인 목사(양산교회 담임목사, 고신총회장)

부르심의 길을 52년 동안 있는 힘을 다해 달리고 정년 은퇴하시는 김철봉 목사님께 깊은 존경과 감사의 마음을 드립니다. 목사님과 함께했던 사직동교회에서의 23년은 저와 우리 모든 성도들에게 하나님의 선물들로 가득했던 큰 은혜의 시간이었습니다.

김목사님의 70년 인생과 52년의 목회 여정이 그려진 이 책을 열면서 벅차오르는 가슴과 흐르는 눈물을 주체할 길이 없었습니다. 그것은 김목사님의 깊은 영성과 지성뿐 아니라 그렇게도 사랑하셨던 사직동교회와 함께 목사님이 살아내신 치열하면서도 아름다운 삶이 너무도 생생하게 녹아져 있기 때문이었습니다. 하나님 사랑, 생명 사랑, 교회라면 예배당 주변의 풀 한 포기, 나무 한 그루에도 마음을 쏟으셨던 그 교회 사랑이 위대한 유산으로 이 책 속에 담겨 있습니다. 이 책을 읽는 다음세대 목회자들은 이 유산을 풍성하게 누리게 될 것입니다. 23년간 표현할 길이 없는 배려와 사랑을 받으며 김목사님과 행복하게 지낸 증인으로서 이제는 사직동교회의 원로목사님으로 새롭게 펼쳐가실 여정을 설렘으로 기대하며 기쁨과 자랑스러움으로 추천합니다.

안민 교수(고신대학교 총장, 사직동교회 장로)

책의 홍수 시대에 또 한 권의 책이 나왔다.

그러나 이번에 출판된 이 책은 그냥 그렇고 그런 책이 아니라, 꼭 있어야 할 책, 진작 나왔어야 할 책이다. 23년간 부산 사직동교회를 섬기고 정년퇴임하는 김철봉 목사님이 52년간 교역자(목사안수 후 44년)로서 평생을 주님, 주님의 몸 된 교회를 충성을 다해 섬긴 목사님의 70년 삶과 사역이 녹아있는 귀한 책이다. 하나님께 쓰임 받는 것이 인생에서 가장 큰 성공이고, 가장 큰 행복이고, 가장 큰 영광인데, 김목사님은 일생동안 하나님 나라를 위하여 참 귀하게 쓰임 받으셨다. 고신대학 신학과 1학년 때부터 그 어린(?) 나이에 교육전도사로 교회를 힘써 섬겼고, 그 후부터 고신 교단에서 많은 최연소 타이틀은 김목사님의 것이었다. 애국심이 투철한 목사님은 군종장교로 전역한 후에도 군선교사역에 힘을 쏟아 전역 후에 1계급 특진(소령)하기도 했고, 지금도 목사님께 전화하면 전화기에서 애국가가 울려 퍼진다.

무엇보다도 목사님은 그 누구보다도 심한 탈진에 빠졌으나 놀랍게 극복하고, 이후 교단 총회장으로, 고려측과 고신의 40년만의 통합을 이루는데 주역으로 쓰임 받으시고, 영성 있는 부흥사로서 세계를 다니시면서 교회를 든든히 세우고, 목회자, 선교사님들에게 큰 위로와 격려를 주시고 있다. 김목사님의 70년 삶과 50여 년 사역 경험이 녹아있는 이 책은 참 신앙인의 모습과 하나님께 쓰임 받는 사역자의 모습을 보여준다. 독자들은 귀한 가르침과 신앙의 지침을 얻게 될 것이다. 서울 시민교회에서 목사님 밑에서 부목사로 목회 훈련을 받은 것이 필자의 목회에 아주 큰 배움과 도움이 되었는데, 이런 귀한 책에 대해서 추천할 기회를 주신 목사님께 감사를 드린다. 남은 생애 동안 더욱 귀하고 아름답게 쓰임 받으실 것을 확신하며, 모든 성도들과 특별히 사역자들에게 필독을 권한다.

박정곤 목사(고현교회 담임목사, 경남기독교총연합회 대표회장)

김철봉 목사님은 하나님께서 고신교회에 허락하신 참으로 귀한 선물이다. 학문, 인격, 경건을 두루 갖춘 보기 드문 목회자로서 받은 달란트를 아낌없이 교회와 총회를 섬기는데 사용하셨기 때문이다. 예기치 못한 탈진이라는 수렁을 겪으며 보낸 오랜 인고의 기간은 오히려 김목사님의 목회를 새로운 차원으로 변화시킨 전기가 되었다. 설교는 확신에 찼고, 그 울림은 컸다. 이후 많은 교회로부터 집회 요청을 받게 되었고 말씀으로 봉사하셨다. 신학대학원의 교수들과 학생들에게도 목사님의 삶의 고백이 담긴 메시지들은 깊은 감동을 주었다. 이제 50여 년 목회를 되돌아보고 마무리하면서, 김목사님은 목회 사역을 통해 얻은 목회적 지혜와 통찰력을 담은 사역의 결정체를 이 책에 담으셨다. 이 책은 목회의 길에 들어서 있는 젊은 사역자들에게 목회의 좋은 길라잡이가 될 것이라 확신한다. 아울러 김목사님의 목회적 돌봄을 받으며 신앙생활을 해온 성도들에게는 목사님의 목회와 삶을 추억하는 행복한 사진첩이 될 것이라 생각한다.

신원하 교수 (고려신학대학원 원장)

김철봉 목사님의 목회 완주는 모든 목회자에게 큰 도전이자 값진 선물입니다. 더욱이 예수님의 목자상을 성경에서 통찰하여 목회로 접목한 화해와 연합의 리더십은 위기를 만난 한국교회 갱신을 돕는 세르파(sherpa)와 같은 길잡이가 될 것을 확신합니다.

독자들의 심장을 뛰게 할 이 책은 본질적 가치 추구에 목 말라 하는 목회자들에게 꼭 권하고 싶습니다. 그 이유는 목회가 어렵다고 하지만 진정 어려운 것은 참 목자가 되는 것이기 때문입니다. 저자는 글과 말이 아닌 삶의 실천으로 필립 켈러나 리차드 백스터를 닮아가는 목자의 삶을 살아내고 계신 분입니다. 그러므로 이 책은 혼탁한 이 시대의 치열한 목회 현장에서 오아시스 같은 새로운 변화와 부흥을 가져오게 될 것입니다.

천환 목사 (인천 예일교회 담임목사, 전임 고신총회장)

김철봉 목사님은 바나바의 이름과 평판(행 11:24)을 받기에 합당한 목회자이시다. 성도들과 동료들을 따뜻한 배려와 자상한 보살핌으로 밀어주고 이끌어 주는 위로자이셨다. 그리고 정치에 능하지는 못했을지 모르지만 원리에 대한 확신과 온화한 성품으로 앞서 나가서 교회 연합을 위한 양보와 화합을 이끌어낸 가교(架橋)의 지도자이셨다. 특히 그는 개인적인 절망과 탈진을 성령의 은혜로 딛고 일어서 그를 향한 교회의 변함없는 사랑과 기도에 믿음으로 응답하였던 극적인 신앙의 사람이었다. 우리 아버지 하나님께서 긴 세월 동안 그토록 사랑하사 아름답고 귀하게 들어 사용하셨기에 함께하였던 우리 모두에게 김목사님은 항상 소중한 분으로 기억될 것이다.

이환봉 교수(고신대학교 명예교수)

평전연시조

김철봉 목사 사역 평전 연시조

아당 김영산(KPM 선교사)

정지기
낙동강 흐르다가 무척산 보이는 곳
한림면 가동리라 향수의 삶의 자리
오늘도 변함 없어라 너를 닮은 내 마음

성장기
영혼의 신전 교회 꿈을 준 가산 초교
한얼중 학신 운동 어린 싹 자랄즈음
스승들 가르침에 따라 씨알하나 품었네

사역기
고신의 선진들과 복음의 동역여로
동상동 제3영도 목회의 좁은 길 위
누구든 나를 따르려면 십자가를 지란다

성숙기
안수 후 군목으로 퇴역 후 부목으로
본대학 수학 이후 마산제일 서울시민
목자장 그 발자취 따라 에벤에셀 목회라

황금기
사직동 은혜 목회 오로지 예수 사랑
푯대가 있는 여정 어느덧 오십 여년
시몬아 날 사랑하느냐 들려오는 주 음성

회상기
먼훗날 주님만나 그 품에 안길 때면
한편은 흐느끼며 한편은 기뻐할 때
엄마품 아기보다 행복해 표현 못 할 그 사랑

---

*김철봉 목사 목회사역 50주년을 축하하며 김영산 쓰다.

(1969년 6월 1일 – 2019년 6월 1일)

저
자
서
문

　　　부르심을 받고 소중한 주님의 교회를 섬겨온 목회 여정을 마무리 하면서 돌아보니 문득 예레미야 1장 4-7절 말씀이 그윽이 밀려옵니다. "여호와의 말씀이 내게 임하니라 이르시되 내가 너를 모태에 짓기 전에 너를 알았고 네가 배에서 나오기 전에 너를 성별하였고 너를 여러 나라의 선지자로 세웠노라 하시기로 내가 이르되 슬프도소이다 주 여호와여 보소서 나는 아이라 말할 줄을 알지 못하나이다 하니 여호와께서 내게 이르시되 너는 아이라 말하지 말고 내가 너를 누구에게 보내든지 너는 가며 내가 네게 무엇을 명령하든지 너는 말할지니라." 세월이 흐르고 나이가 들어가는데도 여전히 내 마음은 "나는 아직 어리다. 젊다."고 속삭이건만, 어느덧 정년퇴임이라고 하는 목회의 마지막 해를 보내고 있습니다.

　　　조용한 농촌마을과 고향 교회를 떠나 부산 고신대학교에 입학하면서 나의 '교회 사랑과 섬김의 여정'이 시작되었습니다. 부산 동래에 위치한 동상교회 권성주 담임목사님과 당회는 만 열아홉 살의 어린 신학생을 "교육전도사"로 임명해 주셨습니다. 제3영도교회는 주일학교, 중·고·대학부까지 맡겨 주셨고, 젊음을 무기로 삼아 힘들다는 생각 없이 정말 감사함으로 섬겼습니다. 담임 교역자로 섬겼던 거제도 송진교회, 강원도 철원과 경기도 일산에서 군종장교로서 섬겼던 철책선의 군목(軍牧) 시절은 제 인생의 아름다움과 작은 성취감을 경험케 하시는 은혜의 시간들이었습니다.

최해일 목사님의 초청으로 서울 서문교회에서 부목사로 사역하면서 소중하고 다양한 목회실습을 받았습니다. 가족들을 고생시킨 마음의 빚은 남아있으나 독일(Bonn 대학교)에서 공부도 하면서 한인교회를 섬길 수 있었던 것은 축복이었습니다. 그 후 30대 초반 어린 목회자를 담임목사로 기쁘게 청빙해주셔서 젊음의 열정을 쏟아 붓게 하셨던 마산제일교회를 기억합니다. 강도사로 섬겼던 서울시민교회는 저를 다시 담임목사로 청빙하여 주셨습니다.

이제는 교역자로서 52년이라는 긴 날들을 다 달리고 "화목하여 소망이 넘치는 사직동교회"에서 목회를 마무리하렵니다. 23년을 너그러움과 깊은 사랑으로 저와 저의 목회(牧會)를 지켜주신 사직동교회는 많은 교회에 큰 감동과 오랜 울림을 주고도 남을 참 아름답고 좋은 교회입니다.

마지막으로 아내 손문숙 사모에게 고마움을 전합니다. 탈진이라는 어둡고 긴 터널을 통과할 때 환자인 내 투정과 불평, 무례를 온 몸으로 끌어안아 주어야 했으니 그 아픔과 눈물을 어찌 다 헤아릴 수 있겠습니까! 52년 목회 사역에 대하여 주님과 교회로부터 '소박한 칭찬과 선물'이 있다면 오롯이 당신에게 돌아가야 마땅합니다. 그리고 아버지의 길을 따라서 목회자의 여정을 걷고 있는 아들 창훈 목사와 며느리 현주, 그리고 딸 혜원 전도사에게도 고마움과 함께 애잔한 마음을 전합니다.

    사직동교회 앞에 데살로니가전서 2장 19~20절 말씀을 선사합니다. "우리의 소망이나 기쁨이나 자랑의 면류관이 무엇이냐 그가 강림하실 때 우리 주 예수 앞에 너희가 아니냐 너희는 우리의 영광이요 기쁨이니라."

주후 2020. 8. 30(주일)
금정산을 바라보면서 목양실에서
김철봉(金哲奉) 목사

제1부
목자로 부르신 하나님의 은혜

1장 나를 인도하신 하나님
2장 교회, 이 땅의 희망
3장 사랑하는 가족들
4장 전국과 세계를 누비다
5장 애국과 남북 화합

1장 나를 인도하신 하나님

아름답고 평화로웠던 고향 김해시 한림면 가동리. 낙동강이 흐르고 정면에는 무척산이 우뚝 서 있어 아름다울 '가(佳)'라는 이름이 너무나도 잘 어울리는 그곳. 그렇게 아름다운 곳에서 자라났다. 가동과 관련해 잊을 수 없는 추억이 있다. 1958년 8월 아주 무덥던 어느 여름날이었다. 낙동강이 너무나 시원해 보여 뛰어 들었다. 아뿔싸! 어린 내가 낙동강의 거센 물결을 견딜 수 없었던 것이다. 마침 더위 속에 밭일을 하다가 강물에 몸을 식히러 오신 마을 어른의 눈에 띄어, 그 분이 내밀어준 기다란 나무 장대를 붙잡고 겨우 강에서 빠져나올 수 있었다. 구사일생이었다. 이런 추억을 떠올리면 야곱이 '나의 출생으로부터 지금까지 기르신 하나님'이라는 고백(창 48:15-16)이 절로 나의 고백이 된다.

좋은 스승들을 만나게 하시다

사람은 만남의 존재인데 하나님은 나에게 귀한 스승들을 만나게 하셨다. 그중에서 특별히 나에게 영향을 준 스승들을 잊을 수 없다.

박종수 목사님의 선친이기도 한 박임규 전도사님은 주일학교와 중학생 시절 고향교회 담임전도사셨다. 그는 6.25 전쟁의 피폭자이기도 하셨다. 그 분은 정통 신앙의 소유자로서 오직 성경, 오직 믿음, 오직 예배의 신앙생활을 가르쳐주셨고 그 가르침이 내 뼛속 깊이 심겼다. 조이득 선생은 고향교회 선배이자 주일학교 교사셨다. 그는 불굴의 신앙인으로 내게 약속을 잘 지키는 것과 헌신하는 모습을 보여주신 분이시다. 권성주 목사님은 동상교회를 개척하신 분이시다. 19세라는 어린 나이에도 불구하고 나를 동상교회 교육전도사로 임명하셨다. 목회란 끝없는 인내의 연속임을 온 몸으로 보여주신 목회자셨다. 최해일 목사님은 고신대 행정처장을, 이후에는 서울 서문교회를 담임하신 분이셨다. 한상동 목사님을 설득해 고신대학을 문교부에 인가 받게 하셨고 군목을 배출하는 학교로 발전 시키셨다. 그 분의 창의력과 도전 정신은 끝이 없었던 것으로 기억한다. 그런 분이 나를 부목사로 세워 동역하게 하셨다. 마산제일교회 목회 시절 다양한 측면에서 멘토가 되어주신 분이 바로 곽삼찬 목사님이셨다. 그분은 목회의 열정과 도전 정신을 불러일으키시는 동시에 칭찬과 격려의 덕을 보여주셨다. 고려신학대학원 신원하 원장의 장인이기도 한 박종수 목사님은 최고의 멘토이셨다. 그분은 남서울교회에서 30년간 목회를 하신 분이셨는데, 명쾌하고 해박한 성경 지식을 가지셨다. 더불어 끝없는 사랑과 지지를 보내주셨고 관용과 화평을 몸소 보여 주셨다. 이근삼 교수님은 고신대학교, 신학대학원 칠 년간의 스승으로서 솔직하고 소탈한 성품을 지니셨다. 명쾌한 조직신학 강의는 지금도 기억에 남는다. 정판술 목사님은 사직동교회에서 정년 퇴임하신 전임자 선배로서 부드럽고 신사적인 목회자이시다.

꿈을 심어주신 스승들

1957년 초에 가산초등학교에 입학했을 때 오형환 교장 선생님을 만났다. 그가 들려주신 프랑스의 포도주 이야기는 지금도 잊을 수 없다. 진영읍에 위치한 한얼중, 고등학교에서 만난 김두혁 교장 선생님도 기억난다. 아침 조회마다 여러 가지 훈시를 주셨다. 사라호 태풍을 만난 경험을 얘기해주신 적이 있는데 지금도 생생히 기억난다. 당시 그분은 진우도에서 고아들을 양육하고 있었는데 태풍 때문에 모든 것이 떠내려갈 상황이 된 것이다. 그때 하나님께 '살려주세요!'라며 기도했는데, 갚지 못한 빚이 있었는데 빚쟁이가 자기를 욕하고 자기를 믿는 하나님도 욕할까봐 그것이 두렵다고 살려달라고 한 것이었다. 기도 덕분에 안전하게 살아남았고 그 빚도 다 갚았다고 했다.

한얼고등학고 재학 시 있었던 일이 생각난다. 1966년 어느 봄날 자전거를 타고 등교하는 길이었다. 들판에서 급하게 방향을 틀다가 농수로에 처박혀버렸고, 순간적으로 기절하고 말았다. 한참 후 정신을 차리고 주위를 두리번거렸을 때 깜짝 놀랄 수밖에 없었다. 추락한 곳 바로 옆 약 20cm 떨어진 곳에 시멘트 구조물이 있었던 것이다. 만약 처박힐 때 시멘트 구조물에 머리를 부딪쳤다면 무사하지 못했을 것이다. '나 이제 생명 있음은 주님의 은혜요'라는 찬송처럼 한 걸음 한 걸음이 주님의 인도와 보호의 연속이었다.

1969년 고신대학에 입학해 1976년까지는 한상동 목사님의 마지막 제자로 그분을 만난 것이 크나큰 은혜요 기쁨이었다. 한목사님께 정통 신앙, 순교 정신을 배우고 더불어 삶으로 보여주신 겸손, 온화 그리고 눈물을 볼 수 있었다. 꿈을 심어주신 스승도 계신다. 바로 김효정 선생님이시다. 당시 숙명여대 국문과를 나올 정도로 대단한 분이셨는데, 자칫 방황할 수 있는 사춘기 시절에 사랑이 담긴 따끔한 충고를 아끼지 않으셨다. 선생님은 내게 자주 200자 원고지에 편지를 써주셨다. 큰 꿈을 가지라는 내용이었는데 그 내용이 지금도 선하다. '진영은 작은 읍이다. 더 넓은 세계로 나가라. 부산, 서울, 뉴욕, 런던같은 넓은 세상이 있다는 것을 잊지 말거라.' 선생님이 주신 관심과 격려는 민감한 청소년 시기에 큰 힘이 되었다.

아름다운 동역자들

아름다운 동역자들도 만나게 하셨다. 하남은광교회를 목회하다가 지금은 은퇴한 손종기 목사와 함께 부산 동래의 동상교회를 섬겼던 시절이 생각난다. 그때 첫 교역자 시절이었는데 성도님들이 잘 보듬어 주셨다. 덕분에 교회는 아름다운 곳이며, 성도는 사랑의 사람이고, 그런 사람들을 섬기는 목회는 참 보람된 것임을 배울 수 있었다. 60년 가까이 고향 농촌교회를 지켜온 거제 송진교회 홍원백 장로님도 생각난다. 그분은 농부이시지만 지성인이고 독서하는 사람이었다. 언제나 따뜻하게 목회를 격려하는 벗 중의 벗이요 형님이시다.

그 외에도 신학교 동료 류영기 선교사, 서울시민교회 김형웅 장로, 마산제일교회 정외석 장로, 창원 한빛교회 엄송우 장로, 인천 예일교회 천환 목사도 아름다운 동역자들이다. 빠질 수 없는 분들이 있는데 마지막 목회 현장인 사직동교회의 당회원들과 온 성도들이다. 그분들과 마지막까지 아름답게 지낼 수 있음이 내게 큰 기쁨이다.

목사로 준비시키다

신전교회 주일학교를 통해 어릴 때부터 신앙의 기초를 든든하게 세웠다. 성경 구절을 암송하거나 찬송할 때마다 선생님들은 사랑의 격려를 아끼지 않으셨다. 덕분에 어린 시절부터 새벽 기도를 시작할 수 있었다. 중고등학교 때는 SFC 활동을 하며 꿈을 키웠다. 특히 동계 수양회를 통하여 은혜를 받고 성경 퀴즈 대회에서 성취감을 느끼면서 목회자의 꿈을 꾸었다.

한얼중, 고등학교가 미션 스쿨이었기 때문에 주 1회 전교생 예배가 있었다. 그 시간에 외부 강사들이 와서 특강을 했는데 감동과 도전을 많이 받았다. 특히 함석헌 선생의 강의는 잊을 수가 없다.

고신대학에 입학했을 때 군종장교 선발 제1기 시험에 응시할 수 있었다. 마침 그때 문교부 인가와 국방부의 군종장교 선발 지정학교로 인가 받았기 때문이다. 시험에 합격하면서 군종 목사의 꿈을 키워 나갔는데, 이런 경험을 하면서 마치 하나님께서 나를 위해 고신대를 세우고 군종장교 선발 지정학교가 된 것이 아닌가 하는 생각이 들었다. 하나님을 아버지로, 나를 위해 바삐 움직이시는 분으로 더욱 확신하고 의지했다.

목사이자 대한민국 육군 장교

월요일 아침마다 코피를 쏟으며 교회를 섬겼던 신학대학원 시절을 뒤로하고, 졸업 후 최연소 군목으로 전방에서 복무하면서 나라 사랑의 열정을 키웠다. 이때 첫 담임 목회를 했는데 좋은 사람, 별난 사람 등 다양한 사람을 만났다. 그때 신대진 장군, 박세직 장군, 안영식 대대장 등을 만났다. 그때 진중 합동 세례식을 준비하고 380명이나 되는 젊은이들에게 세례를 베푼 것은 잊을 수 없다.

1977년 4월, 육군 보병학교에 입교해 만 4개월 동안 고강도의 장교 훈련을 이수하였다. 모든 교육과 훈련이 그렇듯이 장교 후보생으로 훈련받는 동안 그 긴장감과 고충은 이루 말할 수 없었다. 4개월이라고 하는 정해진 기간이 있었기에 망정이지 끝나는 날이 언제인지 알 수 없었다면 좌절할 수밖에 없었을 것이다. 고강도 훈련을 이수한 뒤 그 해 8월 중순, 휴전선을 지키는 강원도의 모 부대로 배속 받았다.

경기도 운천부터는 비포장 흙길이었다. 여름인지라 장맛비로 인해 흙길은 여기저기 깊게 파여 있어 의정부에서 점심을 먹고 출발했음에도 불구하고 백골 사단에 도착했을 때는 어둑어둑한 시간이었다. 어두운 중에 도착했는데 부대 분위기도 심상치 않았다. 부대 깃발에는 부대 이름처럼 백골이 그려져 있었고, 곳곳에 세워져 있는 입간판에도 백골이 선명하게 그려져 있었다. 전투복 휘장에도 온통 백골 그림이다. 무엇보다 놀라운 것은 경례 구호가 "백! 골!"이었다. 이 구호를 외칠 때마다 비장한 각오를 할 수밖에 없었다. 적어도 부대 명칭, 구호, 분위기로만 평가한다면 백골 부대야 말로 대한민국 최강의 부대라 할 수 있을 것이다.

근무하는 동안 나는 군종 장교, 일명 군목(軍牧)으로서 중위 계급장과 동시에 십자가 표식을 달고 다녔다. 군인인 동시에 목회자였다. 그러니 다소 어정쩡하다. 만일 전투가 발생한다면 어떻게 될까? 내가 영적으로 책임 맡은 부대의 장병들이 치열하게 전투를 하는 중에 일반 지휘관이 희생되고 나만 유일하게 살아남았다면 나는 지휘를 할 수 있을까? 주님을 섬기는 목사가? 게다가 군 성직자라 총기 소지도 않았는데 말이다. 원치 않는 상황이지만 어쩔 수 없는 상황이라면 장교로서 부대원들을 지휘할 수 있지 않을까 생각했다. 복무하는 동안 전쟁이 일어나지 않은 것은 참으로 주님의 은혜였다.

언덕 아래로 곤두박질치다

군 복무 기간 동안 숱한 사건, 상황, 사연들이 있었지만 지금도 강렬하게 떠오르는 기억들이 있다. 당시 연대 군목으로서 내가 돌아보아야 하는 부대는 모두 다섯 개였다. 부대마다 교회가 있다 보니 맡은 교회 또한 다섯 곳이었다. 연대 본부 교회와 네 곳의 대대 교회이다. 주일 오전에는 연대 본부 교회에서 예배를 인도하고 오후에는 네 곳의 대대 교회 중 한 곳을 방문해 예배를 인도했다. 오토바이를 타고 비포장 흙길을 종횡무진 했다. 대개 대대장을 비롯해 일부 장교들도 예의를 차리느라 연대 군목을 반갑게 맞이해 준다. 그 때만해도 군목이라고 예우 받던 좋은 시절이었다.

어느 주일 연대 본부로부터 멀리 떨어진 대대 교회에서 오후 예배를 잘 인도하고 저녁 무렵 집으로 돌아오던 중이었다. 무더운 여름 시기에 장맛비가 내려 여기저기 작은 웅덩이들이 있었다. 대대 교회로 이동할 때는 다소 밝은 시간이었기 때문에 군데군데 파인 웅덩이들의 위치를 확인할 수 있었다. '나중에 돌아올 때 이 웅덩이들을 조심해야지.' 하고 머릿속에 입력해 두었다. 하지만 정작 돌아올 때는 웅덩이의 존재조차 깜빡 잊어버렸다.

그럴만한 이유가 있었다. 젊은 나이에 나라를 지킨다는 자부심과 주일 예배 인도를 잘 마쳤다는 홀가분함, 그리고 아내와 두 아이가 저녁 식사를 위해 기다리고 있다는 생각이 버무려졌기 때문이다. 오토바이를 타고 신나게, 물론 비포장도로였기 때문에 과속은 아니지만 어쨌든 돌아오고 있었다. 웅덩이를 눈으로 확인했을 때는 이미 늦었다. 웅덩이에 오토바이가 처박히면서 튕겨져 나왔다. 오토바이와 나는 저 멀리 6-7미터 아래로 곤두박질쳤다.

떨어진 순간 의식을 잃었다. 분명 의식을 잃은 순간은 짧았던 것 같지만, 의식을 잃어버린 그 시간이 내게는 매우 길게 느껴졌다. 눈을 떴을 때는 사방이 어둑어둑했고 오토바이는 나뒹굴어져 있었다. 40년 전이다 보니 차량도 없고 휴대전화 같은 통신 수단도 없었다. 그날 꽤 먼 거리에 있던 집으로 오토바이와 함께 무사히 돌아왔다. 작동하지 않고 망가져버린 90cc 오토바이를 무슨 힘으로 끌어 올리고, 끌고 왔는지 기억이 나지는 않는다.

40년이 지난 지금도, 어떻게 멈추었던 의식이 돌아왔지? 무슨 힘으로 6-7미터 높이 언덕 위로 오토바이를 끌어안고 올라올 수 있었지? 그 오토바이를 무슨 힘으로 질질 끌고 비포장 길을 걸어서 집까지 올 수 있었지? 이 세 가지 궁금증은 아직도 풀리지 않는다. 실로 초인적인 힘이었다. 그러니 유일하게 설명할 길은 오직 '하나님의 은혜'뿐이다 (시 18:29).

전역 후 목회 여정

전역 후 서울 서문교회를 섬기며 대학부를 담당했다. 그때 인태웅 목사, 김병연 교수, 최승락 교수, 이주향 교수, 원희룡 제주 지사 등등이다. 이후 비록 짧은 시기이지만 서독 본(Bonn) 대학교 유학과 한인교회도 섬겼다. 그후 마산제일교회 청빙을 받아 1983년 6월부터 교회당을 신축하고 교회가 성장하는 경험 등 감사가 넘치는 나날들을 보내었다. 이어 서울시민교회 청빙을 받아 서울에서 목회를 했다. 교회당 증축과 학사관을 세우며 많은 부목사들을 양성하는 기쁨도 누렸다.

마지막 목회지, 아름다운 사직동교회

마지막으로 사직동교회를 섬겼다. 하나님의 은혜로 1967년 10월 8일 기와집에서 한 목회자와 8명의 성도들이 첫 예배를 드린 교회가 50년이 지난 현재 3,000여 명이 모이는 교회가 됐다. 나는 1997년에 부임하면서 사도행전 9장 31절과 골로새서 1장 28절을 중심으로 교회 표어를 정하였다. "화목하여 소망이 넘치고 칭송받는 교회 / 각 사람을 그리스도 안에서 완전한 자로 세우는 교회"이다.

교회마다 전통이 있는데 '화목'과 '신앙 계승'이 사직동교회의 전통이다. 그래서 나는 하나님 나라 확장과 복음 전파를 위해 서로 배려하고 존경하는 화목을 강조하는 동시에 교회의 모든 사역을 신앙 계승에 초점을 맞추었다. 오늘날까지 우리 교회가 있을 수 있도록 힘을 다한 믿음의 선배들을 언제나 기억하려 애쓰고 우리도 그와 같이 되기 위해 노력하였다. 이것이 우리의 좋은 전통이고 더욱 발전되고 계승될 전통이라고 생각한다.

하나님께서 아담에게는 "땅을 잘 다스리라," 노아에게는 "방주를 만들어라," 아브라함에게는 "만 백성에게 복의 근원이 되라," 요셉에게는 "열국을 먹여 살려라," 다윗에게는 "열두 지파를 통일시켜라," 베드로에게는 "내 양을 먹이라," 그리고 바울에게는 "이방을 위한 선교사가 되어라."고 명령을 주셨다. 사직동교회도 주님께 받은 세 가지 사명에 따라 목회했다. 사직동교회의 세 가지 사명은 다음과 같다.

사직동교회 삼대 사명

첫째, 우리는 화목하여 칭송받으므로 '소망이 넘치는 사직동교회'를 지향한다. 예수님께서 하늘 영광을 뒤로 하시고 낮고 험한 세상으로 오신 것과 십자가를 짊어지시고 피 흘려 죽어주신 것은 하나님과 우리를 화목케 하시고자 함이었다. 이제 우리는 화목의 사신(使臣)이 되었다. 우리가 먼저 화목해 하나님과 사람들에게 칭송받는다. 또 이웃과 화목하기 위해 사랑으로 섬기고 희생하여 복음을 전파한다. 이것이 세상에 소망을 보여주는 것이다.

둘째, 우리는 각 사람을 그리스도 안에서 '완전한 자로 세우는 교회'를 지향한다. 우리 모두 예수님의 제자이다. 제자는 스승의 인격을 닮는 자이다. 우리도 예수님의 겸손함과 섬김을 닮아야 한다. 또 제자는 훈련 받는 자들이다. 기드온의 300 용사, 아브라함의 318 용사, 다윗의 600 용사같이 그리스도의 훈련받는 제자들이다.

셋째, 우리는 하나님께서 창조하신 '다섯 가지 목적이 이끄는 삶'을 지향한다. 전체로 모여 하나님을 '예배'하고, 사랑방으로 흩어져 '서로 교제'하며, 성숙한 그리스도인으로 '훈련'받고, 서로 많이 '섬기고 나누며,' 생명의 복음을 '증거/전도/선교'한다.

여기에 이어 3대 실천 사항도 세워 강조하였다. 첫째는 새벽 기도이다(시 46:5). 매일 많은 성도들이 새벽을 깨우며 기도했다. 매주 토요일은 '온특새'(온 가족 특별 새벽기도회)로 지키고 있다. 둘째는 매 주일 감사 예물 드리기이다(시 50:23). 신앙 성숙을 위해 반드시 감사하는 삶을 살아야 한다. 하지만 감사하는 삶을 살면서 그것을 고백하는 것은 참 어렵다. 그렇기 때문에 매 주일 감사 예물을 드림으로 감사와 신앙고백을 표현하게 했다. 셋째는 '삼대 신앙 계승' 운동이다(딤후 1:5). 신앙은 개인적인 것이 아니라 공동체적인 것이다. 아브라함, 이삭, 야곱 3대처럼, 로이스, 유니게, 디모데 3대처럼 나와 3대를 책임지면 교회의 어려움을 극복하고 든든히 세울 수 있다.

가족의 해체가 만연해지는 시대이다 보니 부모의 신앙이 자녀에게로 계승되지 못하는 경우가 많다. 이럴 때일수록 사직동교회는 흔들림 없는 가정을 이루기 위해 신앙 계승 운동에 힘을 쏟았다.

내가 목회하는 동안 사직동교회는 이웃을 함께 섬겼다. 주변 이웃들에게 크리스마스 축하 케이크 나누기, 이웃 주민을 위한 음악회, 독거노인 및 소년소녀 가장 돕기였다. 또 어려운 교회들도 돌아보았다. 미자립교회 부흥을 위한 '느헤미야 프로젝트'를 실시했다. 이 프로젝트는 미자립교회가 힘을 얻을 수 있도록 전도 행사를 지원하는 사역이다. 사직동교회에서 프로그램뿐 아니라 선물까지도 지원했다. 이 프로젝트에는 안민 총장과 그가 이끄는 페로스 합창단이 함께하였다.

돌이켜 보면 이 모든 일들이 다 하나님의 은혜요 하나님의 인도와 간섭하심의 결과물이다. 바울이 말한 대로 나의 나 된 것은 오직 하나님의 은혜임을 고백하며 다시 감사를 드린다.

2장 교회, 이 땅의 희망

총회장으로 교단을 섬기다

약 10년 전 극심한 탈진(Burn out)을 경험했다. 탈진으로 인한 우울증과 공황 장애를 겪으면서 목회를 전혀 하지 못했다. 이런 나에게 하나님께서는 회복의 은혜를 주셨고, 교단의 총회장으로 섬길 수 있는 기회도 주셨다.

1960년 주일학교 때부터 지금까지 60년 동안 고신인으로 살아왔다. 고신인 크리스천으로 평생을 살게 하신 삼위 하나님께 감사드린다. 고신인으로 살아가는 것은 나의 크나큰 자랑거리인데, 여기에 더해 교단의 총회장으로 섬길 수 있었으니 그 감격은 얼마나 컸겠는가?

섬김의 목표

총회장으로 섬기는 동안 '신앙의 정통과 생활의 순결'이라는 위대한 고신 정신 위에 "오직 성경, 오직 믿음, 오직 은혜"라는 개혁주의 신앙유산을 강화 계승하는 일에 전력을 쏟기를 목표로 했다. 이것이 고신교회의 존재 이유이기 때문이다.

목회자들의 생활 여건 개선에도 관심을 기울였다. 특히 농어촌

교회 중 미자립교회 목회자 자녀들에게 장학금을 지원하는 제도를 만들려 했다. 또 탈진을 경험한 자로서 목회자의 위기와 탈진을 치유하고 회복을 돕는 "돌봄 센터"를 운영해보고자 강구했다.

시대 변화에 발맞추어 고신교회의 발전을 꿈꾸었다. 출산율 저하로 대학 신입생이 급감할 것이 예상되었다. 전국에 있는 많은 대학들이 위기를 맞이하지만 특히 지방 사립대는 더욱 위기일 것이다. 우리 교단은 종합대학인 고신대학교와 목회자를 양성하는 고려신학대학원을 운영하고 있다. 학교의 위기를 이겨내기 위해 "총회 특별 대책위원회"를 능동적, 창조적, 적극적으로 가동시켜 미래 Vision을 제시하고자 했다. 실제로 사직동교회는 고신대학교 발전기금으로 5억원을 약정하였다.

그 외에 신학과 신앙의 토대가 일치하는 고려측, 합신측과 합동을 모색하는 노력을 적극적으로 전개했고, "통일한국"을 대비하고자 했다.

총회장은 나 자신의 영달이나 부를 꾀하기 위한 것이 아니었다. 그래서 부총회장 기간 때와 마찬가지로 받는 사례들, 활동비 등을 적립해서 새터민 학교인 "장대현학교"와 "드림학교"에 장학금으로 기탁하고자 했다.

총회장으로 선출되다

하나님께서 은혜를 주셔서 주후 2014년 제64회 대한예수교장로회 고신 총회에 총회장 단독 후보로 나와서 총 투표수 462표 중 438표를 받아 선출되었다. 많은 사랑을 주신 목사님들과 장로님들께 다시 한 번 감사드린다. 다음은 총회장 취임을 맞아 "기독교보"의 최정기 목사와 인터뷰를 한 것이다. 인터뷰 기사를 보면 그때의 감사와 감격이 지금도 샘솟는다.

> **"이 땅의 희망은 교회, 교회의 희망은 고신"**
>
> **최정기 주필:** 목사님께서 자랑스럽게 생각하시는 고신총회의 총회장을 맡게 되신 것을 진심으로 축하드립니다. 평소 목사님께서는 '나는 뼛속 깊이 고신인'이라면서 큰 자부심을 가지고 계신 것에 대해 개인적으로 굉장히 인상 깊게 생각하며 저도 본받아야겠다고 생각하고 있습니다. 총회장 취임의 소감을 부탁드립니다.
>
> **김철봉 총회장:** 사실 저는 총회 임원이라는 것이 축하받을 일이 아니라고 생각합니다. 무거운 짐이고, 또 그러한 하나님의 뜻을 받드는 일이기 때문에 대단한 각오가 필요한 직분이라고 생각을 합니다. 한국교회는 과거 길선주 목사님, 주기철 목사님, 손양원 목사님, 그리고 우리의 지도자 한상동 목사님, 그리고 학자이면서도 말씀과 기도에 전념하셨던 박윤선 박사님과 같은 선배들의 신앙과 신학을 본받으려고 노력해야 하고, 그 일을 위해서 총회 임원으로서 쓰임 받기를 원합니다.
>
> 부족한 사람을 위해서 많이 기도해 주시고, 도와주시고, 동행해 주시기를 진심으로 부탁드립니다.
>
> **최:** 제64회 총회 표제를 '교회, 이 땅의 희망'이라고 정하셨습니다. 이렇게 표제를 정한 이유와 설명을 부탁드립니다.

김: 총회 개회 예배 설교에서 강조한 것처럼, 분명히 교회는 이 땅의 희망이 되어야 합니다, 교회는 마땅히 그렇게 되어야 할 책임이 있습니다.

복음서와 바울서신 사도행전을 수없이 묵상해 보아도 이 땅에서 희망은 교회뿐이라는 것을 저는 확신합니다. 거꾸로 만약 이 땅에 '교회마저' 없다면 도대체 '어디서' 희망을 찾을 수 있겠습니까? 한국교회가 중증에 걸렸다면서 비판, 비난, 공격하는 풍조에 우리마저 현혹되거나 말려들어서는 안 됩니다. '교회가 여전히 이 땅의 희망'이라고 확신해야 합니다.

우리가 성경에 가르치는 대로 말씀과 기도에 힘을 쓰면, 우리 한국교회가 이 땅의 희망이 될 수 있습니다. 저는 우리 고신 교회가 더욱 이 시대에 한국에, 그리고 한국교회에 희망이 되어야 할 사명을 가지고 있다고 확신하고 있습니다. 그래서 너무나 큰 비전 같지만 작은 것부터 시작해서 하나씩 실천해 나가는 것이 중요하다고 생각합니다. 교회와 교계가 같이 이런 부분에 많이 공감해 주시고, 동참해 주시기를 부탁드립니다.

최: 조금 구체적인 이야기를 해 보겠습니다. 교회가 이 땅의 희망이라고 힘주어 강조하시는데, 그 일을 위해 교회가 어떻게 해야 한다고 생각하시는지요?

김: 예, 중요한 것을 물었습니다. 저는 교회가 이 땅의 희망이 되기 위해서 전제해야 할 일이 있다고 생각합니다. 무엇보다도 먼저 이 땅의 목회자들이 '목회적 진정성'을 탁월하게 훈련하고 증진

시켜야 한다고 생각합니다. 지금은 목회자의 진정성, 더 구체적으로 말하면 목회자들의 깨끗함, 정직함, 소박함 이런 것들이 절실히 요구되고 있습니다.

그리고 두 번째로 고신의 1,800여 교회가 한국교회, 나아가서 이 땅의 희망이 되도록 강화하고 격려해야 한다고 생각합니다. 도덕적으로 탁월함을 추구하고, 영적으로 지속적인 경건훈련을 추구하고 실천함으로 긍휼사역을 강화해야 하겠습니다.

마지막 세 번째로, 신학도, 즉 신대원생의 훈련을 강화해야 합니다. 신학도들이 인성과 지성, 영성을 잘 갖추는 목회자로 준비되도록 소속 당회장과 노회, 신학대학원, 총회 등 4중 구조로 협력 체제를 강화해야 합니다.

그 외에 많은 것들이 필요하지만, 우선적으로 이 세 가지가 중요하고, 저는 이 일에 쓰임받기 위해 최선을 다해 노력하겠습니다.

최: 목사님께서는 총회장 출마 소견을 통해 교단의 부흥을 많이 강조하셨습니다. 그리고 교단의 부흥을 위해 힘쓰겠다고 하셨는데, 어떻게 하실 계획이신지요?

김: 그렇습니다. 지금은 희망을 말해야 하고 부흥을 열망해야 합니다. 그런데 그것은 그냥 입으로 외치는 것에 그쳐서는 안 됩니다. 기도하고 묵상하는 가운데 이를 위해서 무엇을 할 것인지 진지한 고민과 실천이 있어야 합니다.

교단 발전을 위해 세 가지를 힘쓰겠습니다. 첫째는, 하나님의 말씀을 재발견하기입니다. 개혁교회는 '오직 말씀'만이 목회와 신앙과 부흥의 신령한 무기입니다. 목회자는 깊은 말씀 묵상을 통하여 영감 넘치는 올바른 설교 사역에 매진해야 합니다. 목회자는 '성경박사'가 되어야 합니다. 저는 이 비전을 강조하고 확산하고 후원할 것입니다.

둘째로, 하나님의 교회를 건강하게 세우기입니다. 제가 45년간의 교역자 사역의 경험으로 얻게 된 '교회 부흥'을 위한 교회관은 '건강한 교회'입니다. 이를 위해서는 첫째, 교회의 순결, 둘째, 교회의 화평 이 두 가지가 결정적인 요소입니다. 이 둘이 결여되면 교회 부흥은 불가능합니다. 우리 총회 산하 1,800여 교회의 순결과 화평을 도모하고자 합니다. 함께 기도하면서 이 일이 이루어지도록 힘을 씁시다.

그리고 셋째로, 교회의 수 증가보다 현재 교회 특히 약 25%에 이르는 미자립교회를 강화시켜야 합니다. 이를 위해서 저는 미자립교회가 자립교회로 설 수 있도록 '함께 가기 1800운동'을 연구하고 있습니다. 단기간에 성취될 일은 아니지만, 꼭 노력을 해야 할 일입니다. 하나님께서 기뻐하시는 일입니다. 이 비전이 시도되고 성취되는 것이 진정한 교단 부흥의 길입니다.

최: 현재 고신교단의 현안은 무엇이라고 생각하시고, 이 일들을 어떻게 해결해 나가실 생각이신지요?

김: 무엇보다도 고신대와 신학대학원의 구조 개혁에 관한 것이 급선무입니다. 대학 신입생의 급격한 감소가 예상되지 않습니까? 향후 지방 사립대 중 40% 감축 시기가 곧 도래함으로 여기에 적

극적으로 대처해야 합니다. 그동안 짧은 시간이지만 총회 전에 고신대 미래를 위한 특별대책위원회가 많은 노력을 기울여 현황을 파악하고, 나름의 대안도 여러 방향으로 제시했습니다. 그리고 이번 총회를 통해서 총회 전체의 중지를 신중하게 모았고, 허심탄회하게 대화하면서 함께 고민도 했습니다. 대학과 신학대학원의 구조 개혁은 반드시 이루어져야 하고 그래서 원점에서부터 다시 차근차근 이 일에 매진하게 될 것입니다. 총회에서 선임된 15인 대책위원들을 위해 많이 기도해 주시고, 협력해 주시기를 부탁드립니다.

그리고 교계적으로는 교단 연합과 합동에 큰 의미가 있다고 생각합니다. 무엇보다 우리와 신학과 신앙의 토대가 일치하는 고려측과 합신측과 더욱 긴밀히 교류하고 합동을 모색하는 일에 적극적으로 노력할 생각합니다.

농어촌교회와 개척교회, 그리고 미자립교회 목회자 자녀들의 학교교육을 지원하는 일도, 중요한 일이라고 생각합니다. 이들에게 장학금 제도를 할 수 있는 대로 완비해서 지원한다면 많은 목회자들이 더 힘을 내고, 격려를 받을 수 있으리라고 생각합니다.

최: 목사님께서는 작년에 부총회장으로 입후보하시면서 임원으로 활동하며 받게 되는 여비와 회의비 같은 것들을 공적인 일에 사용하겠다고 약속을 하셨습니다. 그리고 그 약속을 지난 4월에 부산에 있는 탈북청소년대안학교인 장대현학교 학생들을 위해 500만원을 장학금으로 전달하셨고, 또 이번 총회 전날인 9월 22일에 우리 교단에서 운영하는 천안 신대원에 있는 탈북청소년 대

안학교인 드림학교에 500만원을 장학금으로 전달했습니다.

약속도 지키시고, 참 많은 사람들에게 뭔가를 생각하게 하시는 일이라고 봅니다.

김: 교단적으로 활동하면서 개인적인 유익을 얻을 생각이 추호도 없습니다. 지금까지 저의 신념이었고 제가 살아온 방식입니다. 그 일환으로 혹시 총회 임원으로 각 기관이나 교회에서 설교를 하거나 순서를 맡을 때 받게 되는 여비나 사례는 다 교단을 위해서 내 놓겠다는 것입니다. 그러면서 제가 개인적으로 어렸을 때부터 관심을 많이 가지고 평생 기도하고 있는 남북통일을 위해 조금이라도 도움이 되기 위해서 탈북청소년 대안학교에 장학금을 전달한 것입니다. 저는 앞으로 총회장을 하면서도 이 일은 계속할 생각입니다.

중학교 때부터 책상머리에 조국의 통일을 위해 글귀를 붙여놓고 기도해왔습니다. 그래서 비록 한반도 최남단 부산에서 살고 있지만, 조금도 통일을 생각해 보지 않은 적이 없습니다. 그리고 조금이라도 제가 도움이 된다면 통일을 위해서 기도하고, 행동하고, 노력하는 일에 동참하고 있습니다.

통일은 언제 어떻게 올지 모릅니다. 도적같이 올 수 있습니다. 이 때를 위해서 늘 기도하면서 준비해야 합니다. 그래서 지금 남한 땅에 와 있는 북한 동포들을 돕는 일이 지금 우리가 할 수 있는 가장 쉽고 빠른 길이라고 생각하고 있습니다.

최: 교회가 이 땅의 희망이고, 고신이 이 땅의 교회의 희망이

> 되어야 한다는 말씀, 많은 성도들이 무겁게 받고 있습니다. 이 표제가 실현될 수 있도록 함께 기도하면서 작은 것이라도 실천하는 교회와 고신이 되기를 바랍니다. 장시간 좋은 말씀 감사합니다.

고신.고려 통합의 수종자

총회장으로 섬기면서 부족한 것도 많았고 이루지 못한 것도 있어 아쉬움도 있다. 그러나 은혜로 이룬 것도 있으니 바로 고신과 고려의 통합이다. 나는 통합 추진위원장으로 섬길 수 있었고, 마침내 통합을 이루어 냈다.

통합 추진 위원회는 제64차-2차 총회운영위원회(2015년 3월 27일)에서 허락을 받아 조직되었다. 당시 부총회장 신상현 목사, 직전 총회장 주준태 목사, 서기 신수인 목사, 사무총장 구자우 목사, 임원회 선정으로 배굉호 목사, 그리고 총회장이었던 나를 포함해 7인으로 구성되었다.

두 교단은 신사참배 반대와 공산주의에 맞선 순교신앙을 한 뿌리로 가지고 있었다. 하지만 1976년 제26회 총회 때에 '신자 간의 사회 법정 소송에 대한 이견'으로 분열되었다. 이렇게 떨어져 있던 형제가 40여 년 만에 하나가 되었다. 먼저 성도 간 소송은 불가하다는 입장을 재확인했다. 양측은 합의를 통해 각 총회의 역사(총회 회기, 교회 역사, 신학교 졸업 기수)를 병합하기로 했으며, 고려측 노회는 일정 기간 유지하고 통합 총회 노회 개편을 할 때 지역노회로 편입되기로 결정했다. 교회는 가급적 유지재단에 가입하기를 권장하고 은급제도 혜택 등은 동등하게 제공하기로 했다. 신학교의 경우 고려신학대학원에서 고려신학교 신학원의 역사나 졸업자 관리 등을 맡기로 했다.

　　2015년 9월 15일에 열린 고려총회에서는 일각에서 흡수통합 등에 대한 우려를 제기해서 3시간여에 걸쳐 신중하게 논의를 하였다. 통합에 대해 찬반 논의를 벌였고, 결국 밤 11시경 투표한 결과 통합 찬성 172표, 반대 42표로 의결 정족수인 2/3를 훌쩍 넘었다. 고신총회 역시 15일에 열려 통합을 가결하였다.

　　다음날인 9월 16일, 고신총회가 개최된 고려신학대학원에서 감격스런 '통합 총회'를 열었다. 각각 총회는 '통합 총회'에 앞서 각각 임원 선거를 치렀고, 통합 이후 신임 임원들이 제반 사항들을 조율해 나가기로 하였다. 통합 당시 고려총회는 8개 노회와 2개의 해외노회(미주, 유럽)로 전체 교회 수는 271개, 목사 222명, 선교사 16명, 시무장로 120명, 협동장로 30명이었다. 이 통합을 통해 고신총회는 약 2천 교회 55만 성도 규모의 교단으로 성장했다.

　　당시 고려측 통합 추진위원장이었던 천환 목사와 함께 교제하고 섬긴 것은 큰 기쁨이었다. 나는 존중과 너그러움으로 그들을 대했고, 천환 목사는 환대해 주어 감사하다고 표했다. 이제 우리 교단에는 하나님께서 주실 새 일을 기대하며 기쁘게 나아갈 일만 남았다.

고신총회와 고려총회 통합 합의문

대한민국 광복 70주년, 선교 130여 년의 역사적인 해에 대한예수교장로회 고신총회와 고려총회가 하나님의 뜻을 따라 예수 그리스도 안에서 하나 됨을 이루고자 한다. 고신총회와 고려총회는 성경대로 믿고 고백하며 가르치고 살아가는 개혁주의 신학과 신앙에 따라, 일제의 신사참배 강요와 공산주의자들의 만행에 순교로 대처하였으나 안타깝게도 1976년 제 26회 총회 시에 "신자 간의 사회법정 소송에 대한 이견"으로 분열되었다. 그러나 분열의 원인이 된 사회법정 소송문제는 고린도전서 6장 1-10절의 말씀에 의지하여 "성도간의 사회법정 소송은 원칙적으로 불가하다."라는 원리가 옳은 줄로 믿고, 고신총회와 고려총회는 통합하고자 한다. 양 총회의 통합은 성경적으로나 한국교회사적으로 이 시대 우리를 향한 하나님의 기뻐하시는 뜻임을 인식하고 다음과 같이 합의한다.

1. 고신총회와 고려총회는 2015년 9월에 개회되는 제65회 총회 시에 결의하여 통합하기로 한다. 통합 시 양 총회의 모든 역사(총회회기, 교회역사, 신학교졸업기수 등)는 병합된다.
2. 고려총회의 노회는 그대로 유지하고 통합 총회의 행정 개편과 함께 지역노회로 편성한다.
3. 양 총회 소속의 목사, 선교사, 교역자의 신분은 헌법대로 보

장하며, 항존직을 비롯한 교회의 직분은 그대로 유지된다. 교회(당)는 가급적 유지재단 가입을 권장하고, 목회자에게 은급(연금)제도 혜택 및 계속 수학의 기회 등은 양 총회 공히 동등하게 제공한다.

4. 고려신학교 신학원(M.Div 과정)은 고려신학대학원의 역사와 병합하며, 졸업자의 학적은 고려신학대학원에서 관리하고, 재학생은 신입생으로 입학(특례)하게 한다. 고려신학교 여자신학원은 해 노회에서 운영한다.

5. 통합에 따른 경과조치와 추후 필요한 사항은 양 총회 통합추진위원회가 합의해서 처리한다.

우리는 하나님의 나라를 소망하고, 한국교회의 하나 됨과 조국 통일의 미래를 준비하기 위하여 주 안에서 한 마음과 한 뜻이 되어 전진할 것을 다짐한다.

주후 2015년 8월 5일

고신총회 통합추진위원회　　　　고려총회 통합추진위원회

위원장 **김철봉** 목사　　　　　　위원장 **천 환** 목사

3장 사랑하는 가족들

알아서 합니다

"알아서 합니다." 이 한마디는 돌아가신 어머니께서 가장 싫어하시던 대답이었다. "나는 너희들이 '걱정마세요, 알아서 합니다.'라고 대답하면 가슴이 답답해진다." 다 큰 8남매가 알아서 하겠다고 대답하는 것인데도 어머니는 안심하지 못하고 답답해 하셨다.

어머니께서는 팔순이 되도록 8남매를 키워오셨다. 그런데도 여전히 정정하셔서 객지에서 공부하던 대학생 손자들을 뒷바라지까지 하셨다. 오랜 기간 자녀들을 키우시면서 가장 많이 들었지만 계속 마음이 아팠던 말이 "알아서 합니다."였다고 하신다. 8남매 모두가 그렇게 말했다면 정말로 많이 들으셨을 것이다.

사실 우리가 자신 있게 "다 알아서 합니다."라고 큰 소리 친 데 비해 실제 알아서 잘 했던 경우보다 '몰라서 잘못된 경우'가 훨씬 많았던 것을 어머니는 지켜보셨다. 그러니 '알아서 합니다.'라는 우리의 경솔한 말에 대해 신물이 날만도 하겠구나하고 깨닫게 된다. 그래서 어머니께서 돌아가시기 전까지 가급적 '알아서 합니다.'는 대답을 주저하거나 거의 사용하지 않았다. 어머니의 말씀을 끝까지 경청하려 했다. 자신만만한 대답은 피하고 '아, 그렇습니까?' 이 정도로 반응해 드리고 있다.

어머니 한차남 권사

어머니 한차남 권사님은 우리나라의 주권이 간악한 일제에게로 넘어간 지 8년이 되던 해, 온 백성이 궐기하여 "대한독립 만세!"를 외쳤던 "기미년 3.1 운동"이 일어나기 한 해 전 1918년 5월 11일 경남 합천군 가회면에서 태어나셨다. 가회 땅은 말 그대로 아름다움이 모여 있는 곳이다. 황매산과 모산재를 품고 있는 천하의 절경이 펼쳐져 있다. 황매산의 철쭉과 모산재의 기암절벽은 위용이 남다르고 아름다움은 빼어나다. 산의 계곡을 타고 흘러내리는 청정수는 소리부터 몸과 마음을 시원하게 한다.

어머니는 이런 아름다운 가회 땅에서 어린 시절을 보내다가 김해로 이사했다. 15세 나이에 김해 김씨 가문으로 시집을 와서 무려 8남매를 낳아 고스란히 양육하였다. 조상대대로 김해 땅을 지키면서 살다 보니 문중은 넓었으며 집안의 대소사를 도맡아 치루셨다. 특히 제사를 잘 지내야 했던 시대였기에, 집안의 맏며느리로서 한 해에도 거의 스무 번 가량 조상 제사를 도맡아 하셨다. 제사를 정성껏 성실하게 지내야 한다는 신념으로 심지어 흉년인 해에도 제사상에 올릴 쌀밥을 위하여 귀한 백미를 어딘가에 꼭꼭 숨겨 저장해두는 그런 분이셨다.

목사가 되겠다는 아들

일제의 잔악한 36년간의 통치를 거의 온 몸으로 살아내셨고 8.15광복을 맞으셨다. 그러나 이내 6.25의 처참한 전쟁 그리고 보릿고

개 시절을 보내셔야 했다. 그 암울한 세월 동안 8남매를 지키면서 끈질기게 사셨다. 이런 어머니의 인생에 획기적인 사건이 일어나게 된다. 다섯째 아들이 목사(牧師)가 되겠노라고 하며 신학교에 들어간 것이다.

다섯째 아들이 초등학교 때부터(당시는 국민학교) 이웃 마을에 있는 교회를 몰래 다니는 것을 이미 눈치로는 대충 알고 있으셨다. 말리려다가도 속으로 '이내 그만 두겠지.'라며 짐짓 모른 체하였다. 고등학생이 되면서는 더 노골적으로 아예 보란 듯이 교회를 다니기 시작하자 야단치고 타이르기도 하셨다. 그러나 그 아들의 기를 꺾을 수는 없었다. 객지에 나가있는 형들을 다 불러서 다섯째를 타이르기도 하고 무섭게 압력을 넣기도 하였으나 아들의 신앙을 꺾을 수는 없었다.

자식 이기는 부모, 특히 어머니는 없었다. 당시 나는 제3영도교회의 도움으로 자취 생활을 하고 있었다. 그런 아들이 눈에 밟히셨다. 부산 충무동에 위치한 공판장에 농산물을 도매로 넘긴 뒤 간간이 영도의 자취방을 찾으셨다. 그 순간만은 김씨 집성촌의 매서운 눈길도, 조상 제사라는 무거운 멍에도 다 잊어버리고 순전한 모자지간(母子之間)이 되었다. 어머니께서 따뜻한 밥 한 그릇 지어주시면서 가족으로부터 소외된 아들을 안타까워하셨다. 신학대학원생이 되었고, 졸업 후 군대목사로 들어갈 아들의 앞길을 어떻게 할 수 없으니 그저 받아들일 수밖에 없으셨다.

신학생인 아들은 어머니가 지어주신 따뜻한 밥을 먹으면서 당연히 전도를 했다. "어머니, 꼭 예수님을 믿읍시다. 저는 다른 아무런 소원이 없습니다. 오직 어머니께서 교회만 다니시면 아무것도 바라지 않겠습니다." 그러면 항상 어머니의 대답은 한결 같았다. "아들아, 너는 시근도 없느냐? 내가 처해 있는 우리 가문의 상황에서 어떻게 교회를 다닐 수 있단 말이냐? 그런 말 하지 말거라."

어머니의 구원을 위해 기도하다

다섯째 아들은 새벽 제단에서 기도를 하다보면 어머니의 영혼이 그렇게도 안타까울 수가 없었다. 15살의 나이에 시집을 오셔서 저토록 한 평생 수고와 고생만 하다가 언젠가 이 세상을 떠나실 때 하나님의 '구원의 은혜'를 입지 못하고 소외를 당하게 된다면…? 이것은 도무지 있을 수 없는 가정이고 상상이었다.

"정말 나의 어머니는 특별한 어머니시다. 한 평생을 큰 문중에서 섬김과 희생과 인내로써 일관하고 계신다. 이웃과 마을 사람들에게도 사랑과 온유의 삶을 온 몸으로 보여주시는 분이시다. 이 어머니가 예수 그리스도가 이루어 놓으신 십자가 구속의 은혜와 상관없게 되고 제외함을 당한다면 이보다 더 슬프고 고통스러운 사실이 어디 있겠는가? 만일 어머니가 구원의 은총에서 멀어지고 아들인 내가 예수 그리스도의 구원에 참여하여 저 하늘 나라에서 성령으로 말미암아 의와 평강과 희락을 누리게 될 때 그 구원을 마음 편하게 누릴 수 있을까?"

이렇게 묵상이 되면서 '어머니의 구원 문제'로 인한 고통이 마음에서 떠나지 않았다. 바울 사도가 골육의 구원 문제 때문에 큰 근심과 고통으로 슬퍼하고 괴로워했다는 로마서 9장 1-2절 말씀을 점점 더 이해할 수 있었다.

아들은 요한복음 17장 24절 말씀을 확고하게 붙들고 있었다. "아버지여 내게 주신 자도 내 있는 곳에 나와 함께 있어 아버지께서 창세 전부터 나를 사랑하시므로 내게 주신 나의 영광을 그들로 보게 하시기를 원하옵니다." 아들은 예수님이 들려주신 이 말씀이 너무 좋았다. 예수 그리스도의 십자가 희생과 사랑으로 말미암아 하나님으로부터 선사받은 천국! 그 천국이 얼마나 황홀하고 신비롭고 아름다우면, 자기가 사랑하는 사람들을 데려가서 보여 주고 싶어 하는 마음이 이렇게 커지게 할까? 예수님의 이 말씀이 그렇게도 좋을 수가 없었다. 이 말씀을 읽고 묵상할수록 어머니를 그리스도인이 되게 해야 한다는 책임감이 더 절박해졌다.

한 평생 큰 가문과 많은 자녀들을 지켜내고 양육하느라고 자신의 모든 것을 다 쏟으신 어머니, 정말 자기 자신을 위해서는 그 무엇도 생각해 본 적이 거의 없으신 어머니, 고달프고 숨 막히던 그 고난의 세월을 오롯이 겪어 오신 나의 어머니가 이 땅을 떠나면 만나게 될 다음 세상이, 예수 그리스도께서 예비해 놓으신 그 아름다운 긍휼의 세계, 은총의 나라가 아니라면 이것은 나에게 너무나 슬픈 일이요 불공평한 처사가 될 것이다.

이 충격적인 비극을 해결할 수 있는 길은 무엇인가? 어머니가 교회에 나오시고 예수 그리스도를 영접하는 길뿐이다. "복음을 들어야 믿을 수 있고, 믿어야 구원에 이른다."는 로마서 10장 9-10절 말씀을 어릴 적부터 굳게 붙들었다. 어머니를 위하여 내가 할 수 있는 일은 "복음을 듣게" 하는 일 이었다(롬 10:17).

성경을 읽으신 어머니

언제 어머니께 복음을 전할 수 있을까? 비교적 농사를 크게 지었던 우리 집안은 논농사와 밭농사로 생산되는 많은 농산물을 부산 자갈치에 있는 농협 공판장으로 직접 운송해 와서 도매로 넘겼다. 이 때문에 부모님은 부산 출입을 자주 하셨다. 어머니는 농산물 경매가 끝나면 가까운 영도에 있는 아들의 자취방으로 오셔서 하루나 이틀을 지내다 가셨다. 마침 주일이 그런 날에 끼였다. 자연스레 교회로 발걸음을 옮기고 복음을 들을 수 있는 절호의 기회가 된 것이다.

제3영도교회는 어머니께서 난생 처음 발을 들이신 교회였다. 어머니는 짐짓 사양하는 듯하면서도 아들의 간절한 요청을 끝내 뿌리치지 않으시고 발걸음을 교회로 향하셨다. 어머니는 평생 '종교 행위(제사)'를 해 오셨기 때문에, 그 마음가짐대로 아주 진지하고 경건하게 예배 시간에 참예하셨다. 특히 목사님의 설교 말씀에 관심을 많이 보이셨고 성경에 대한 호기심도 보이셨다.

어머니는 오래 전에 태어나셨다 보니 한글을 배우지 못하셨다. 나의 외조부이자 어머니의 부친께서 "딸이 글을 배워 똑똑해지면 남편에게 순종을 잘 하지 않고 너무 자유롭게 살 수 있으므로 차라리 글을 모르는 것이 낫다."는 소신을 가지셨기 때문이다. 지금의 시각으로 보면 거꾸로 판단하신 것이다.

그러나 이런 배경이 복음을 전하는 기회가 되었다. 어머니는 글자를 읽고 싶어 하셨는데, 어머니와 성경으로 글자 공부를 할 수 있게 된 것이다. 어머니께서는 매우 빠른 속도로 한글을 배우셨다. 완전 '자습'이었으며 교과서는 '성경'이었다. 틈만 나면 성경을 펼치고서는 소리 내어 읽으시는데 놀라움을 금할 수 없었다. 정말로 기적이었다. 신·구약 성경 전체를 여러 번 완독하셨는데, 말씀을 읽으시면서 자주 감탄하셨다.

얼마 후 김해 본가를 맡아 계시던 큰 형님의 2남 3녀가 모두 부산에서 공부를 하게 되면서 어머니는 다섯 손주를 돌보시기 위해 연산동에 정착하셨다. 그때부터 본격적으로 신앙생활을 하셨다. 근처 연희교회에 정착하셨는데 마치 고기가 물을 만난 것과 같았다. 담임목사의 전언(傳言)에 의하면 어머니는 새벽기도회에 참석하는 것을 최고의 기쁨으로 삼으셨으며, 자녀들이 보내오는 용돈을 차곡차곡 고이 간직하여 적지 않은 금액을 봉헌하셨다고 한다. 어머니에게 구원의 은혜를 베풀어주신 하나님께 감사드린다.

신학의 장정(長程)에 들어선 아들

하나님께서는 감사하게도 신앙의 대가 끊어지지 않게 하셨다. 더 은혜롭게도 사랑하는 내 아들이 목사가 된 것이다. 아들이 신학대학원에 입학하는 해에 지난 목회 생활을 돌아보며 아들에게 들려주고 싶은 몇 가지 소감을 담아 편지를 썼다. 그 편지를 공개하려 한다.

신학(神學)의 장정(長程)에 들어서는 아들에게

나는 고신 대학에 들어가는 동시에 군종장교 시험에 합격하다 보니 단 한 번의 휴학도 없이 신학대학원까지 7년 과정을 계속 공부하게 되었다. 그러다 보니 만 23세의 나이로 신학대학원생이 되었다. 너무 세상 물정(?)을 모르는 나이였었지. 반면에 교회 물정(?)은 비교적 많이 알고 있었던 것 같다. 벌써 29년 전의 일이로구나.

지금에서야 돌아보면 신대원 3년 시절이야 말로 목회자의 생애에 있어서 "가장 빛나는 시절"이었다고 말하고 싶구나. 목회의 깊은 의미나 부담감을 몰랐으며, 그렇다고 심하게 어린 취급을 받는 것도 아니었다.

신학의 깊은 샘을 본격적으로 접하면서 느낀 기쁨과 만족감은 정말이지 먹지 않아도 배가 부를 정도였단다. 정말 열심히 읽고 또 읽었다. 주경신학, 교의신학, 역사신학, 실천신학, 윤리학 등 어느 것 하나 호감가지 않는 것이 없었다. 모든 분야를 다 전공하고 싶었고 학문을 포식하고 싶었다.

그러나 기본적이면서도 중요한 공부는 성경과 영어, 철학(사상) 공부일 것이다. 이것들로 충분히 기초를 다져야 그 다음 학문으로의 진입과 연계가 수월해진단다. 나는 성경에 능통한(?) 편이었고, 내 친구 최갑종은 철학에 깊이 몰두하고 있었다. 그 결과 나는 일찍부터 목사로 방향이 잡혔고, 친구는 학자의 길로 방향이 지어지더구나.

신대원 시절 친구를 얻는 것 또한 소중한 일이다. 평생 전도자의 길을 가는 동안 꿈과 희망을 공유할 수 있는 아름다운 동역자는 꼭 필요하다. 왜냐하면 우리는 서로 위로와 격려와 충고와 도전을 필요로 하는 연약한 인간이기 때문이다.

> 만리길 나서는 날 처자를 내 맡기며 맘 놓고 갈만한 사람
> 그 사람을 그대는 가졌는가
> 온 세상 다 나를 버려 마음이 외로울 때에도
> "저 사람 만이야" 하고 믿어지는 그 사람을 그대는 가졌는가
> 탔던 배 꺼지는 시간 구명대 서로 사양하며
> "너 만은 제발 살아 다오" 할 그 사람을 그대는 가졌는가
> (함석헌, 그 사람을 가졌는가)

친구를 얻으려면 아량과 관용과 부드러움과 베풂이 넉넉해야 한다. 사랑과 부드러움은 어떤 까다로운 사람이라도 녹일 수 있다. 특히 소외되거나 외롭고 힘들어하는 동료가 보이면 가까이 다가서고 사랑으로 손을 내밀어 주어라. "사랑"은 따스한 한마디 말로써도 기적을 만들어 내는 신비로운 힘이란다.

스승을 받들어 모시거라. 사부일체(師父一體)라고 했다. 아버지는 이렇게 멀리 떨어져 있으니 학문하는 동안에는 오히려 스승이 자네에게 가까이 계시는 소중한 분들임을 기억하거라. 스승 중에는 현재 섬기고 있는 교회의 담임목사님도 당연히 포함된다. 어쩌면 더욱 소중한 스승이리라. 스승을 향해서는 "감사와 존경의 마음"으로 대하거

라. 스승이 되었다는 것은 그만한 연륜과 경륜과 자격과 귀한 것을 갖추었다는 것을 의미한다. 스승을 존경할 줄 모르면서 어떻게 무엇을 배우고 얻어낼 수 있겠는가?

아버지는 유년 시절부터 스승을 존경하며 배우고 자라왔다. 그래서 학교가 좋았고, 배우는 것이 즐거웠다. 스승을 존경하는 제자라야 결국 그 스승의 학문과 인격을 계승하고 더 크게 꽃 피울 수가 있다. 자네의 학문적 성향과 비전을 고려하여 지도 교수님 한 분을 모셔야 할 것이다. 그 분은 자네의 평생을 지켜보면서 이 아버지보다도 더 자상하게 멘토(mentor)의 역할을 감당해 주실 것이다. 이 선택권은 학생에게 주어지는 소중한 권리이다. 스승으로 모셨으면 디모데가 바울 사도를 보좌하듯이, 여호수아가 모세를 보좌하듯이 예의 바르게 성심을 다하여 받들고, 겸손하게 열심을 다하여 그 분의 인품과 학문을 남김없이 온전히 전수 받아야 한다.

교회 봉사를 위해 "한 영혼을 사랑하고 귀하게 여기는 정신"을 기본적으로 꼭 가져야 한다. 한 영혼을 바로 세워 놓으면 그 사람이 너를 도울 수 있고, 자네 대신에 큰 역할을 감당할 수도 있을 것이다. 함께 섬기는 동역자들을 세워주고, 호평하고, 격려하면서 "함께 일하는" 최고의 미덕을 실천하거라. 선배와 어른에게는 예의를 갖추거라. 권위자에게는 마음으로 순종할 것이며, 궁금한 것이 있으면 겸손히 여쭈어야 할 것이요, 성실하게 대답하고 정직하게 보고 드리거라. 이렇게 하면 사랑을 받고, 아낌을 받게 된단다.

경건 생활에 있어서는 디모데전서 4장 5절 "하나님의 말씀과 기도로 거룩하여짐이니라."와 같이 성경을 사랑하고, 기도하는 습관을 몸에 베도록 하거라. 최소한 구약은 20독, 신약은 100독 이상을 해야 할 것이다. 그리하고서야 성경을 가르치고, 성경을 설교할 수 있을 것이다. 경건의 능력은 크다. 어차피 인간은 불완전하다. 평생 노력한다 한들 완전한 사람이 될 수는 없는 법이다.

그러나 경건을 향하여 도전하고 자신을 훈련하다보면 "경건"의 기쁨과 보람을 발견하게 될 것이다. 신언서판(身言書判)의 사람이 되도록 끊임없이 힘을 써야 하리라. 몸가짐을 깨끗하게 유지하며, 정직하고 조리있고 품위 있는 말을 할 것이며, 진실하면서도 논리적으로 글을 쓰는 훈련을 할 것이며, 이성과 양심에 기초하여 사물을 판단하는 능력을 키워야 할 것이다.

100퍼센트 다 실천하지는 못하더라도 늘 이 철학을 염두에 두면서 공부하고, 말하고, 행동하거라. 마지막으로, 원하는 만큼 공부하려면 체력이 충분하게 뒷받침되어야 한다. 학교 안에 있는 탁구장이나 테니스장을 규칙적으로 찾고 이따금씩 캠퍼스 뒷산을 등정하는 것도 좋을 것이다. 체력 증진은 의지를 가지고 애를 써야 할 것이다.

신대원 시절 3년은 정말 빠르게 지나가게 될 것이다. 글머리에서 언급했듯이 신대원 시절은 자녀에게 있어서 가장 아름답고 행복한 신학과의 동반이요, 여행이요, 밀월 기간이라네.

 이 사랑의 밀월 기간이 진하고 감동적일수록 그 다음의 길고 긴 여정은 그만큼 즐겁고 또한 내용이 풍부해 질 것이다. 주님의 은총 속에 분발하고 정진하기를 기도하면서 축원을 하노라.

주후 2002년 3월 5일,
신학대학원 입학식 날, 부산에서 아버지가

아들과의 대화에서 어머니를 떠올리다

 아들도 나를 닮아 '예, 알아서 합니다!' 이 대답을 잘 한다. 아들의 대답에서 그 시절, 어머니 앞에서의 나를 보게 된다. 신학 수업, 기도 생활, 성경 읽기, 교회 봉사, 결혼 준비 등에 대해 여느 부모처럼 확인을 겸하여 독려와 충고를 하면 어김없이 그 대답을 한다. '예, 저가 알아서 합니다.' 정말 알아서 잘 하고 있는지, 무엇을 안다는 것인지, 알면서도 잘 안하는지, 몰라서 잘 안하는지, 모르면서도 잘하고 있는지 궁금하기도 하고 염려스럽다.

 30여 년이 지난 지금에 와서 나의 그 시절을 돌아보면 어머니께 '알아서 합니다!' 라고 큰 소리를 쳤으나 사실 알고도 못 한 것과 몰라서 못 한 것이 대부분이었음을 인정하지 않을 수 없다. 목사로서 43년의 시

간(1977 - 2020)을 수련하고 있지만 교회 봉사, 말씀 선포, 사람 사랑, 기도 생활이 미숙하거나 겨우 턱걸이를 하고 있다. 오히려 '알아서 합니다.'라는 말을 좀처럼 사용하지 않는다. 아들의 대답 속에 어머니가 떠오르고 어머니에게 죄송한 마음이 참 가득하다. 생전에 더 잘 모셨어야 했는데.

천국으로 가신 어머니

노경의 어머니는 이 땅에서의, 육신의 장막 생활을 하루 빨리 끝마치고 어서 속히 천국으로 입성(入城)하고 싶어 하셨다. 어린 나이에 시집 와서 8남매를 낳아 기르시고, 큰 농사를 지어야 하셨고, 집안의 제사를 도맡아 하셨다. 거기다가 부모를 일찍 여읜 시조카들과 집안 어른들까지 돌아보셨다. 그러다 보니 어머니의 육신은 과부하가 걸려 젊은 시절에도 밤이 되면 온 몸이 쑤시고 자주 "60살까지만 살아도 괜찮겠는데. 8남매 중 절반은 혼인시킬 수 있을 것이고 동생들은 형들이 맡을 수 있을 것이므로!" 이렇게 말씀 하셨다.

그런데 예수님을 믿으면서 건강도 무척 좋아지셔서 꼭 100세를 향수 하시고 지난 2017년 10월 19일 목요일에 숨을 거두셨다. 병원 신세도 지지 않으시고 "할렐루야 아멘!"을 외치면서 눈을 감으셨다. 주일에 지장되지 않도록 토요일 부산에서 사직동교회 주관으로 발인 예배를 드리고 이동하여, 너무나 맑고 아름다운 풍요한 가을 날, 무척산이 저 건너편으로 바라보이는 고향 김해 선영에서 고향교회 선배 정수생 목사님의 집례로 하관 예배를 드렸다.

우리 어머니를 향하신 하나님의 긍휼하심이 너무나 크고 감사하여 우리 형제들은 장례비용을 치루고 남은 조의금 2천만 원을 고려신학대학원과 고신 세계선교부 KPM에 기쁜 마음으로 기부하였다. 어머니께서도 이 일을 무척이나 기뻐하셨을 것이다. "오직 하나님께 영광 할렐루야!"

4장 전국과 세계를 누비다

하나님께서는 어린 시절 심어주신 꿈처럼 전국과 세계를 누비게 하셨다. 나 개인의 유익으로 돌아다닌 것이 아니라 귀한 하나님의 말씀을 증거하기 위해서였다.

존 스토트 목사를 만나다

안식년 동안 런던 현대 기독교 연구소(London Institute for Contemporary Christianity)에 머물렀는데, 그곳에서 전 세계 복음주의 목회자들의 리더였던 존 스토트 목사를 만났다. 그에게 강의를 듣고 교제할 수 있는 기회는 커다란 축복이었다.

스토트 목사는 1921년 런던에서 태어나 1940년에 케임브리지에 입학했다. 1945년 24살 나이에 영국 교회의 목사가 되었고 평생을 런던의 랭험 플레이스(Langham Place)에 위치한 '올 소울즈 교회(All Souls Church)'에서 섬겼다. 그는 평생을 독신으로 살면서 하나님께서 자신에게 부여하신 시간과 건강과 재물과 학문 그리고 영혼까지 고스란히 그리스도의 영광스러운 교회를 위하여 쏟아 부었다.

존 스토트 목사와 함께 동시대를 살았다는 것은 큰 기쁨이요 자랑이 아닐 수 없다. 연구소에 머물고 있을 때 나는 그에게 물었다. "왜 한국을 좀 더 자주 방문하지 않습니까?" 그의 대답은 놀라우리만큼 솔직하였다. 그는 영어권에 속한 교회들의 초청에는 비교적 부담 없이 응하지만 비영어권 교회의 초청은 가급적 사양한다고 했다. 그 이유는 통역하는데 시간이 많이 소비되고, 자신의 의도가 정확하게 드러나지 않기 때문이라고 했다. 대신 비영어권 교회들은 자신의 저서를 통해 도움을 얻기를 바란다고 덧붙였다. 그 이유가 다소 서운하게 느껴지면서도 타당한 그의 이유를 이해할 수밖에 없었다.

존 스토트에게 배운 영적 리더십

그의 책들이 왕성하게 한국교회에 보급되는 것은 즐거운 일이 아닐 수 없다. 그의 저서들을 읽으면서, 한 때는 그의 곁에서 잠시 교제하면서 많은 것을 배웠다. 특히 그리스도인으로서, 목회자로서 어떻게 살아야할지 배우게 된 것은 중요한 소득이었다.

흔히 지도자는 태어나기도 하며, 시대와 환경이 만들어 내기도 하며, 자신이 노력하여 지도자가 되기도 한다고들 말한다. 이 세 가지가 다 맞아 떨어지면 금상첨화가 될 것이다. 존 스토트 목사는 이 세 가지를 다 부여받은 축복받은 지도자라고 말할 수 있으리라.

두어 달 곁에 머물면서 지켜본 스토트 목사는 참으로 부드러운 분이었다. 항상 미소를 머금은 그의 얼굴은 마치 어린아이 얼굴 같았다. 정확하게 소개하는 것인지 모르겠지만, 편안하고 따스하고 순진한 얼굴이었다고 표현하고 싶다. 강인하고 카리스마를 풍기는 인상을 지도자의 얼굴로 생각해오는 한국인들에게 이제는 스토트 목사처럼 부드러운 인상이 새로운 지도자상의 얼굴로 선호되기를 희망한다.

스토트 목사의 양복은 소매가 닳지 않도록 보호대가 부착되어 있었다. 영국의 저명한 인사들이 강사로 와서 강의하는 연구소이건만 건물은 아주 오래된 자그마한 예배당 건물을 개조하여 사용하고 있었고, 올 소울즈 교회당 또한 명성에 비해서는 지극히 평범하고 검소한 건물이었다.

이처럼 그는 지도력과 영향력이 사람들에게 위압감을 주는 외양으로부터 나오는 것이 아님을 보여주었다. 바울 사도의 철학처럼 먹을 것과 입을 것이 있으면 족한 줄로 여길 줄 아는 지도자의 모습을 스토트 목사는 꾸밈없이 자연스럽게 보여주고 있었다.

한국교회가 "부흥과 성장"에만 매달리는 동안 기독교의 최고 윤리인 겸손과 오직 은혜와 사양하는 것과 자신을 뒤로 감추는 미덕을 망각한 채 지극히 세속적인 "자기 몫" 챙기기에 열심을 다했다. 여기에는 나도 배제할 수 없다. 같은 시대를 살아가면서 한국교회를 향하여 애정과 염려를 보내었던 존 스토트 목사로부터 리더십을 배울 수 있었던 것은 하나님의 크신 은혜였다.

전국과 세계교회를 섬기다

하나님께서 말씀을 증거하도록 부르시는 곳에는 어느 곳이든 언제든지 가겠다는 원칙을 가지고 있다. 감사하게도 사직동교회에서 목회하는 동안 크고 작은 200여 교회를 섬길 수 있었다. 한때는 남미의 선교지를 방문해 선교사들과 현지 교회를 위로하고 격려하기도 했다. 체력적으로 힘겨운 일이지만 'I enjoy everything in Christ!'을 생각하며 힘을 내었다. 하나님께서 주시는 힘으로 모든 일을 기쁘게 감당할 수 있었다.

학원 선교

목회하는 동안 고신대학교를 통한 학원 선교, KPM을 통한 세계 선교, 제3세계 지도자 양성, 군종 목사 지원을 통한 군 선교에 특히 집중하였다. 이 일을 감당하는데 함께한 사직동교회에 크게 감사드린다.

'코람데오(CORAM DEO)'를 교훈으로 하는 고신대학교는 1946년에 설립된 고려신학교를 모체로 한다. 사직동교회는 2018년에 장로로 섬기는 안민 교수의 총장 취임을 축하하며 기독 인재 양성을 위해 발전기금 5억 원을 약정한 바가 있다. 발전기금뿐만 아니라 목회자, 선교사 자녀와 외국인 유학생을 위한 장학금, 개혁주의 신학을 연구하는 '개혁주의학술원' 운영 기금, 학원 복음화를 위한 '통닭 심방' 기금을 후원하기도 했다. 이 모든 것이 학원 선교와 하나님 나라 인재 양성을 위한 것이었다.

KPM을 통한 세계 선교

KPM은 고신교단의 선교기관이다. KPM의 존재 목적은 '온 세상에 하나님 중심, 성경 중심, 교회 중심의 생활 원리를 가진 개혁주의 세계교회 건설'이다. 고신교단은 1956년 9월 교단총회를 조직한 것과 동시에 해외 선교사를 파송하기로 하고, 미국정통장로교 소속 한부선 선교사(Bruce F. Hunt)의 조언으로 대만을 첫 선교지로 결의했다. 그리고 1957년 김영진·임옥희 선교사 부부를 1호 선교사로 대만에 파송하며 고신 해외 선교의 첫 문이 열렸다. 2020년 현재 50여 나라에 500여 선교사들이 12개 지역으로 편성되어 사역하고 있다. 사직동교회에서는 매월 선교 기도회를 하며, 70여 가정 150여 명의 선교사들을 지원하고 협력하고 있다.

기회 있을 때마다 선교 지역을 탐방하고 선교 집회와 세미나를 통하여 선교사들을 후원하고 격려해왔다. 세부 성경학교와 세부 한인 교회 그리고 12개 지역부의 다양한 수련회와 지역 모임, 그리고 은퇴를 앞둔 선교사들을 위한 리트릿을 섬기면서 내 자신이 더 은혜를 받기도 하였다. 2015년 고신선교 60주년 행사에서 "우리 선배들께서 1946년, 한국 장로교 총회로부터 모질게 설움당하고 소외 받으면서 찬바람 몰아치는 광야로 내몰려 아직 비바람을 피할 수 있는 거처를 제대로 마련하지 못하는 중에도 1955년, 세계 선교의 꿈을 준비하기 시작했다."고 밝히면서, 이런 정신으로 흔들림 없이 선교의 사명을 감당할 때 하나님께서 변함없이 이 땅의 '거룩한 그루터기'로 우리 교단을 사용하실 것이라 했다.

제3세계 지도자 양성

어려운 시절 서구 교회의 도움을 받았던 조국을 생각하며, 제3세계 지도자 양성에도 관심이 많다. 후원하는 고신대학교는 2008년부터 외국인 M.Div 과정을 열고 제3세계 미래 목회자들을 매년 배출하고 있다. 사직동교회는 17개국 68명의 외국인 유학생을 위한 만찬을 열고 초청했다. 그 자리에서 나는 "고신대학교에서 공부하는 외국인 유학생들을 위해 마련된 이 자리가 하나님께서 영광 받으시고, 강건하게 주어진 학문을 잘 공부하고 본국으로 돌아가길 바란다."며 "앞으로도 사직동교회가 외국인 유학생들을 위해 많은 기도를 하겠다."고 격려사를 했다.

사직동교회에서 찬양사로 사역하는 소코라는 학생이 있다. 그는 피지에서 온 학생인데, 그의 섬김을 보면서 고신대학교에서 소코와 같은 인재들이 많이 배출되기를 바랐다. 그래서 해외 선교 예산을 아껴서 고신대학교에 후원금을 전달하기도 했다. 또 다른 외국인 학생 아이작은 도움을 준 사직동교회에 감사를 표하기도 했다. 그는 "아버지와 같은 총장님과 늘 고신대학교를 위해 후원해주시고 기도해주시는 사직동교회에 진심으로 감사드린다."며 기도와 후원에 힘입어 더욱 열심히 공부해서 본국으로 돌아가 하나님 나라를 확장하는데 힘쓰는 귀한 일꾼이 되겠다고 말했다. 그를 통해 우간다에 하나님의 은혜가 흘러넘치길 바란다.

군 선교

1951년 6.25전쟁 중에 도입된 군종 제도는 역사 속에서 바른 신앙은 바른 애국 정책을 실현해 왔던 것을 보여준다. 대한민국 젊은이들의 복음화를 위한 황금 어장이 바로 군대이다. 이들을 위해 군목들이 노심초사 수고하고 있으므로 군 선교는 해외 선교 만큼이나 중요한 선교지이다. 나는 고신교단 차원에서 조직적인 군 선교를 하기 위해 150여 명의 예비역 군목들이 회원으로 있는 고신 군목 수련회를 개최하였다.

고신교단은 초창기 김석영, 최학량 군목들의 헌신적인 활동으로 군 선교를 감당해 오면서 한때는 50여명의 군목들이 전후방 각지에서 활동했다. 그러나 현재는 15명의 현역만 남아 있어서 교단의 군 선교가 많이 위축되어 있다. 앞으로 교단이 적극적으로 군 선교에 임해 젊은이들을 복음으로 인도하고 격려해야 할 것이다.

5장 애국과 남북 화합

'동해물과 백두산이 마르고 닳도록-' 나에게 전화를 걸면 가장 먼저 들는 것이 힘찬 애국가이다. 나라와 민족을 향한 확고한 사랑과 애정은 나의 자랑거리이다. 나라 사랑과 더불어 통일은 나의 강한 소원이자 염원이다. 초등학교 때부터 우리의 소원은 통일을 부르며 기도하고 관심을 이어왔다. 군목 사역을 하면서부터 전방 근무를 하며 분단의 고통과 참혹함을 보면서 통일에 대한 관심이 더욱더 커졌다.

백두산을 방문하면서

일전에 백두산을 방문한 적이 있다. 처음부터 백두산(白頭山)을 등정하려고 한 것은 아니었다. 노회 북방선교위원장으로서 중국 연변 지역 조선족교회를 방문해 교제를 나누고 지도, 격려하기 위해 중국으로 갔기 때문이다. 그렇게 5박 6일간 체류하는 중에 하루 짬을 내어 백두산 등정에 나선 것이다. 물론 말은 등정이지만 거의 차량으로 이동하는 편한 등정이었다.

용정과 송화강을 지나 이도백하라는 마을에 도착했다. 여기서부터 백두산 경내가 시작되었다. 한 때는 우리 조상들이 수백 년 동안 말을 타고 달리며 삶의 터전으로 뿌리 내렸던 지역인데, 지금은 중국 차량에 몸을 의지해 백두산 아닌 장백산으로 이동하고 있으니 참으로 애석했다.

중·고등학교 시절 고구려, 신라, 백제 삼국 시대 역사를 배울 때 교과서에 실린 지도는 오늘날의 한반도가 아니었다. 지금처럼 한반도에서도 다시 남, 북으로 나누어진 휴전선 이남의 참으로 작은 땅 지도는 더더욱 아니었다. 한반도 전체가 자기보다 3배 정도 더 큰 북쪽의 땅을 머리에 이고 있는 그림이었다. 나는 그때 제주도와 울릉도를 옆에 끼고 북쪽으로 엄청난 영토를 확보하고 있던 삼국 시대의 지도를 보면서 그 지도가 마치 젊은 여인이 옆에 아이 둘을 두고서 자신의 키보다 몇 배나 더 큰 보따리 짐을 머리에 이고 서 있는 모습처럼 느껴졌다.

바로 그 지도 가운데 있는 지역을 중국 차량을 타고 여행을 하고 있었으니 감개가 무량한 것이 아니라 쓸쓸하고 묘한 감정이 들 수밖에 없었다. 신라가 삼국을 통일하기보다 고구려가 중심이 되어 삼국을 통일하였더라면 우리나라의 역사가 과연 어떠한 변화를 창조해왔을까 이런 상상을 누구나 한번쯤 해보았으리라.

지워져 버린 세 글자

이도백하에서 점심을 먹고 다시 한참을 달린 후 우리는 드디어 백두산 공원 관리소 입구에 도착하였다. 물론 중국 땅이므로 백두산이라는 이름은 찾아볼 수 없고 온통 '장백산'으로 도배되어 있었다. 평소에 우리교회 교인들이 말하듯이 내가 눈이 너무 밝아서일까 아니면 기억력이 좋아서일까 공원 입장을 위하여 관광객들이 몰려드는 정문

위로 커다란 간판이 가로로 세워져 있는데 그 간판을 보는 순간 나는 기분이 몹시 상하여 그 자리에 꼼짝 않고 서버렸다. 그때부터 마음이 상하기 시작하였다.

'長白山'이라고 크게 한자가 각인되어 있는 것은 어쩔 수 없지만 그 옆에 지워져 버린 세 글자의 흔적이 남아있는 것이 무척이나 속상했다. 그 세 글자는 과연 무엇이었을까? 일찍이 백두산을 등정해 본 적이 있는 독자들 중에는 기억하고 있을 분이 계실 것이다. 나도 10여 년도 전에 백두산을 등정한 적이 있었다. 그때는 연길을 출발하여 정말 힘들게 백두산에 도착했으나 궂은 날씨 때문에 천지 구경을 성공하지 못하고 쓸쓸히 돌아왔었다. 그때는 분명히 입구 간판에 한자와 나란히 한글로 '장백산'이라고 적혀 있었다. 그런데 지금 그 한글이 지워져 버린 것이다.

정문의 기둥과 울타리, 지붕, 철문 등은 조금도 변함없이 그대로였다. 단지 '장백산'이라고 하는 한글 간판만 지워져 버린 것이다. 싹 지워져 버려 없어졌다면 어땠을까? 지워져 버린 자국들이 선명하게 남아 있는 것이 나를 쓸쓸하게 만들었다. 더욱 마음 아프게 한 것은 나를 포함하여 수많은 관광객들이 남쪽에서 온 우리 한국인들이었다는 점이다. 우리 민족을 얼마나 무시하기에 한글 간판마저 미련 없이 지워 버렸을까?

당장 돌아서고 싶었다. "길을 두고 뫼로 간다."는 옛말이 생각난다. 북한 사람들이 너무나 원망스러웠다. 북한 쪽으로 해서 관광을 한다면 수많은 남쪽의 한국 관광객이 백두산을 더 많이 찾을 것은 물론이고, 長白山이 아닌 "백두산"을 등정할 것 아닌가! 게다가 관광 수입으로 굶어 죽어가는 북한 동포 수백만 명을 살릴 수 있을 것 아닌가!

자주 통일을 염원하며

북경에서 북한 핵문제를 위한 "6자회담"이 열렸을 때 안타까움과 부끄러움이 컸다. 왜 우리 민족의 문제를 주변 다른 나라들이 주도하여 다루고 있는가? 우리가 얼마나 못난 민족인가를 온 세상에 고하는 것이 아니고 무엇인가? 곰곰히 생각해 보면 이 얼마나 부끄러운 일인가.

우리나라와 민족의 앞날을 놓고 세계 초강대국들이 연일 회담장 뒤 별실에서 모의를 거듭하고 있는데도 북쪽은 온 세계가 비웃는 인간 우상화 놀음으로 동포들이 굶주리고 지쳐서 신음하고 있고, 남쪽은 사회뿐만 아니라 교회마저 이기주의에 빠져 끝없이 다투고 갈등하고 투쟁하느라고 영일이 없으니 조국의 앞날이 정말 염려스러움을 지나 두렵기까지 하다.

중국 쪽 장백산의 지워져 버린 한글 간판의 그 비참한 흔적을 떠올리면서 자주 통일을 염원한다. 이를 위해 나 자신도 성찰하는 동시에 우리 고신교단이 역할을 감당하고자 철저하게 준비하고 변신하는 데 애를 써야할 것이다.

산동반도(山東半島) 상공을 지나오면서

워낙 역사와 지리에 관심이 많은 나는 낯선 곳을 여행할 때면 그곳의 산천경개나 유물, 사적지를 부지런히 살피고 음미한다. 일전에 중국 북경에서 귀국할 때 산동반도 상공을 지나온 일이 있었다. 상공에서 내려다보이는 것은 북경-천진-발해만까지 연결되어 끝이 보이지 않는 들판이었다.

　　미국 선교사의 딸로 중국 땅에서 태어나고 자랐던 펄 벅(Pearl Buck) 여사가 중국을 배경으로 쓴 소설의 제목이 "대지(大地)"였다는 것이 새삼 이해가 되었다. "저렇게 넓은 들판에서 누가 어떻게 농사를 지을까?" 연신 이렇게 질문해 보면서 창에서 눈을 뗄 수 없었다. 그런데 뜬금없게도 나는 괜히 그 땅에서 생산된 곡식과 야채들이 우리나라로 밀려들어오는 것이 생각났다. 한국 전쟁 때는 인해 전술로 우리나라를 밀어붙이더니 지금은 대량 수출로 우리나라 시장을 압박해 오고 있다.

　　오랜 역사 동안 중국은 끊임없이 우리나라를 탐내고 집적거렸다. 삼국 시대에는 당나라가 흑심을 품고 우리나라를 들락거렸다. 고려 시대에는 원나라가 마산(합포)까지 내려와서 군대를 주둔시킨 적이 있었다. 조선 시대에는 명나라, 청나라가 조선을 아우의 나라로, 때로는 신하의 나라로 명명하면서 무례와 강포를 자행했다.

　　가장 뼈아픈 것은 6.25 전쟁 때였다. 우리 국군과 유엔 연합군은 압록강과 두만강까지 진격해 북한 공산당을 완전히 밀어내고 남북통일을 이루어 내는가 했다. 그 순간 중국 인민군 백만 명이 압록강을 건너 밀고 내려왔다. 통일의 꿈은 수포로 돌아가고 말았다.

　　어느새 탑승한 비행기가 서해로 진입하여 영종도 공항, 인천 시가지, 한강을 따라서 서울 상공을 지나고 있었다. 외국 항공기가 우리나라 심장부 위를 통과하는 것이 좀 이상하게 느껴졌다. 우리의 비밀을 낱낱이 다 들여다 보는 것이 아닌가 싶어 기분이 상했다.

　　우리나라 상공에서 내려다보는 우리 땅은 중국과 달리 온통 산들 뿐이었다. 평야는 좀체 보이질 않았다. 그런데도 이렇게 풍족하게 살고 있다는 것은 '기적'일 수밖에 없다. 정말로 하나님의 특별하신 배려가 있는 나라인 것이다. 우리의 살길은 오직 '하나님뿐'임을 재확인하는 순간이었다. "하나님이 보우하사 우리나라 만세-대한사람 대한으로 길이 보전하세!" 5,000만이 이 애국가를 부르는 이상 하나님은 우리나라를 외면하지 않으실 것이다.

우리가 복음으로 정복할 중국

지구 밖으로 나가 달나라를 여행하거나 지구 궤도를 탐사할 때 지구 표면의 흔적을 보여주는 유일한 인공 건축물이 중국 만리장성이라는 옛말이 있다. 물론 이것은 거짓말이다. 중국식 허풍이다. 그만큼 장성의 웅장함을 의미하는 말이다. 중국 사람들은 "장성(長城)"이라고 부른다. 만리장성은 관광객으로 장성을 이룰 정도로 수많은 사람들이 찾는 곳이다.

만리장성은 중국의 진나라 시황제가 중국을 통일하던 해, 즉 지금부터 2,200여 년 전에 축조하기 시작해 그 후 파괴, 손실, 복구를 거듭하면서 오늘에 이르렀다. 지금의 길이는 2,400Km로 부산에서 서울까지 거리의 여섯 배에 해당한다. 성곽의 높이와 폭 또한 거대하고 웅장함과 뛰어난 건축술은 놀랍다.

그런데 놀랍게도 "사기(史記)"에 따르면 이 장성을 축조한 이유 중 하나가 동쪽의 조선(朝鮮)을 경계하기 위해서라고 한다. 참 놀랍고 신나는 일이다! 그러면서 아쉽기가 그지없다. 고대의 우리나라 조상들은 기개가 드높았다. 오늘의 저 중국 동북 지방을 종횡무진 누비면서 한민족의 우수성을 유감없이 발휘했었다.

　　나는 우리나라를 비롯한 동북아시아의 지도를 볼 때마다 아쉬움이 컸다. 왜 우리 민족이 저 드넓은 대륙을 포기하고 압록강. 두만강 이남으로 움츠려 들고 말았을까? 이것은 단지 욕심이고 공상일까? 아니다. 이 욕심을 버릴 수 없다. 우리의 고토(古土)를 회복해야 한다. 그러면 어떻게 회복할 건가? 중국과 일대 전쟁을 치룰 것인가? 그럴 수는 없다. 전쟁을 통해 옛 영토를 회복한다는 것은 그리스도인으로서, 목사로서 전혀 합당하지 않은 생각이다. 유일한 방법은 오직 복음뿐이다.

　　먼저 저 땅에 살고 있는 우리 조선족을 복음화 시키고, 만리장성의 우리 쪽 경계 관문이었던 산해관을 넘어 북경과 전 중국 땅으로 '복음'을 가지고 진격하는 것이다. 그리하여 마침내 '예수 그리스도 구원의 복음'으로 중국 땅을 물들이는 그 날, 우리는 마침내 민족의 숙원이었던 우리 민족의 옛 고토를 되찾게 되는 것이다. 예수님의 십자가 피 묻은 복음이 2,400Km에 이르는 만리장성을 훌쩍 넘어서 저 크고 넓고 아득한 중국 땅을 정복할 수 있도록 우리 모두 중국을 품고서 중보의 기도를 시작하자.

통일의 의지가 담긴 '고신 선언'

　　2015년 내가 위원장으로 활동했던 "총회 통일대비특별위원회"에서는 해방 70년, 분단 70년을 맞아 '고신 선언'을 발표했다. '고신 선언'에는 한반도에 신뢰와 나눔, 화해, 화평이 넘치는 복음적 평화 통일을 선언한다는 내용이다.

광복 70년, 분단 70년 통일한국을 위한 고신 선언

우리는 광복 70주년, 분단 70주년을 맞아 한반도 신뢰와 나눔, 화해, 화평이 넘쳐흘러 복음적인 평화통일을 이루길 소망한다. 또한 우리 민족이 하나님의 경륜 속에서 통일한국이 실현되어 선교한국과 동아시아 평화와 번영, 구속사의 완성을 이루게 되는 그 날들이 속히 오기를 기대하며 다음과 같이 고신인의 자세와 사명, 실천과제에 대해 엄숙히 선언한다.

1. 우리는 한반도 통일이 사랑과 평화, 생명, 정의로움이 살아 움직이는 하나님 나라 핵심 가치로 조속히 실현되기를 소망한다.

2. 우리는 화평케 하는 삶을 살지 못한 한국교회의 모습을 회개하며, 그리스도의 십자가 사역이 통일운동에 드러나길 원한다. 하나님이 기뻐하는 통일한국을 위하여 헌신과 나눔을 적극적으로 실천하며, 성령의 하나 되게 하심을 힘써 지켜 연합을 위하여 적극 노력함으로 한민족공동체가 거룩한 영적 공동체가 되도록 기도운동을 전개한다.

3. 우리는 통일운동이 좌로나 우로나 치우치지 않고, 정치적인 논리를 넘어 사회적, 경제적, 문화적 통합을 우선적으로 추구하며, 인권, 교류협력, 나눔에 대해 남북 당국이 적극적으로 힘써 줄 것을 촉구한다.

4. 우리는 북녘 땅이 자유롭게 예배하는 복음이 충만한 땅이 되도록 노력한다. 모든 사람이 하나님의 형상으로 지음 받은 인간으로서의 존엄성이 존중되는 나라를 소망하며, 개혁주의 신앙의 북한교회 건설을 위하여 매진한다.

5. 우리는 중국 및 제3국에 흩어져 있는 탈북난민들과 한국에 정착한 탈북자들의 어려운 처지에 깊이 공감한다. 그들의 영적 사회적 여건을 개선하는 것이 한반도의 평화통일을 위해 선결과제이며, 이들이 평화와 통일의 초석이 될 수 있도록 적극적으로 돕는다.

6. 우리는 아시아와 전 세계의 교회들과 협력하여 평화통일과 북한복음화를 이루고, 주님의 지상명령인 세계 선교의 남은 과업이 완수되도록 노력한다.

2015년 8월 15일

총회 통일대비특별위원회 위원장 김철봉 목사

이 선언에는 통일을 위한 염원과 구체적인 실천 사항이 담겨서 그 의의가 컸다.

통일을 위한 협의회 활동들

2018년 선교통일한국협의회가 출범되었다. 협의회는 초대 대표회장으로 우리 교단의 김종국 목사를 선출했다. 상임대표에는 조요셉 목사(예수전도단 북한선교연구원장)를 선출했다. 공동대표로 벤토레이 신부(예수원 삼수령 대표), **황성주 박사**(사랑의병원 이사장), **안성삼 총장**(국제신대), **임현수 목사**(토론토큰빛교회), **강보형 목사**(울산행복한교회), **곽수광 목사**(국제푸른나무 이사장)를 비롯해 내가 선출되었다.

선교통일한국협의회는 지난 2017년 8월 31일부터 9월 1일까지 한국세계선교협의회(KWMA) 주최로 미국 하와이 코나에서 열린 '코나 통일포럼'에서 다가오는 통일을 대비하기 위해 한국교회와 선교단체의 통일된 연합체가 필요하다는 제안이 계기가 되어 출범했다.

선교통일한국협의회는 각 교회나 단체의 개별적 통일선교사역의 한계를 극복하기 위해 연합하여 통일과 북한 복음화를 준비한다. 또한 대북 교류와 협력부터 인도적 지원, 북한 내 교회 재건 및 기독교 학교 설립 등 분야별 숙원 사업을 중복 투자 없이 효율적으로 진행할 수 있도록 서로 교류하고 전략을 논의하기도 한다.

2019년 3월에는 사직동교회에서 북한 구원을 위한 통일선교대회가 열렸다. 이 대회는 내가 이사장으로 있는 통일선교 전략협의회가 주최했다. 통일선교 전략협의회는 통일의 때를 준비하는 구체적인 매뉴얼을 작성하고, 통일 이후 북한에 교회를 세우겠다는 목표를 가지고 있다. 통일선교대회에서 드려진 사직동교회 중·고·대·청년부연합찬양대의 찬양, '그리스도의 사랑에서 끊을 수 없습니다'라는 제목의 이삭 목사(모퉁이돌 선교회 대표)의 설교는 무척이나 감격스러웠다.

우리나라가 이렇게 풍요롭게 된 것은 오직 하나님의 은혜 때문이다. 다른 이유가 없다. 통일에서도 마찬가지이다. 하나님께서 은혜를 베풀어 주셔야 가능하다. 그러나 손 놓고 기다리는 것이 아니라 우리가 할 수 있는 일을 준비해야 한다. 그 일을 위해 남은 인생을 바치고 싶다.

제2부
쓰러진 목자를 다시 세우시는 하나님

탈진과 회복
1장 탈진은 사건이 아니라 과정이다
2장 인생은 재미가 아니라 의무다
3장 성경을 읽어라, 그 안에 답이 있다
4장 인생은 갈대다, 그러나 생각하는 갈대이다
5장 하나님이 싫어하는 세 가지
6장 '사람'은 '살다'라는 말에서 나왔다
7장 항상 기뻐하라 쉬지 말고 기도하라 범사에 감사하라
8장 사람은 서로 만나야 한다
9장 고난 속에 들어 있는 축복을 기대하라
10장 탈진을 예방하라
11장 자기 진단을 하고 재충전하라
12장 탈진 회복의 비결 열 가지 비결
나가는 말

탈진과 회복

　탈진은 1970년대 초부터 광범위하게 사용되었다. 정신분석가 허버트 프로이덴버거(Herbert Freudenberger)는 자신의 경험을 바탕으로 이 용어를 사용했고, 그 이후 탈진에 대한 광범위한 연구가 진행되어 왔다.

　연구가들은 탈진이 주로 사람을 돕는 일을 하는 이들에게서 자주 나타난다는 것을 밝혀냈다. 예를 들면, 사회복지사, 유치원 교사, 특수학교 교사, 간호사, 정신과 의사, 경찰, 상담사 등이다. 여기에 목회자도 추가할 수 있다. 목사의 주 업무가 교인들을 섬기고 목양하는 것이기 때문이다.

　필자는 약 10년 전 탈진을 경험했다. 약 2년간 탈진, 우울증, 공황장애 이 세 가지를 극심하게 경험했고 이로 인해 목회는 전혀 하지 못했다. 그 처절했던 경험을 나누고자 한다. 이 경험이 같은 어려움을 겪는 목회자와 성도들에게 조금이나마 도움이 되기를 바라는 마음이다.

탈진의 정의

　탈진(脫盡)은 문자 그대로 '진이 다 빠져버리는 것'인데, 소진(消盡)이라고도 하고 영어로는 번 아웃(burn-out)이라 한다. 정신적으로 피곤하거나 몸이 안 좋을 때 감정적, 정서적으로 고갈된 상태를 뜻한다.

좀 더 전문적으로는 매슬랙의 정의를 참고할 수 있다. 캘리포니아대학(버클리)의 교수인 매슬랙(C. Maslach)은 탈진에 대한 여러 책과 논문을 발표하였고, 그가 만든 매슬랙 탈진 검사지(Maslach Burnout Inventory)는 널리 사용되고 있다. 그는 "일종의 '사람을 돕는 일'을 하는 사람들에게서 발생할 수 있는 감정적 소진(emotional exhaustion)과 비인격화(depersonalization) 그리고 개인적 성취감의 감소(reduced personal accomplishment)"라고 탈진을 정의했다. 목사에게 탈진은 영적으로 메마르거나 사역에 대한 압박, 사역의 결과에 대한 부담 등으로 엄청난 스트레스에 눌린 상태를 의미한다. 이 탈진 상태에 빠지면 무기력증, 자포자기 상태, 심한 압박감에 시달리게 된다.

매슬랙과 샤우페리(W. Schaufeli)는 탈진의 정의를 내리면서 5가지 특징이 있다고 한다.

> 첫째, 탈진은 정신적 혹은 정서적 탈진, 피로와 우울과 같은 증상이다.
> 둘째, 탈진으로 인한 정신적, 행동적 징후가 나타난다.
> 셋째, 탈진은 업무 관련적이다.
> 넷째, 정신병력이 없던 일반인들에게 나타난다.
> 마지막, 부정적 태도와 행동으로 인한 업무 효율 저하를 들 수 있다

그리고 탈진의 증상은 크게 4가지로 행동 증상, 신체 증상, 대인

관계 증상, 태도 증상이다.

첫째, 행동 증상으로 업무 효율성 저하, 약물 사용, 잦은 결석, 대처 능력 저하, 퇴근 시간만 신경 쓰는 것이 대표적이다.

둘째, 신체 증상은 편두통이나 궤양, 불면증과 악몽, 위장 장애, 과다 행동, 만성적 피로, 저항력 저하 등이 있다.

셋째, 대인 관계 증상은 분노와 불신을 자주 표현하여 가족 및 친한 친구와 관계가 멀어진다. 새로운 관계를 맺는 능력이 떨어지고, 이와 더불어 지속된 관계 단절로 인한 외로움을 극심히 느낀다.

마지막으로 태도 증상이다. 태도 증상은 자기 비하, 우울함, 공허감, 지루함, 냉소, 무기력이 대표적으로 나타난다.

직장인 70%가 탈진 증후군

우리나라 직장인 중 70%가 번아웃 증후군이라고 한다. 직장 내 스트레스로 인해 정신적·신체적 피로가 도를 넘어섰다. 한 조사에 따르면 "직장인 68%가 업무가 끝나도 모바일 메신저로 연락받은 적이 있다, 60.3%가 퇴근 후 업무 연락으로 회사에 복귀한 적이 있다, 91.7%가 올해 정규 휴가일을 못 채웠고, 70%가 1년에 휴가 열흘도 못 간다."고 한다. 이 조사는 직장 내 번아웃을 유발하는 다양한 요소를 단적으로 보여주는 예이다. 더욱이 우리나라 평균 근로 시간은 세계 최상위권에 육박하지 않는가?

전 세계를 대상으로 심리적 행복 지수를 조사한 결과 대한민국의 행복 지수는 내전으로 고통을 겪는 팔레스타인과 같은 수치인 100점 만점에 59점이었다. 143개국 중 118위로 하위권에 머무른다. 반대로 자살률은 10만 명 당 28.5명으로 OECD 중 1위를 차지한다. 이런 수치들은 대한민국이 얼마나 번아웃에 시달리고 있는지 가늠하게 하는 결과다.

  교회를 섬기는 자들도 탈진에서 예외는 아니다. 교회의 리더는 피를 공급하는 심장이요, 교회를 이끌어가는 엔진이다. 다시 말해 리더의 건강이 바로 교회의 건강이며, 리더의 탈진은 교회의 탈진으로 이어진다. 그러므로 교회의 리더들이 항상 영적으로 건강하며 생동감 있게 섬기도록 교회가 확인해야 한다. 그들이 영적으로 피곤을 느끼고 쓰러졌다면 다시 세워주는 것이 교회의 역할이다.

  목회자 탈진과 그를 도울 방법은 클레이 워너의 『탈진한 목회자를 세우시는 하나님의 은혜』(조광현 역, P&R 출간)를 참고하라. 목회를 시작한 지 3-4년 전후로 많은 목회자들이 목회를 그만두려 한다. 이 책은 목회자가 목회 사역에서 겪을 수 있는 다양한 어려움을 어떻게 극복할 것인가를 잘 설명한다. 믿음의 부족, 자만, 자기 연민, 자멸적 반응 등 목회자가 경험하는 온갖 종류의 감정들을 말한다. 저자는 자신이 겪은 스트레스를 적나라하게 보여주면서 동시에 성경적, 목회적 원리에 따라 회복된 과정을 보여준다.

1장 탈진은 '사건(event)'이 아니라 '과정(process)'이다

탈진은 과정이다. 연속적으로 일어나는 현상이므로 '좀 덜 탈진되었다' 혹은 '좀 더 탈진되었다'고 이해해야 한다. 따라서 탈진은 정확하게 어느 지점부터 탈진되었다고 선언하거나 진단할 수 있다기보다는 탈진의 강도(intensity)와 빈번도(frequency)의 정도로 추정할 수 있다. 이점에서 볼 때 정도의 차이는 있지만 많은 한국교회 목회자들이 탈진의 과정에 서 있다고 말할 수 있다. 탈진 상태, 영적 고갈, 이것들을 어떻게 극복할 수 있을까? 처절한 경험을 한 사람이자 소위 '상처받은 치유자'로서 다음과 같이 말한다.

사람은 약하나 주님은 강하시다

사람은 약하나 주님은 강하시다(Men are weak, but God is strong). 탈진(脫盡 Burn out)은 '더 이상 태울 연료가 없는, 녹초가 돼버린, 다 소모해버린'이라는 뜻이다. 탈진하는 목회자들이 있는데, 이것은 목회자가 슈퍼맨이 아니라는 사실을 보여준다. 목회자가 탈진하면 목회의 자신감을 잃고 만다. 목회가 사람의 힘으로 되는 것은 아니지만 그렇다고 사람의 의지와 전혀 상관이 없다고 말할 수도 없다. 바울처럼 처음에는 뜨거운 감격과 열정으로 목회에 임하다가도 원치 않게 탈진에 빠져들면 열정이 현저하게 줄어들고 거룩한 자신감을 상실하는 것이 연약한 인생이다.

성경에서 탈진해버린 하나님의 사람 중 대표 인물은 엘리야 선지자이다. 그는 "능력의 종, 불의 사자(使者)"라고 일컬어지는 대단한 사람이요 하나님의 사람이다. 그런데 엘리야처럼 탁월한 하나님의 사람도 탈진한다. "스스로 죽기를 구하여 … 하나님이시여, 내 생명을 거두시옵소서"(왕하 19:4). 정말 이처럼 나약한 비명을 저지르고 있는 사람이 바알 선지자들을 물리친 그 엘리야가 맞는지 의심이 들 정도이다. 피로감, 고립감, 고독감, 두려움, 우울증 등이 복합적으로 그를 감싸고 있다.

엘리야도 알고 보면 우리와 다를 바 없는 연약성을 갖고 있는 한 사람이다. 성경은 "엘리야도 우리와 성정(性情)이 같은 사람(a man of similar weaknesses with us)이라."고 한다(약 5:17). 이것은 우리에게 큰 위로가 되는 말씀이다.

엘리야는 왜 탈진하였는가?

왜 엘리야가 탈진했는가? '사람 때문'이다. 옛날 어른들은 호랑이나 늑대보다 사람이 가장 무섭다고 했다. 아합 왕의 아내 이세벨은 엘리야에게 사신을 보내어 최후통첩을 한다. "내가 내일 이맘때에는 반드시 네 생명을 저 사람들 중 한 사람의 생명같게 하리라"(왕상 19:2).

이세벨이 누구인가? 사악한 왕비로서 주의 제단을 헐며 칼로 주의 선지자들을 죽였던 자가 아닌가? 이제는 그 칼끝을 엘리야에게로 겨눈다. 어느 순간 갑자기 죽임을 당하는 것은 어쩔 수 없다. 그러나 사악한 권력자가 전국에 지명 수배령을 내려 줄기차게, 집요하게 뒤를 추적해 올 때 그것을 견뎌낼 수 있는 사람은 없다. 그렇다. 엘리야는 더 이상 숨을 곳도 없고 도망칠 힘도 없어졌다. 그래서 로뎀 나무 아래에 앉아서 죽기를 원하여 이르기를 "여호와여 넉넉하오니 지금 내 생명을 거두시옵소서 나는 내 조상들보다 낫지 못하나이다."하였다.

목회자의 탈진을 가만히 들여다보면 '사람 때문인 경우'가 대부분이다. 한 후배 목사가 있다. 그는 도시 목회를 20여 년간 했다. 그러나 사모가 병을 얻었고, 자신도 사람 때문에 너무나 힘들어서 고심 끝에 모든 것을 내려놓고 남해 지역에 있는 작은 교회를 맡았다. 도시에서 시골 지역으로 이사를 간 것이다. 1년도 채 되지 않아 놀라운 소식을 들었다. 아팠던 사모가 완벽하게 건강을 되찾았다고 한다.

과중한 업무 때문에

그러나 어떤 사람에게는 '사람 문제'가 아닌 과중한 업무 때문에 탈진이 찾아오기도 한다. 이런 경우는 어떻게 해야 할까? 엘리야는 말씀 전파, 선지생도 양성 및 훈련(제자 훈련), 만연한 사회악 즉 바알·아세라 우상 숭배의 전국화 현상을 척결하기 위해 몰두했다. 당면한 문제를 해결하기 위해 자기 능력의 한계를 넘어서야 했다. 사실 엘리야가 했던 세 가지 업무 중 하나만 하더라도 선지자 한 사람의 사역 분량으로 충분하다. 다시 말해 엘리야 역시 과중한 업무에 시달렸다.

전도자(목회자)에게는 "말씀 전하는 것과 기도하는 것"만으로도 충분한 분량의 사역이라고 베드로 사도는 우리에게 경고했다(행 6:4). 혼자서 이스라엘 열두 지파를 처리하고 수많은 문제들을 직접 처리하고 있는 모세를 지켜보던 장인 이드로는 모세를 책망하면서 경고했다(출

18:18). "자네가 이토록 과중한 업무를 혼자서 계속 감당한다면 얼마 살지를 못할 것이다. 백성들을 이끌고 광야를 통과하려면 오랜 시간이 소요될 것인데 어찌하여 그토록 과중한 업무 속에 자신을 혹사시키고 낭비하는가?"

오늘 우리 목회자들은 무슨 일로, 어떤 일로, 왜 바쁠까? 어떤 업무가 과중하게 다가 왔을까? 예수님은 자신을 '항상 일이 많고 바쁘기 그지없는 사람'이라고 자위도 하고 신세타령도 하는 것이 습관처럼 된 마르다를 향해 이렇게 말씀하신다. "마르다야 마르다야 네가 많은 일로 염려하고 근심하나 몇 가지만 하든지 혹은 한 가지만이라도 족하니라(눅 10:41~42)."

기대와 현실이 다를 때

전력투구하여 그토록 헌신하고 노력했는데 아무런 결과도 없을 때, 심지어 최소한의 결실도 맺지 못했을 때, 그리고 아무 보람도 느끼지 못하고 정당한 보상도 주어지지 않을 때 탈진이 일어난다. 자신의 무능을 절감하게 되어 아무 것도 하기 싫고 모든 것을 포기하고 싶어진다. 기대와 현실이 심각하게 차이가 나타날 때 게다가 이것이 반복되면 목회자는 자신감을 상실하게 된다. 어떻게 다시 힘을 내어보지만 더 이상 의욕이 생기지 않으면 탈진되었다고 말한다. 말 그대로 모조리 다 타버려서 더 이상 불을 피울 수가 없다. 물론 대부분의 목회자들은 그런 상황에서도 목회를 포기하지 못하고, 무기력하게 목회 생활을 영위해 나간다. 하지만 바람직한 상황은 아니다.

이런 경우 대체로 교회 성장의 실패가 탈진의 가장 일반적인 원인이지만, 그 뒤에는 보다 근본적인 문제가 숨어있다. 흔히 거론되는 원인들로는 다음과 같다.

> 첫째, 완전주의적 사고를 가지고 자기에게 초인적 능력과 성자적 모범을 요구한다.
> 둘째, 자기가 모든 것을 해야 하고 자기가 아니면 안 된다는 사고를 가지고 자기를 혹사시킨다.
> 셋째, 원만하게 동역자들과 업무 분담이나 협조 관계를 유지하지 못하고, 모든 일을 무리하게 추진한다.
> 넷째, 근무 시간이나 업무 내용이 불분명하거나 명시되어 있지 않다.
> 마지막으로, 부부 관계나 자녀 문제 등 가정 문제로 인해 자괴감이 든다.

그러나 여기에서 결코 간과할 수 없는 보다 근본적인 인간 이해가 있다. 즉 인간이 질그릇처럼 연약하다는 점이다.

탈진의 증상들

탈진으로 인해 두 차례 목회의 큰 위기를 겪었던 윌로우크릭교회의 빌 하이벨스(Bill Hybels) 목사는 자신의 경험을 바탕으로 탈진의 증상을 네 가지로 설명했다.

첫째, 참을성이 없어진다(Short temper). 참을성이 부족해져서 주위에 있는 사람에게 쉽게 화를 낸다. 특히 교회에서는 부교역자들에게, 집에서는 아내와 자녀들에게 자주 화를 낸다.

둘째, 만성피로(Fatigue) 현상이다. 항상 몸이 노곤하고 피곤하고 힘이 없고 의욕도 없어지고. 아무 것도 하기 싫다. 잠을 아무리 자도 몸이 개운하지 않다.

셋째, 사임하고 싶은 마음이 강해진다. 목회 자체가 스트레스를 주는 상태이기 때문에 당장 목회를 그만두고 싶어진다. 현실을 도피하고 싶은 마음이 강하다.

마지막으로 하나님과 관계가 멀어져 간다. 이 점은 목회자로서 가장 위험한 상태이다. 여전히 기도도 하고 성경도 읽고 설교 준비도 하지만, 모든 게 형식적이다. 전혀 은혜가 없고 감동도 없다. 그저 공허한 종교 행위만 한다.

아무도 모르게 목회자들이 자기의 마음이 무너져 내릴 때, 가면을 쓰고 슈퍼맨의 모습으로 나타나기보다 "나는 약합니다. 나는 여러분의 도움이 필요합니다 나는 여러분의 격려와 지지 그리고 위로가 필요합니다!"라고 강대상에서 자기의 연약함을 나눌 수 있어야 한다. 바울이 말한 것처럼 내가 약할 그 때 곧 강함이라는 '연약함의 영성'이 기독교의 영성이 아닌가? '나는 연약하고 주는 완전하다'는 내용의 "주는 완전합니다"라는 찬양을 불러보라. 그리고 조용히 새벽에 묵상하며 기도해 보라.

2장 인생은 재미가 아니라 의무다
(life is not fun, but a duty)

　　탈진이 되면 사는 게 재미가 없다. 이내 '살아서 뭐하겠나?' 하는 생각이 든다. 그러나 인생은 재미로 사는 것이 아니라 의무로 사는 것이다. 하나님이 우리를 이 땅에 보내셨기 때문에 우리는 엄숙하고 진지하게 살아야 한다. 기를 쓰고 살아야 한다. 살려고 몸부림치는 것은 아름답고 거룩하다. '구질구질한 인생 살아서 뭣하나?' 이런 생각은 마귀의 소리이니 귀를 닫아 버려라.

　　인생은 살아야 할 의무만 남아 있다. 사는 것이 죽는 것보다 훨씬 아름답다. 죽고자 애를 쓰지 않아도 때가 되면 죽는다. '살라'(to live)고 하나님이 우리를 창조하셨다. '사람'이라는 말 자체가 '살다'에서 나왔다. 사람에게는 '죽을 권리'가 없다. '죽는 것'은 하나님의 소관이다. 때가 되면 하나님께서 우리를 데려 가신다. 우리는 살고 보아야 한다.

　　열두 해 혈루증을 앓았던 여인, 귀신 들린 여인, 일곱 귀신 들린 막달라 마리아, 중풍병자, 날 때부터 앉은뱅이 된 사람, 18년 동안 귀신이 들려 앓으며 꼬부라져 조금도 펴지 못하는 한 여인, 무덤 사이에 거하면서 밤낮 괴성을 지르는 데가볼리 마을의 청년, 온 몸에 피부병이

들어버린 나아만 장군. 이들 모두 성경에 나오는 자들인데, 하나같이 모두 다 참으로 가망 없는 중병을 앓았던 자들이다.

건강한 사람도 생존이 쉽지 않았던 그 시대에 이들의 아픔과 슬픔은 얼마나 컸을까? 상상해 보라. 그러나 이 사람들은 자신의 병을 비관하여 끝없이 절망하거나 극단적인 생각으로 스스로 죽음을 도모하지 않았다. 살아보려고 온갖 노력을 다했다. 주위 사람들로부터 무시당하고 잊혀지고 포기 된 사람들이었다. 그러나 그들은 끝까지 살아남았다. 그리고 마침내 예수 그리스도를 만나면서 그 지긋지긋한 병에서 깨끗하게 나음을 받았다. 그 광경들은 사뭇 거룩하고 엄숙하게 다가온다.

인생을 포기하고 싶을 때

우리는 자신의 인생이 극도로 힘들어서 인생을 포기하고 싶을 때가 있다. 그럴 때일수록 나보다 훨씬 더 고통스러운 상황 중에서도 열심히 그리고 훌륭하게 살고 있는 진지한 사람들이 많다는 것을 떠올려야 한다. "강연 100℃"를 보면 나보다 더 불행하고 힘든 상황 속에서도 씩씩하고 꿋꿋하게 살아가는 사람이 얼마든지 많이 있다는 사실을 알 수 있다.

나는 2012년에 인도에서 불가촉천민 마을의 사람들을 만나면서 한 달을 산 적이 있다. 그곳에서의 경험은 일생일대의 충격이었다. 정신이 번쩍 들었다. 당시 내가 겪고 있던 인생의 어려움이나 아픔은 그들의 처지와 비교할 때 정말 아무것도 아니었다. 그들은 상상하기 힘든 비참한 환경 속에서도 꿋꿋이 살아가고 있었다. 그들의 눈동자는 맑고 밝았다. 웃음이 있었다. 걱정하거나 염려하지 않았다. 단순하고 긍정적으로 잘 살아가고 있었다. 그들의 삶을 한 달간 지켜보고 함께하면서 나의 연약한 모습을 반성하였다.

　　어릴 때 어머님이 자주 하시던 말씀이 생각났다. '호강에 빠져 요강에 변을 본다.' 이 옛말이 생각나면서 나 자신이 몹시 부끄러웠다. 그러면서 많이 반성하고 회개하면서 정신을 크게 차린 적이 있다. 그렇다. 나만의 세계에 갇혀있지 말고, 얼굴을 들고 사방을 둘러보라. 정말 나보다 힘들게 사는 사람들이 많다.

　　참고 이겨내고 극복하면 분명히 좋은 날이 온다는 것을 믿어라. 참아 낼 수 있다. 이겨낼 수 있다.

"사람이 감당 할 시험 밖에는 너희가 당한 것이 없나니
오직 하나님은 미쁘사 너희가 감당하지 못할 시험 당함을
허락하지 아니하시고 시험 당할 즈음에 또한 피할 길을
내사 너희로 능히 감당하게 하시느니라"
　　　　　　　　－ 고린도전서 10:13 －

엘렌 가족 사랑 이야기

　　오래전에 시청한 다큐멘터리가 생각난다. "보이지 않는 사랑, 엘렌 가족 사랑 이야기"이다. 다큐멘터리 내용은 미국 볼티모어 시에 살고 있는 미국인 부부가 우리 한국 어린이를 무려 네 명이나 입양하여 훌륭하게 키워내고 있다는, 참으로 가슴 뭉클한 사연이었다. 아이들의 이름은 킴, 마크, 엘렌, 세라이다. 모두 우리 한국 아이들임이 신기하면서도 미안스럽다. 미국인 양 부모는 니콜슨이라는 이름의 겸손한 그리

스도인들이다.

정말 놀랍고 충격적인 것은 니콜슨 부부 모두 시각 장애인이라는 점이다. 부인은 거의 집 밖을 나갈 수 없을 정도로 심각한 시각 장애인이고, 남편은 시각 장애인 지팡이를 짚고 오로지 청각과 상상력만으로 살아간다. 니콜슨 씨의 청각과 상상력은 정말 상상을 초월한다. 그러기까지 한 평생 얼마나 눈물겨운 노력과 자기 훈련을 쏟았을는지 짐작이 간다. 그는 그러한 몸으로 35년째 볼티모어 시 장애인 부서 공무원으로 일을 하고 있다. 자신이 시각 장애인이고, 장애인을 위하여 평생을 공무원으로 일하다 보니 시각 장애인에 대한 애틋한 마음이 더욱 각별하였던 것 같다.

큰 아이 킴은 이미 독립하여 나갔으며, 둘째 마크는 독립을 준비하고 있었다. 셋째 엘렌은 아직 대학생인데 신앙심이 각별하고, 막내 세라는 18세임에도 불구하고 시각 장애에다 자폐증도 있어 어려움을 겪었다. 세라는 체격도 커서 니콜슨 부부는 정말 하루하루를 '전쟁'처럼 살아갔다. 전쟁이니 으레 미움과 원망과 후회와 공격이 있어야 마땅할 터인데도 이들 가족에게는 전혀 그런 것이 없다. 세라는 심한 자폐증세로 행동이 불규칙하고, 전혀 예측 불가능한 돌발 행동을 수시로 나타내지만 가족들은 끝없이 수용하고 사랑한다.

비록 두 눈은 장애를 갖고 있지만 가족들의 얼굴은 하나같이 밝고 선량하다. 하나님을 원망하거나 불평하는 일이 없다. 오히려 하나님께 감사한다. 그 모습이 어색하거나 우리가 바라보기에 안쓰럽다거나 전혀 그렇지가 않다. 오히려 긴 세월 축적되어 온 감사와 평화의 저력이 그들 각자의 대화와 가족 간의 연대에서 얼마든지 풍겨 나오고 있다.

그들은 어려운 중에도 포기하지 않고 하나님께서 주신 의무대로 진지하게 살아가는 이들이었다.

신앙은 간증이고 해석이다!

파도처럼 밀려오는 여러 문제들을 자신이 이겨낸다면 그 경험을 두고두고 간증할 수 있다. 형제들과 이웃을 넘어 자녀들과 후손들에게까지 격려와 도전을 줄 수 있다. 좌절하거나 굴복하면 마귀의 전략에 이용당하고 만다. 베드로후서 2장 19절에서는 "진 자는 이긴 자의 종이 됨"이라고 했다. 신앙은 간증이고 해석이다. 고통의 여정을 걸으면 스토리 있는 인생이 된다. 할 이야기가 있고 들려줄 스토리가 있으면 그 인생은 부요하고 행복하다. 고통과 극한 슬픔의 터널을 지나고 나면 '새로운 눈'으로 인생과 세상을 바라보고 해석하게 된다. 이전과는 다른 감동과 감사와 노래가 나온다. 탈진과 시련과 고통은 힘든 것이 분명하지만 이것을 잘 통과하고 나면 성숙된 인생, 새로운 세계를 살 수 있게 된다.

'대추 한 알'이란 시를 아는가? 장석주 시인의 시인데, 그 시를 풀이하면 이렇다. '대추가 저절로 붉어질리 없다 저 안에 태풍 몇 개, 천둥 몇 개, 번개 몇 개가 들어서서 붉게 익히는 것이다…' 그렇다. 대추 한 알도 계절의 변화 속에 온갖 풍상을 겪고 익어가고 붉어가고 여물어 간다면 우리 인생 역시 그러하지 않겠는가?

자주 대추차를 마시라. 맛도 즐기지만 대추를 떠올리라. 당신이 마시는 것은 대추가 아니다. 당신은 천둥을 마시고 번개를 마시고, 끝내는 태풍도 마시는 것이다 그리할 때 당신의 심장은 힘차게 용트림을 치게 될 것이다.

"그러나 내가 가는 길을 그가 아시나니 그가 나를
단련하신 후에 내가 순금(정금)같이 되어 나오리라"
- 욥기 23:10 -

3장 성경을 읽어라, 그 안에 답이 있다
(Read Bible, There's an answer in it)

그리스도인이라면 평소에도 성경을 읽지만 힘들고 어려울 때일수록 더더욱 성경을 읽어야 한다. 고통스러울수록 성경을 읽든지 듣든지 해야 한다. 성경을 읽어보면 이런 저런 사연 때문에 쓰러지고, 좌절하고, 죽어가던 사람들이 주님의 말씀을 만나고선 다시 살아나는 모습을 볼 수 있다. 왜냐하면 주의 말씀은 생명의 양식이요, 인생길을 걸어가는 발의 등이 되고 빛이 되기 때문이다.

모세를 보라

자기 이름을 생명책에서 지워버려 달라고 하나님께 절규하던 모세를 하나님께서 어루만지셨다. 그 후로도 하나님의 일을 하게 하셨고, 무려 120살까지 강건하게 살게 하셨다. 모세는 세상을 떠날 때까지 기력이 쇠하지 않고 시력이 흐려지지 않았다. 신명기 34장 10절은 모세를 두고 여호와께서 대면하여, 즉 얼굴을 대하여(face to face) 아시던 자라고 하였다. 성경을 읽고 들으면 탈진한 상태에서 다시 하나님과 대면하는 기쁨을 누리게 될 것이다.

다윗을 보라

충신 우리아의 아내와 불륜의 죄를 짓고 그 남편을 최전선에 보내어 죽게 한 다윗을 보라. 천인공노할 죄를 짓고 마치 온 몸에 비를 맞고 지붕 처마 밑에 처량하게 움츠리고 있는 한 마리 참새 신세와 같은 그를 생각해보라. 자신의 죄를 회개하며 자신의 처지를 슬프게 하소연하던 다윗을 하나님께서는 용서해 주시고 눈동자처럼 보호해 주시고 끊임없이 격려해 주셨다. 그가 탈진한 상태에서 돌이키게 된 것은 나단을 통해 하나님의 말씀을 들으면서부터였다. 다윗이 말씀을 듣고 순종했다는 것을 기억하라.

엘리야를 보라

아합 왕과 왕비 이세벨을 피해 하나님께 죽여 달라고 외쳤던 엘리야를 생각해 보라! 그는 수많은 바알 선지자들과 대결해 승리했지만, 마음과 몸과 자존심이 다 무너지고 극도로 피곤하여 전혀 삶의 의욕이 다 없어져 버렸다. 완전히 탈진하여 죽음 직전으로 내몰렸다. 실제로 죽기를 원하였고 쓰러졌었다. 그렇게 다 죽어가는 엘리야를 하나님께서 살려주셨다.

탈진에서 회복된 엘리야는 새로운 사역을 또 시작한다. 이번 사역의 중요성은 한창 전성기 때와 비교할 때 조금도 덜하지 않았다. 아람 나라를 위하여 하사엘에게 기름을 부어 왕으로 세웠다. 이스라엘을 위하여서는 예후에게 기름을 부어 오므리 왕조를 끝내는 새로운 왕으로 세웠다. 그리고 엘리사에게 기름을 부어 자신의 뒤를 이어 더욱 능력 있는 이스라엘의 영적 지도자가 되게 하였다.

욥을 보라

욥은 어떠한가? 욥은 동방의 우스 땅에서 참으로 의인이었다. 하나님께서도 인정하시는 의인이었다. 그러나 그는 일순간에 10남매의 자녀를 사고(事故)로 잃었다. 그 많던 재산도 다 잃어버렸다. 온 몸은 부스럼, 헌데, 피부염으로 만신창이가 되어 버렸다. 사랑하는 아내마저 욥에게 저주를 퍼 부으면서 돌아선다. 소문을 듣고 위로하겠다고 찾아온 친구들도 차마 욥이 겪고 있는 참혹한 고통을 더 지켜 볼 수 없었다. 자기들이 오히려 화가 나서 욥을 비난하고 정죄까지 하게 된다. 실로 욥은 사면초가였다. '여호와여, 정말 죽는 것이 사는 것 보다 더 낫겠습니다!' 하면서 울부짖었다. 그러면서도 욥은 '살아야 한다. 죽어서는 안 된다.'는 의지를 불태운다(욥 19:25, 27). 그리고 마침내 욥은 탈진에서 회복된다. "그러나 내가 가는 길을 그가 아시나니 그가 나를 단련하신 후에는 내가 순금 같이 되어 나오리라"(욥 23:10). 그리고 마침내 욥은 이 노래를 부른다. "내가 주께 대하여 귀로 듣기만 하였사오나 이제는 눈으로 주를 뵈옵나이다"(욥 42:5). 시련을 이겨낸 욥의 힘은 '말씀 묵상'이었다(욥 23:12).

요나를 보라

선지자 요나를 생각해 보라! 물론 그는 하나님이 명하신 사명(mission)을 저버린 결과로 천신만고를 겪었으며 그 결과 몸과 마음과 영혼은 만신창이가 되어 버렸다. 요나의 비명을 들어보라. "물이 나를 영혼까지 둘렀사오며 깊음이 나를 에워싸고 바다풀이 내 머리를 감쌌나이다. 내가 산의 뿌리까지 내려갔사오며 땅이 그 빗장으로 나를 오래도록 막았습니다"(욘 2:5, 6).

자업자득이란 말처럼 자신의 불순종과 교만으로 겪는 것이지만 고통이 너무나 극심하였으므로 요나는 이렇게 절규를 한다. "여호와여 원하건대 이제 내 생명을 거두어 가소서 사는 것보다 죽는 것이 내게 나음이니이다… 요나가 혼미하여 스스로 죽기를 구하여 이르되 사는 것보다 죽는 것이 내게 나으니이다… 내가 성내어 죽기까지 할지라도 옳으니이다"(욘 4:3, 8-9).

그렇다면 선지자 요나는 그 길로 죽었는가? 아니다 요나는 살아났다. 회복되었다. 요나가 살아난 증거가 바로 "요나서" 아니겠는가? 사망의 음침한 골짜기, 탈진의 골짜기에서 살아나고 회복된 요나는 "요나서"를 기록하였다. 여객선 안에서, 바다에서, 큰 물고기 뱃속에서 죽어도 벌써 몇 번 죽었어야 할 그를 하나님께서 살려주셨다.

하나님께서 자신을 살리신 것이라고 요나는 정직하게 밝힌다.

"주께서 내 생명을 구덩이에서 건지셨나이다…
여호와께서 그 물고기에게 말씀하시매
요나를 육지에 토하니라"
- 요나 2:6, 10 -

결코 포기하지 말라(Never give up)

그렇다. 하나님은 기어이 우리를 살리신다. 우리를 죽어가도록 내버려 두지 않으신다. 비록 우리가 잘못하거나 연약해서 스스로 쓰러지고, 탈진하여 거의 다 죽어가는 경우에도 하나님은 다양하게 손을 쓰셔서 기어이 우리를 살려내고 마신다. 그러므로 우리는 죽을 생각을 하면 안 된다. 생명의 주관자이신 그 분이 부르실 그날까지 기를 쓰고 살아야 한다. 다시 살아나면 더 좋은 일이 기다리고 있음을 믿으라. 자신에게 이렇게 축복하라!

"나의 찬란한 미래는 아직 다가오지 않았다.
때가 되면 반드시 하나님이 자기 백성인 신자들을 통해
영광을 받으시고 말 것이다"
- 시편 118:17 -

4장 인생은 갈대다, 그러나 생각하는 갈대다
(Man is a reed, but he thinks)

파스칼은 『팡세』라는 책에서 '인간은 갈대다 그러나 생각하는 갈대이다.'라고 말했다. 그는 현실에서 세 종류의 인간이 있다고 말했다. 첫째는 신을 발견하고 신을 섬기고 살아가는 자들, 다음은 신을 발견하지 못하고 찾는 사람들, 마지막으로 신을 찾지도 발견하지도 않은 채 살아가는 사람들이다. 첫째 사람들은 행복한 자들이다. 왜냐하면 창조주를 알고 믿고 의지하고 살아가기 때문이다.

스트레스와 해소

우리 사회와 내 주변에도 탈진하는 분들이 더러 있다. 오늘 우리 사회의 구조와 문화가 워낙 다원화되고, 숨 돌릴 틈 없이 돌아가다 보니 사람들은 엄청난 스트레스에 시달리고, 염려 속에서 살아가고 있다. 염려와 스트레스는 사람의 건강에 아주 치명적인 독소이다. 그런데 문제는 살아가는 동안 염려와 스트레스를 피할 수 없다는 점이다.

아무리 염려와 스트레스가 찾아와도 순간순간 해소시켜 버리면 괜찮다. 스트레스를 해소할 방법을 가지고 있거나, 아주 간혹 타고난 성격이 좋아서 염려와 스트레스를 잘 털어 버리는 사람들이라면 괜찮다. 이런 사람들은 정말 큰 복을 받았다. 나는 이런 사람을 만나면 "다음 주일에 하나님께 '감사 헌금' 하세요!"라고 권면한다.

그러나 문제는 예수님의 말씀대로 '마음은 원이로되 육신이 약하여'(마 26:41) 그것이 잘 안 된다는 점이다. 그 누가 병균과 다름없는 염려와 스트레스를 갖고 있기를 원할까! 털어버리고 싶어도 그것이 잘 안 된다는 것이다. 그 결과 염려와 스트레스에 눌려 점점 마음과 몸이 약해진다. 사람이 별 수 있는가! 일면 강해 보이지만 또 한편으로 약하기 그지없는 것이 인생이다. 그래서 시인은 '인생은 갈대와 같다.'고 했고 바울 사도 역시 '오호라 나는 곤고한 사람이로다. 나는 흙으로 만들어진 질그릇과 다를 바 없다.'고 고백하였다.

마음의 건강, 몸의 건강

마음이 약해지면 별 수 없이 몸도 약해진다. 몸이 약해지면 우리의 영혼도 한없이 약해진다. 몸과 영혼은 한 배를 타고 있다. 그러므로 몸 따로, 영혼 따로가 아니다. 어떤 사람은 "체력은 국력이다!"고 외쳤다. 옳은 말이다. 그런데 다음과 같은 명제도 분명히 성립된다. "영력은 체력과 깊은 관계가 있다." 몸과 마음이 건강해야 영혼도 건강하게 된다. 마음과 몸이 약해지면 우리의 '믿음'도 약해진다.

세례 요한은 '불의 사자'였다. 구약 성경에 나오는 엘리야처럼 세례 요한은 자기 시대의 헤롯 안티파스 왕을 두려워하지 않았다. 헤롯 왕이 자기 동생의 아내를 빼앗는 아주 사악한 죄를 저질렀을 때 공개적으로 엄중히 책망하였다. 그 사악한 여자의 사주를 받은 헤롯 왕은 갈등 끝에 세례 요한을 옥에 가두고 참수형에 처했다. 한 인간으로서 정말 감당하기 어려운 극한 상황으로 몰리면서 세례 요한은 잠시 믿음이 흔들리게 된다. 몸과 마음이 약해지면 영혼도 약해지면서 '믿음'마저도 흔들리게 된다는 것을 세례 요한의 경우가 잘 보여주고 있다. 감옥으로 스승을 면회 왔던 제자들을 통해 세례 요한은 예수님께 묻는다. "오실 그 이가 당신이 맞습니까? 아니시면 또 다른 이를 기다리오리이까?"

우리는 세례 요한의 이 모습에서 실망할 필요가 없다. 오히려 아주 인간적인 면모가 묻어 나와서 더 친근함이 느껴진다. 아니 어떤 '위안'을 얻는다. 세례 요한같은 영적 거인도 사실은 우리와 다를 바 없는 한 인간이라는 사실을 발견하게 된다.

그 당시 유대 사회에서 세례 요한은 엘리야 선지자에 버금가는 큰 선지자요 능력의 사자, 불의 사자로 인정받았다. 그러나 성경은 그 위대한 엘리야 선지자를 가리켜 우리들과 "성정(性情)이 같은 사람"이라고 했다(약 5:17). 마찬가지로 세례 요한 역시 나(우리)와 성정(性情)이 같은 한 사람이다. 엘리야 선지자가 아합 왕과 이세벨을 두려워했듯이 세례 요한 역시 간교하고 사악한 헤롯 안티파스 왕과 헤로디아의 거친 위협과 폭력 앞에서 의지와 용기가 흔들렸다. 요한의 이 모습을 보면서 실망하는 분이 계시는가? 그렇다면 당신은 인생을 바라보는 시각을 조금 수정해야 한다. 우리는 오히려 세례 요한의 이 모습에서 솔직한 인간의 면모를 볼 수 있어야 한다.

인간의 고귀함을 생각하라

그런데 사실 파스칼은 인간의 약함을 말한 게 아니라, 인간의 고귀함을 말했던 것이다. 인간은 모든 자연 중 가장 약한 존재, 독수리처럼 하늘을 날지도 사자처럼 용맹하지도 못하며 고래처럼 바다를 헤엄칠 수도 없고 제 몸뚱이를 감쌀 두터운 털가죽도 걸치지 못했을 뿐만 아니라 날카로운 각은커녕 연약하고 별 볼일 없는 육신을 지닌 존재이다. 물질로 환산해보면 세탁비누 열 개 분량의 지방, 대못 한 개 분량의 철분, 설사약 한 알 분량의 마그네슘 등이 나오는 보잘것없는 육신을 가졌지만, 우주 전체보다도 고귀하다고 그는 말했다.

그것은 인간이 자연과 우주와 역사를 정복해 왔기 때문이 아니다. 인간은 아무리 발버둥을 쳐도 무한한 우주를 다 채우지도, 도달하지도 못한다. 인간이 고귀한 것은 오직 그가 영적인 존재로 생각할 줄 알기 때문이다. 다시 말해 자기의 연약함과 유한성, 더 나아가 인간의 비참함을 아는 존재이기에 위대한 것이다.

시편 기자는 시편 8편 5절에서 '저를 천사(하나님)보다 조금 못하게 하시고 영화와 존귀로 관을 씌우셨나이다.'라고 하였다. 한 사람 한 사람이 우주보다 귀하게 창조된 존재인 것이다. 그래서 예수님도 한 생명의 가치를 강조하시면서 '사람이 천하를 얻고도 제 생명을 잃으면 무엇이 유익하리오.'라고 말씀하셨다. 지나친 자기도취도 문제이지만 지나친 자기 비하도 문제이다. 그러므로 그리스도인은 자신이 하나님의 형상대로 지음 받은 존귀한 자임을 잊지 말아야 한다. 내가 무가치하다고 생각하는 것은 자신의 형상대로 인간을 만드신 조물주 하나님에 대한 무례이다.

그리고 우리 자신에게서도 '가능성'을 발견해야 한다. 분명히 세례 요한은 잠시 흔들렸다. 누구나 잠시 흔들릴 수 있다. 도종환 시인이 지은 "흔들리며 피는 꽃"은 정말 연약하고 쉽게 무너지는 인간의 연약함, 그러나 다시금 꽃을 피울 수 있는 희망과 격려를 주는 시이다. 그의 시를 읽어 보라.

목회자들 중에 완벽주의적이며 성취욕이 크고 목회에 대해 더 헌신적인 목회자일수록 탈진하기 쉽다. 미니르트 박사와 그의 동료들은 "탈진의 비극적인 역설의 하나는 가장 헌신되고, 경건하고, 책임성 있고, 열정적이며, 에너지가 넘치는 듯한 사람들이 탈진을 더 경험한다는 사실이다. 부분적인 이유는 이들은 이상주의적이며 완벽주의적인 사람들이기 때문이다. 이들은 자신뿐 아니라 타인들에 대해서도 너무 많은 것을 기대한다."라고 지적했다. 자신을 돌아보라. 자신의 연약함도 바라보고 더불어 하나님의 형상으로 지음 받은 존귀함도 생각하라.

5장 하나님이 싫어하는 것 세 가지
(There are three things God hates)

내 나름대로 긴 목회 여정동안 성경을 통하여 발견한 것이 있다. 바로 하나님께서 매우 싫어하시는 것들이다. 세 가지인데, 바로 "불평," "교만," "의심"이다. 이 세 가지가 인간을 가장 빠르게, 그리고 가장 확실하게 피폐하게 만들어 탈진하게 만들기 때문이다. 인간을 망하게 하는 지름길이다. 그리고 놀라운 사실은 인간을 불평, 교만, 의심하게 하는 대가(大家)와 달인(達人)이 사탄이다.

악한 사탄의 교만

사탄은 감히 전능자 하나님과 겨루고자 하였다. 이 얼마나 참람하고 거만한 발상인가! 사탄은 마음으로만 그 같은 흑심을 품은 것이 아니고 행동으로 옮겼다. 그 어떤 천사장보다 아름답고 보람 있는 위치에서, 하나님을 섬기고 자신의 사역을 감당해오던 천사장이 사악한 마음을 품어 하나님을 대적하였던 것이다. 과분한 복과 은총을 감사하지 않을 때 천사들이나 사람이나 동일하게 불평과 교만과 의심이 자리를 잡는다.

교만이라고 하는 근본적인 죄, 즉 자기가 하나님보다 높아지려고 하는 죄였다. 자기에게 임무가 주어진 대로 하나님의 보좌를 지키는 대신에, 사탄은 전능하신 하나님께 도전하고 그 보좌를 빼앗으려고 시도했었다. 교만으로 인해 자기의 자아를 나타내는 우쭐해짐(self-exaltation)에 빠지게 된 것이다. 교만의 본질은 하나님으로부터 독립하기를 원하는 것이었다. 교만은 오로지 구속받지 않는 독립을 원하는 이기적인 영혼의 자만(self-sufficiency)이다.

"내가 하늘에 올라 하나님의 뭇별 위에 나의 자리를 높이리라 … 가장 높은 구름에 올라 지극히 높은 이와 같아지리라"(사 14:13-14). 이것이 바로 하나님 대신에 자신이 보좌에 오르려는 근본적인 죄이다.

교만과 인간의 타락

비록 사탄은 던져졌으나 타락 중에 세상을 다스리는 권세를 사람으로부터 빼앗아 지금 이 세상 신으로서 다스리고 있다. 에덴에서 그는 똑같은 비극적인 죄의 씨앗을 뿌렸다.

"너희가 그것을 먹는 날에는 너희 눈이 밝아 하나님과 같이 되어"라고 그는 유혹했다(창 3:5). 이 말을 "가장 높은 구름에 올라 지극히 높은 자와 비기리라."와 비교해 보라. 사탄은 교만으로 타락하였다. 아담과 하와도 교만으로 타락하였고 그리하여 모든 인류를 파멸의 구렁텅이로 몰아넣었다. 당신과 나도 모든 죄의 뿌리에 놓여있는 근본적인 죄인 교만으로 타락한다. 그것은 곧 우리 자신이 삶의 주인이 되고 하나님으로부터 독립하려는 욕망이다. 그러므로 교만이 성도들에게 있는 모든 죄의 목록에서 첫 번째가 된다는 것은 놀라운 일이 아니다.

일상 속에서 찾아오는 사탄

아름답던 천사장이 자신의 지위와 처소를 황송해하고 감사할 줄 모를 때 그의 마음속에 불평과 교만과 의심이 자리를 잡게 된 것이다. 불평, 교만, 의심이 마음속에 자리 잡으면 자신의 인격이 피폐해지고 황폐해진다. 한없이 망가져버린다. 이 시대에도 마찬가지이다. 가장 죄질이 나쁘고 무서운 병이 불평, 교만, 의심이다.

완고한 무신론자였다가 탁월한 기독교 변증가로 변신한 C. S. 루이스(C. S. Lewis 1898-1963)가 남긴 유명한 책이 있다. 바로 『스크루테이프의 편지』(The Screwtape Letters)이다. 스크루테이프는 소설 속에 등장하는 경험 많고 노련한 고참 악마의 이름이다.

스크루테이프는 그의 조카이자 풋내기 악마인 웜우드에게 서른한 통의 편지를 쓴다. 그 편지의 내용은 모두 인간을 유혹하는 방법들이다. 그 방법에는 사소한 일들로 유발되는 가족 간의 갈등, 기도에 관한 오해, 영적 침체, 영적 요소와 동물적 요소를 공유하는 인간의 이중성, 변화와 영속성의 관계, 남녀 차이, 사랑, 웃음, 쾌락, 욕망 등 삶의 본질을 이루는 다양한 영역이 포함된다. 사탄 마귀는 지금도 은근히 우리의 내면에 찾아와 불평과 교만 그리고 의심을 품게 하면서 하나님을 멀리하도록 유혹을 쉬지 않는다.

감사, 겸손 그리고 신뢰

하나님께서 좋아하시는 것 세 가지가 바로 감사, 겸손 그리고 신뢰이다. 성 아우구스티누스는 성도의 미덕은 첫째도 겸손이요 둘째도 겸손이요 셋째도 겸손이라고 말했다. 우리의 조상 아담이 에덴동산에서 마귀에게 넘어가 교만하여 타락하였다. 애석하게도 이 더러운 교만이 우리에게 유산으로 상속되었다. 그래서 우리들은 쉽게 불평하고 쉽게 교만해지고 너무 잘 의심한다.

그러나 하나님을 믿는 자의 성품은 감사와 겸손과 신뢰하는 마음이다. 하나님께서 사람이 되어 우리에게 오신 분이 예수 그리스도시다. 예수님은 감사와 겸손과 신뢰에서 완전한 우리의 모델이시다. 벳세다 들녘에서 보리떡을 손에 올려 들고 하늘의 아버지께 감사 기도를 드리셨다. 한 점 허물없으신 예수님께서 세상 죄를 짊어지시고 골고다 십자가 위에서 피 흘려 죽으셨다. 이것은 겸손의 극치였다. 그리고 실수하고 넘어지고 배신하는 제자들을 끝까지 신뢰하면서 기다려 주셨다. 예수님은 이 감사와 겸손과 신뢰의 성품을 믿는 자들이 소유하기를 원하셨다.

최고의 명약 감사·겸손·신뢰

겸손은 우리가 주님께 의지하고 있음을 감사하는 마음으로 인정하는 것이다. 즉 우리가 그분의 지원을 늘 필요로 한다는 점을 이해하는 것이다. 겸손은 우리의 재능과 능력이 하나님께서 주신 선물임을 인정하는 것이다. 겸손은 약함, 소심함, 또는 두려움의 표시가 아니며, 오히려 우리의 참된 힘이 어디에 있는지를 우리가 알고 있다는 뜻이다. 우리는 겸손하면서 동시에 두려워하지 않을 수 있다. 우리는 겸손하면서 동시에 용감할 수 있다.

감사와 겸손과 신뢰는 우리를 건강한 성품으로 만들어주는 최고의 명약(名藥)이다. 그래서 성경은 끊임없이 우리 그리스도인들을 향하여 "감사하라!" "겸손하라!" "신뢰하라!"고 당부하고 있는 것이다.

겸손은 하나님의 나라에 풍부한 창고를 발견하는 눈이요
그것을 받는 손이다.
- 존 웨슬리 -

6장 '사람'은 '살다'라는 말에서 나왔다
(A etymology of men originates from a verb called 'to live')

"사람"이라는 말 자체가 '살다, 살아가다'에서 나왔다. '살다'의 어근 '살-'이 '사람'이라는 명사의 어근과 그 어원을 같이하고, 생(生)을 뜻하는 어근 '살-'은 육신을 뜻하는 '살'이라는 명사 어근과 관련이 있다. 즉, 우리의 육신에 생명이 붙어있을 동안만 사람의 뜻으로, '살다'라는 말은 살(肉)에 살아있는(生) 생명이 함께 있는 존재가 바로 삶이다.

그래서 '사람'과 '삶' 그리고 '사랑' 이 세 단어는 모두 '살다'는 동사와 연관된 아름다운 우리말이다. 먼저 사람이란 글자를 생각해 보자. 사람이란 글자는 사랑 더하기 삶이다. 다음으로 삶이란 글자는 사람의 뒤 모음을 빼면 삶이 된다. 다시 말해 만물의 영장인 사람의 생을 삶으로 부르지, 동식물의 성장 과정을 삶이라고 표현하지 않는다. 그리고 사랑이란 글자를 생각해 보자. 사랑이란 '삶 더하기 사람'의 합성 개념이다. 살아가는 삶 속에서 사랑이 이어지고, 사랑을 주고받고, 사랑하므로 삶이 더 풍성해지고 더더욱 사랑의 깊이가 깊어진다.

고난을 겪는 날도 있는 법

우리 인생길에 늘 사랑의 꽃길만 걸어가는 것이 아니라 메마르고 황량한 길을 가는 것같은 탈진이 올 수 있다. 일 년 365일 어찌 항상 맑은 가을 같은 날만 기대할 수 있으랴? 흐린 날도 있고 비 오는 날도 있다. 눈보라 치는 날도 있고 태풍 몰아치는 날도 있지 않는가! 욥의 고백처럼 우리에게는 복 받는 날도 있고, 고난을 겪는 날도 있는 법이다.

고난을 좋아할 사람이 어디 있으랴? 그러나 고난이 닥쳐오면 우리는 극복해야 한다. 물러가거나 쓰러지거나 죽어서는 결코 안 된다. 꼭 살아남아야 한다. 성경이 살아남는 길, 이겨내는 길을 가르쳐 준다. 시편 119편 105절이 그렇게 약속한다. "주의 말씀은 내 발의 등이요 내 길의 빛이니이다." 또 시편 119편 50절 말씀이 우리를 향해 사람은 꼭 살아야 한다고 강력히 명령한다. "이 말씀은 나의 고난 중의 위로라 주의 말씀이 나를 살리셨기 때문이니이다."

살리기 위해 오신 예수님

예수님은 우리를 살리기 위해 오셨다. 요한복음 10장 10절을 읽고 자주 묵상하자. "도둑이 오는 것은 도둑질하고 죽이고 멸망시키려는 것뿐이요 내가 온 것은 양으로 생명을 얻게 하고 더 풍성히 얻게 하려는 것이라." 다시 말해 예수님은 우리가 죄로부터 구원만이 아니라 현세에서 하나님의 자녀로서 풍성하고 행복한 삶을 영위하기를 원하신다.

예수님은 우리 영혼을 살려 영원히 살게 하실 뿐 아니라 우리 육신도 살려서 하나님께서 창조하신 이 아름다운 세상(창 1:31)에서 살게 하신다. 예수님은 때로 잠도 줄이시고, 식사 때도 넘기시면서 말씀을 전하시고, 환자나 죽어가는 사람들을 고치시고 더 살게 하셨다. 심지어 이미 죽었거나 죽어 무덤에 묻혀 있는 사람마저 살려내어 이 세상에서 더 살게 하셨다. 회당장 야이로의 딸, 나인 성 과부의 아들, 베다니 마을의 나사로가 바로 예수님에 의해 다시 살아난 자들이다

우리도 그들처럼 예수님 때문에 다시 살아났다. 그러므로 우리는 살아야 한다. 어떠한 고통이나 악조건 속에서도 우리는 살아야 한다. 살아남아야 한다. 이것은 사람으로서의 거룩한 의무요 엄숙한 책임이다.

살림살이

사람이 살아가는 것을 "살림살이"라고 한다. 살림살이란 '사람(가족)을 살리는 일'을 뜻한다. 그러므로 우리가 어디서, 어떤 일을 하든지 그것은 '사람을 살리는 일'이 된다. 따라서 우리가 하는 모든 일에는 귀천의 차이가 전혀 없다. 모든 일이 사람을 살리는 선하고 아름답고 거룩한 일이다.

우리 인간은 스스로 '죽을 수 있는 권리'가 전혀 없다. 우리는 살아야 할 의무와 책임만 있다. '죽는 것'은 하나님께 속한 하나님의 주권이다. 하나님이 알아서 하시는 일이다(시 31:15, 90:3, 눅 12:20, 롬 11:36, 히 9:27).

살 권리밖에 없다!

그러므로 인간이 스스로 죽거나, 죽음을 재촉하거나, 삶을 포기하거나 심지어 타인의 목숨을 끊는 것은 아주 사악한 일이다. 하나님을 무시하는 월권행위이자 가장 심각한 무례(無禮)요 교만이다. 때가 되면

하나님께서 우리 한 사람 한 사람을 "이 땅에 그만 살고 오너라." 하시면서 불러 가신다. 이것이 자연스러운 죽음이요 내 인생의 수명이다.

그러므로 우리는 이 인생을 소중히 여기고 아름답게 살도록 서로 서로 도와야 한다. 우리가 가정, 교회, 직장, 사회, 국가 공동체를 이루어 함께 살고 있는 것은 '서로를 살려 주기' 위함이다. 우리는 서로 살려 주면서 살아야 한다. 그 누구도 자기 스스로 살아갈 수 없기 때문이다.

사람을 가리키는 한자인 사람 인 '人'자를 보라. 사실은 두 사람이 서로 기대고 서 있는 모양 아닌가! 그렇다. 우리는 등을 기대고 손을 뻗으면서 서로 살려 주려고 해야 한다. 그러면 나도 살고 너도 산다. 이것이 하나님께서 정해 놓으신 법칙이요 원하시는 기쁜 뜻이다(마 22:32-39).

인생길에서 외롭고 힘들고 아프고 심지어 쓰러질 것 같아도 우리는 희망과 용기와 거룩한 의무감으로 반드시 일어나고 살아야 한다. 사람과 삶, 사랑 이 세 가지를 상호 연관되어 있는 아름다운 것이요 하나님의 축복이다.

> 진전은 변화 없이 불가능하며, 자신의 마음을 변화시킬 수
> 없는 사람들은 그 어느 것도 변화시킬 수 없다.
> Progress is impossible without change, and those who
> cannot change their minds cannot change anything.
> - 조지 버나드 쇼(1856-1950) -

7장 항상 기뻐하라, 쉬지 말고 기도하라, 범사에 감사하라
 (Rejoice always, pray without ceasing, give thanks
  in all circumstances)

나는 앞서서 탈진은 어떤 사건이 아니라 과정이라고 말했다. 탈진을 일찌감치 예방하기 위해서는 좋은 습관을 들여야 한다. 이 습관은 우리가 잘 아는 것이기도 하다. 그것은 바로 항상 기뻐하고 쉬지 않고 기도하고 범사에 감사하는 것이다. 이 단순한 신앙의 기본을 놓치면 자기도 모르게 탈진의 터널 속으로 들어가 있게 된다. 터널 속에 들어가는 순간 다시 나오고 회복하는데 시간과 에너지의 손실이 너무 크다

불면증, 우울증 그리고 공황장애

불면증, 우울증, 공황장애. 나는 이 세 가지를 경험해 보았다. 누구든지 탈진 상태에 빠지기를 원하는 사람은 아무도 없다. 그러나 탈진이라는 터널 속에 들어가게 되면 그 고통이 너무 심하고 회복되기는 쉽지 않다. 그 터널을 빠져나오는 시간도 너무나 길다. 그릇이 깨지면 본래처럼 짜 맞추는 것은 매우 힘들고 어렵다. 그 심각한 고통은 본인뿐만 아니라 가족과 주변의 지인들에게까지 퍼져나간다. 탈진 상태에 빠

지면 불면증, 우울증, 공황장애를 동시에 앓는다. 말 그대로 삼중고(三重苦)이다. 의욕은 완전히 사라진다. 하던 일을 놓아야 함은 물론이고 삶은 파국을 향한다. 인생 자체를 포기하고 싶은 유혹 앞에 서게 된다.

불면증은 잠에 잘 들지 못하거나 제대로 잠을 자지 못하는 질환을 지칭한다. 불면증은 정도와 증상에 따라 입면 장애(침대에 누운 후 잠들기까지 30분 이상 걸리는 경우)와 수면 유지 장애(수면 중 3회 이상 또는 30분 이상 깨어나는 경우), 조기 각성(총 수면 시간이 6시간 이하인 경우), 비회복 수면(충분히 잠을 자도 일어난 후에 피로가 풀리지 않는 경우) 등 네 가지로 구분한다. 불면증 치료가 서둘러 진행되어야 하는 이유는 장기간의 불면증은 필연적으로 우울증으로 이어지기 때문이다.

우울증은 의욕 저하와 우울감을 주된 증상으로, 각종 인지 및 정신, 신체적 증상을 일으켜 일상 기능을 저하하는 질환이다. 그리고 공황장애는 현대 사회를 살아가는 누구나 겪을 수 있는 대표적인 정신 질환이다. 특정 상황에 처했을 때 절박감(곧 죽을 것같은 느낌)을 느끼고, 가슴이 뛰거나 땀이 나고 숨이 차는 등의 증상이 나타나는 경우 공황장애를 의심해 볼 수 있다.

목회자는 슈퍼맨이 아니다

목회자는 슈퍼맨이 아니다. 한계가 있다. 그러니 과도한 스트레스를 만성적으로 받고 휴식과 재충전의 기회를 가지지 못했을 때 탈진은 당연한 현상이다. 탈진은 일종의 목회자에게 재충전과 건강한 변화의 필요성을 촉구하는 경보 시스템이다. 정신분석학의 방어기제라는 개념에서 이해한다면 목회자의 탈진은 목회자의 내면적인 갈등을 처리하는 방어기제라고 볼 수도 있다.

성도들의 삶에 직접적으로 관계하며 공감할 수 있는 능력을 거두어들임으로써 비인격화의 관계를 맺는 것은 자신을 보호하려는 방어기제인 것이다. 이런 모습의 예로는 심방을 거의 하지 않고 공적인 자리에서만 성도들을 만나거나, 표면적인 대화로만 일관하며, 설교 준비에 진력한다는 미명 아래 기도원에서 많은 시간을 보내거나 성도들과의 개인적인 접촉을 피하는 것이다.

교회 개척 초기에는 성도 한 사람 한 사람이 소중하고 사랑스럽다. 하지만 교회가 점차 성장하면서 교인이 많아지고 담임목사 개인이 접촉하고 목양할 수 있는 범위가 넓어지면서부터 부담을 느끼기 시작한다. 성도들과 거리감을 느끼고 기계적으로 대한다는 느낌이 들면 탈진이 일어나고 있음을 목회자들은 인식해야 한다. 이것이 계속 진행되면 목회자들은 주로 목회의 전반적인 역할과 사역에서 균형감을 잃기 시작한다. 성도들을 만나고 목양하기보다는 주로 행정가로서의 역할에 많은 시간과 에너지를 쓴다.

그러면 탈진은 인생의 끝인가? 탈진의 예방과 회복은 전혀 불가능한가? 결코 그렇지 않다. 회복할 수 있다. 요즘 의학계에서도 예방학을 다루는데, 목회자의 탈진을 예방하기 위한 예방학을 이야기해 보겠다.

항상 기뻐하라

기뻐할 수 있는데도 사람들은 굳이 염려하고 걱정하고 인상을 찌푸린다. 이미 습관이 되어버렸다. 사탄은 우리가 기뻐하는 것을 싫어한다. 기뻐하기보다 습관적으로 염려하고 걱정하면 사탄은 아주 좋아하면서 우리를 더욱더 염려 속으로 깊이 빠져들게 한다. 염려가 길어지고 깊어지면 먼저 잠부터 들지 못한다. 잠 못 이루는 밤이 거듭되면 '불면증'에 빠진다. 불면증은 아주 나쁜 병이다. 정신을 흐리게 만든다. 기억력이 약해진다. 모든 상황을 어둡게 보게 되고 비관적인 생각에 빠지게 한다. 이 상태가 조금씩 심해지면 그것이 곧 우울증이다. 우울증을 예방하는 것이 바로 '항상 기뻐하는 것'이다. 머릿속으로 걱정하고 염려하는 마음이 들면 웃을 일을 떠올리라. 긍정적으로 생각하라. 사탄이 틈타지 못하도록 항상 기뻐하라.

쉬지 말고 기도하라

육체적 본능은 '기도하기'를 싫어한다. 기도는 영적인 일이다. 육체는 영적인 것을 싫어한다. 육체는 육욕을 따라 사는 것을 좋아한다. 사람이 탈진하는 많은 경우는 '영적인 데서 고장'이 났기 때문이다. 물론 육체적인 소모를 지나치게 하여서 탈진하는 경우도 분명히 있다. 그러나 더 많은 경우는 '영적인 데서 고장'이 났기 때문이다. 이 경우 회복의 길은 '기도하는 것'이다. '기도 외에는 이런 기적이 일어나지 않는다.'고 예수님이 말씀하셨다(막 9:29). 주님을 신뢰하면서 꾸준히 기도하면 분명히 회복된다는 것을 잊지 말라.

범사에 감사하라

우리는 삶이 어려워지거나 불행한 일을 만나면 자기도 모르게 '감사'는 잊어버리고 너무나 자연스럽게 '원망과 불평'을 시작한다. 믿음의 용사 욥같은 사람은 '우리가 그 동안 복을 많이 받았으니 화를 당하는 것도 자연스럽지 않으냐. 오히려 주 하나님을 찬송하겠다.'(욥 1:21) 라고 고백할 수 있었지만 대부분의 사람들은 원망과 불평부터 늘어놓는다.

그러나 분명한 사실은 '원망과 불평'으로써 바뀌는 것은 아무것도 없다. 원망과 불평을 하면 나 자신의 인격마저 피폐해지고 마귀는 좋아서 회심의 미소를 짓는다. 성경은 "모든 일(범사)에 감사하라."고 권면한다. '감사하는 삶'이야 말로 하나님을 영화롭게 한다. 이것이 인간의 목적이다. 그리고 감사하는 사람을 하나님께서는 구원해 주신다. 회복시켜 주신다.

찬양하라

찬양은 '신비한 능력'을 갖고 있다. 찬양할 때 악령이 떠나간다. 찬양할 때 성령님이 찾아오셔서, '능력'을 베풀어 주신다. 성령님은 찬양하는 성도의 심령 속에 임재하셔서 회복의 은총을 주신다. 이 회복은 마음속의 '기쁨과 평강'을 의미한다. 기쁨과 평강이 솟아나면서 탈진했던 사람의 심령이 살아나기 시작한다. 찬양은 이렇게 신비한 능력의 출처가 된다.

사탄이 시험에 빠져 들어가는 그리스도인들에게서 첫 번째로 빼앗아 가는 것이 찬양이다. 성도의 심령과 입술에서 찬양이 사라지면 그 사람은 우울증세로 빠져들면서 '탈진 상태'가 되고 만다. 그러므로 탈진을 예방하고, 탈진 상태에서 빠져나오는 것은 찬양을 '되찾는 것'에서부터 시작된다. 지금 바로 찬양하라. 보호자시요 보혜사시며 위로자이신 성령님께서 우리를 만져 주시고 회복시켜주실 것이다. 그는 항상 우리 곁에 계신 안위자이심을 기억하라.

8장 사람은 서로 만나야 한다
(People should meet each other)

한국교회는 현재 정체 상태이다. 여기에 목회자는 과잉 공급되고 있다. 탈진한 목회자는 사역 환경을 변경하기 위해 임지를 옮기려 하지만 옮겨갈 수 있는 교회 수는 매우 제한적이다. 게다가 나이도 50대를 넘어서면 가족 부양, 노후 대책 등으로 더 힘겨워 진다. 새로운 모험을 떠날 용기와 힘을 잃어버린다. 자연스레 목회를 처음 시작할 때 가졌던 소명 의식과 현실 사이에서 괴리감과 죄책감을 느낀다. 이로 인해 목회자는 탈진의 궤도에 올라서기 시작한다.

사람을 만나라

둘이 서로 기대어 있는 모습을 반영한 한자(人)에서 알 수 있듯이 사람은 사회적 존재이다. 하나님께서 말씀하신다. "사람이 혼자 사는 것은 좋지 못하다"(창 2:18). 따라서 남자로부터 여자를 만들어 남자와 함께 살게 하셨다(창 2:21-23). 남자와 여자가 결혼해 합하여 한 몸을 이루며 살게 하시고(창 2:24), 우리 모두에게는 서로 서로 친구를 만들라고 하셨다(눅 16:9). 즉 사람은 혼자서 살 수 없으니 서로 서로 친구, 형제, 가족,

이웃으로 살라는 뜻이다.

그러므로 말씀에 따라 사람을 피하지 말고 만나 친구를 만들라. 만남과 교제 속에서 우리는 동질감, 소속감, 연대감을 느끼고 누리게 된다. 여기에 삶의 기쁨이 있고 보람이 있다. 그 결과 마음뿐만 아니라 몸까지 건강해진다.

몸과 마음이 완전히 건강한 사람은 단 한 사람도 없다. 다소(多少)와 경중(輕重)의 차이가 있을 뿐이다. 예수님은 제자들의 연약함을 다 알고 계셨고 그래서 이해해 주셨다(마 26:40-41). 그러므로 예수님은 오늘 우리의 연약함도 다 알고 계신다. 그러므로 우리를 불쌍히 여겨 주시고 때를 따라 돕는 은혜를 주신다(히 4:15-16).

이 사실을 생각하고 믿을 때 우리는 잠시 연약하나 탈진하였다가도 분명히 다시 회복할 수 있고 다시 일어설 수 있다(사 41:10, 롬 8:37, 빌 4:13, 요일 5:4).

땀을 흘려라

땀을 흘려야 먹고 살 수 있다. 이것은 인간이 타락한 이후 하나님께서 정하신 법칙이다(창 3:19). 그러나 예수 그리스도의 구원을 받은 우리에게는 땀을 흘리며 일하는 것은 또 다른 의미가 있다. 땀을 흘릴 때 마음속의 어두운 부분도 함께 씻겨 나간다. 언제 땀이 흐르는가? 힘써 일 할 때, 힘껏 운동할 때, 힘을 다해 봉사할 때 우리 몸은 땀을 흘린다. 이 세 가지는 무거운 짐이 아니다. 사실은 하나님께서 인간에게 주시는 축복이다. 선물이다. 머리가 복잡하고 무의미한 상상과 잡념들로 가득할 때 힘을 들여 땀을 흘리면 그 잡념들은 사라지고 상쾌함이 찾아올 것이다.

하나님께서 평강을 주신다

하나님을 바라보라! 하나님을 앙망하라! 여종이 그 주모(主母)의 눈을 바라보는 것같이 하나님을 찾고 부르라. 하나님의 긍휼하심을 간구하라. 우리 하나님은 긍휼이 한 없이 많으시다. 하나님은 심판하시려는 공의(公義)보다 우리를 불쌍히 여겨주시는 긍휼(矜恤)이 더 많으시다. 많이 힘들고 고통스러워 신음하고 부르짖을 때 하나님께서는 그 자녀에게 응답해 주신다. 그 응답은 '마음의 평강'으로 찾아온다. 엘리야가 탈진했을 때 하나님이 어루만져 주시고 잠을 주셨다. 예레미야가 고통과 고독 속에서 쓰러져 갈 때, 하나님이 평강을 부어주시므로 '내 잠이 달았도다'라고 그는 고백하였다. 공포 속에 갇혀 있던 열한 제자에게 '부활하신 예수님'이 찾아오셔서 평강을 주셨다.

지지와 격려 그리고 도움을 받아라

사람의 한자어는 인간이다. 사람 '인(人)' 사이 '간(間)'자의 합성어이다. 즉 사람은 사람과 사람 사이에 있을 때 건전하고 건강한 존재로서 존재감도 생기고 성취감도 생기고 행복감도 느낀다.

하나님께서 왜 우리에게 가족을 주시고 친구를 주시고 성도들을 주시는가? 힘들고 외로울 때 서로 지지해 주고 격려해 주라고 보내시는 선물이다. 사람은 혼자 살 수 없다. 건강하고 능력이 있다고 해서 나 혼자만 살 수 없다. 사람은 자기 미래를 아무도 장담할 수 없다. 내일 무슨 일이 일어날지 아무도 모른다. 그러므로 우리는 겸손해야 하고 다른 사람을 배려할 줄 알아야 한다. 우리는 남을 도와주기도 하고 다른 사람으로부터 도움도 받아야 한다. 상부상조(相扶相助)라는 말은 아름답다. 친구의 얼굴을 서로 빛내 주고(잠 27:17), 넘어졌을 때 서로 일으켜 주어야 한다(전 4:9-12).

협력하라

성도들의 요구도 있지만 때로는 교회 성장을 위한 담임목사의 욕심이 지나친 경우가 있다. 그래서 모든 것을 자기 뜻대로 하려고 한다. 그러나 탈진을 피하기 위해서는 꼭 협력 목회를 해야 한다.

> "16 여호와께서 모세에게 이르시되 이스라엘 노인 중에 네가 알기로 백성의 장로와 지도자가 될 만한 자 칠십 명을 모아 내게 데리고 와 회막에 이르러 거기서 너와 함께 서게 하라 17 내가 강림하여 거기서 너와 말하고 네게 임한 영을 그들에게도 임하게 하리니 그들이 너와 함께 백성의 짐을 담당하고 너 혼자 담당하지 아니하리라"
> – 민수기 11:16~17 –

모세가 자신에게 지워진 짐이 너무 많아 무거워 감당하지 못할 때 하나님은 함께 일할 사람 70명을 세우게 하셨다. 모세에게 "너 혼자 담당하지 말고 협력하라."고 말씀하시며 처방을 내리신 것이다. 목회자는 혼자서는 사역을 감당할 수 없다. 동역자가 절대적으로 필요하다. 먼저는 부교역자들이며 그리고 당회원들이다. 당회원들을 대립 구도로 생각하지 말고 좋은 목회 동역자로 삼고 협력하게 해야 한다. 이를 위해 먼저 목회자는 자신을 절대화시키지 말아야 한다.

하나님의 말씀을 읽고 들어라

이 책에서 내가 자주 반복하지만 가장 확실한 것은 하나님의 말씀이다. 말씀이 능력이요 생명이다. 말씀은 사람을 살리는 신비한 능력이 있다. 광야의 고달픈 길을 걸어가는 이스라엘 백성이 매일 하늘에서 내려오는 '만나'를 먹었듯이 우리는 매일 신령한 만나인 '말씀'을 먹어야 한다(마 4:4, 욥 23:12). 말씀은 우리를 진단, 치료, 수술도 해주고 치유, 회복도 시켜준다(히 4:12-13, 시 119:50). 주일예배 제정에서도 하나님의 자상한 배려를 느낄 수 있다. 예배 때 '선포되는 말씀'인 설교를 들음으로 신자의 몸과 마음과 영혼이 소성함을 얻고 치유를 얻는다.

9장 고난 속에 들어 있는 축복을 기대하라
(Expect to the blessings in your troubles)

시편 119편 71절은 이렇게 말씀하고 있다. '고난 당한 것이 내게 유익이라 이로 말미암아 내가 주의 율례들을 배우게 되었나이다.'

우리가 고난을 좋아할 필요는 없다. 고난을 초청할 필요는 더욱 없다. 그러나 고난은 우리를 피해가지 않는다. 혹시 고난을 완전히 피해 가는 인생을 본 적이 있는가? 그런 사람은 지구상에 단 한 사람도 없다. 사람이라면 누구나 크고 작은 고난을 감수한다. 그래서 어떤 이는 인생마다 당하는 고난이 평균적으로 비슷하다고 하면서 '고난 총량제'라는 표현을 쓰기도 한다. 어쨌든 고난의 사연들을 들어보면 한결같이 마음이 아프고 동정의 눈물을 흘리게 된다. 우리는 고난에 대하여 알아야 한다. 고난에 대하여 상식적으로 그리고 나아가서 성경적으로 알아두면 의미 있게 고난을 감당해 나갈 수 있다.

하나님께서 허락하시는 고난

고난 중에도 하나님께서 허락하시는 고난이 있다. 성경에서는 이것을 '연단(훈련)'이라고 말한다. 연단을 주시는 목적은 우리로 하여금 성숙한 사람, 그리스도를 닮은 사람, 장성한 분량의 사람, 강한 사람, 그리스도의 군사가 되도록 하기 위함이다. 연단 없이 그리스도의 좋은 군사가 될 수 없다. 우리는 '은혜의 교리, 은혜 사상'이 익숙하다. 그러다 보니 훈련, 연단, 고난같은 것에는 익숙하지 않다. 이것은 큰 약점이다.

세상을 보라! 인생의 보람이나 성공, 목표 달성을 위하여 쏟아붓는 노력이나 훈련을 생각해 보라! 무서울 정도로 강력한 '훈련 과정'을 거친다. 한때 인터넷에 세계적인 무용수 강수진 씨의 발, 피겨 여제 김연아 선수의 발, 축구 선수 박지성의 발이 화제가 되었다. 한마디로 충격적이었다. 발의 아름다운 모양새가 완전히 사라져 버렸다. 일그러지고 굳어지고 마모가 되어버렸다. 그러나 우리는 그들의 발 모양에서 오히려 엄숙한 감동을 느꼈다. 그리고 새로운 아름다움으로 다가왔다. 그렇다면 우리의 신앙 세계도 '고난, 연단'이 있어야 마땅하지 않겠는가!

고난도 사계절처럼

하나님의 창조 세계에는 봄, 여름, 가을, 겨울이 있다. 봄과 가을은 참으로 아름답다. 그 아름다움은 실로 환상적이다. 생각만 해도 가슴이 설렌다. 그러나 일 년 내내 봄과 가을만 있어서는 안 된다. 뜨겁고 무더운 여름이 있어야 곡식과 과일과 나무와 풀들이 자란다. 무럭무럭 자란다. 심지어 사람도 자란다. 학생 시절에 여름방학을 끝내고 9월에 개학을 하면 청소년들이 엄청나게 자랐음을 보게 된다. 몰라볼 정도로 커버린다.

그리고 가을이 있으므로 곡식과 과일이 탐스럽게 익는다. 가을의 황금 들판을 생각해 보라. 가을이 있으므로 말(馬)도 살이 찐다. 그러므로 그리스도인들이여 '고난'을 두려워하지 말자.

고난에 대한 새로운 시각

성경이 고난에 대하여 어떻게 말하고 있는지를 살펴보자. '고난 없이는 영광(보람)이 없다(No Cross, No Crown).'는 말은 진리다(롬 8:18). 우리 예수님께서도 십자가 고난을 겪으시고 나서 부활의 영광을 누리실 수 있었다. 그럼에도 불구하고 우리 그리스도인들은 고난을 기피한다. 회피한다. 그리고 두려워한다. 고난을 아예 외면한다. 신앙의 세계는 마냥 행복하고 평탄하고 편안하리라고 기대한다.

그러나 성경은 어떻게 말하고 있는가? 히브리서를 묵상해 보라. 믿음의 사람들은 '갈 바를 알지 못하고' 나아갔으며 '땅에서는 외국인과 나그네의 삶'을 기꺼이 각오하면서 살았다(히 11:13). 오늘 우리 시대의 그리스도인들은 고난에 대하여 새로운 공부와 이해가 꼭 필요하다. 무조건 고난을 싫어하거나 기피하지 말아야 한다.

바울 사도는 젊은 청년, 아들같은 디모데에게 이 사실을 정확하게 일깨워준다. "그러므로 너는 내가 우리 주를 증언함과 또는 주를 위하여 갇힌 자 된 나를 부끄러워하지 말고 오직 하나님의 능력을 따라 복음과 함께 고난을 받으라"(딤후 1:8).

고난이 포함된 훈련을 받을 때 우리는 강한 사람, 강한 그리스도인, 강한 그리스도의 제자가 될 수 있다. "내 아들아 그러므로 너는 그리스도 예수 안에 있는 은혜 가운데서 강하라."고 하신다(딤후 2:1). 한마디로 성경은 우리에게 '온실 속의 꽃'이 되어서는 안 된다고 말한다.

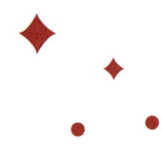

10장 탈진을 예방하라
(Prevent burnout!)

존 샌포드(John A. Sanford)는 탈진을 다룬 그의 책(Ministry burnout) 에서 목회자 탈진의 주요한 이유를 아홉 가지로 정리한다. 목회자 탈진의 이유가 아홉 가지나 되는 것은 목회자의 환경이 그만큼 탈진에 빠지기 쉽다는 것으로 이해할 수 있다. 다음의 아홉 가지 이유를 살펴보고 해당하는 것은 없는지 확인해보라. 그리고 그에 따라 탈진을 예방하기 위해 또는 탈진에서 회복하기 위해 어떤 방법을 취할 수 있는지 생각해보라.

목회자 탈진의 아홉 가지 이유

목회자 탈진의 아홉 가지 주요 이유는 다음과 같다.

❶ 끝이 없는 사역을 하기 때문에

목회자의 사역은 끝이 없다. 한 번의 행사나 프로젝트는 끝이 있지만, 목회 사역 자체는 끝이 없다. 늘 새로운 상황이 발생한다. 아무리 애써도 '끝이란 없다'는 느낌을 받을 때마다 목회자는 지치게 된다. 누구의 말처럼 인생이 끝이 나지, 일은 끝나지 않는다. 그래서 피곤이 계속 누적된다.

❷ **결과물이 확실하게 나타나지 않기 때문에**

끝이 없는 사역은 결과를 눈으로 보기 어려운 것이 사역이라는 뜻이기도 하다. 아무리 열심히 노력해도 그 결과가 확실히 나타나지 않는다고 느낄 때, 자신이 하는 일에 대한 확신이 흔들리기도 한다. 목회가 특히 그렇다. 열매가 없을 때 낙심하고 스트레스가 쌓인다.

❸ **사역이 주기적으로 반복되기 때문에**

목회자의 사역은 주기적으로 반복된다. 매년, 매분기, 매주 사역이 반복되고 계속된다. 쳇바퀴처럼 쉴 새 없이 주기적으로 반복되는 사역은 목회자를 지치게 한다.

❹ **수많은 사람들의 다양한 기대를 목양해야 하기 때문에**

목회자는 어떤 직업의, 어떤 가치관을 가진, 어떤 환경에 처한 사람을 만날지 모른다. 그들의 상황 만큼이나 목회자에게 기대하는 바도 다양하다. 그리고 목회자 자신의 한계를 넘어서는 기대에 부응해야 하는 상황에 직면하기도 한다.

❺ **매년 같은 사람과 함께 일하기 때문에**

목회자는 다양한 기대를 충족시켜야 함에도 불구하고 함께 일하는 사람들은 바뀌지 않는다. 동역자들 간에 관계 문제는 없더라도, 새로운 상황에 대처하기에 한계가 명확한 동역자들은 목회자에게 때로는 스트레스가 되기도 한다.

❻ 항상 남들의 필요를 채워주어야 하기 때문에

교회 사역이란 기본적으로 무언가를 필요로 하는 사람을 자주 접하는 일이다. 채움 받은 사람이 변화되고 성장하는 모습을 보는 것은 비할 데 없는 기쁨이지만, 스스로가 고갈된 상황에서 남의 필요를 채워야 하는 상황에 직면하면 허탈감과 더불어 압박감을 느끼게 된다.

❼ 언제나 섬기는 사역을 해야 하기 때문에

목회자는 주로 존중 받는 위치에 서 있지만, 존중 받는 위치는 한편으로는 아이를 달래는 듯한 관계이기도 하다. 목회자는 어른으로서 성도를 '아이'처럼 대한다. 이런 기울어진 역학 관계는 정당하게 성도들을 책망하고 지도해야 할 때도 그 마음을 포기하고 달래는 역할을 강요받는 것처럼 느끼게 한다.

❽ 진실한 자아를 드러내기 어렵기 때문에

목회자는 사역 대상이 필요로 하는 모습에 자신을 맞추어야 한다는 암묵적인 압박감을 느낀다. 자기 본연의 모습과 멀어 보이는 이상적인 모습을 취하려고 할 때 엄청난 에너지를 소모하게 된다.

❾ 실패를 경험하기 때문에

최선을 다하고도 사역에 실패를 경험하는 것이 목회이다. 실제로 실패를 경험하게 되면, 목회자는 크나큰 좌절에 빠지게 된다.

❿ 하나님 앞에서 은밀한 죄를 회개하지 않기 때문에

열 번째는 성경 연구를 통해 내가 추가한 것이다. 인간은 영적 존재이기에 죄를 짓는 순간 죄의 종이 된다. 특히 은밀한 죄를 짓고 방치하거나 빨리 회개하지 않고 지나게 되면 영과 육이 서서히 무너지게 된다. 처음에는 아무도 모르지만 시간이 지나면 드러나게 된다. 특히 설교의 능력이 이전과 달라 성도들이 느끼게 된다. 오직 회개만이 다시 회복과 부흥을 경험하는 길이다 (시 51:12, 90:8).

이상에서 언급하는 것처럼 다양한 탈진의 요소가 목회자의 사역에 숨어 있다. 목회자 개인마다 탈진하게 되는 환경 역시 다양하다. 목회자는 자신의 상황을 이해하고 회복의 발걸음을 내딛어야 한다. 가장 근본적인 해결책과 회복은 '말씀과 성령의 도우심' 아래 회복되는 것이다

예방과 회복의 방법

그렇다면 어떻게 예방하고 회복할 것인가? 샌포드가 추천하는 방법들 중 목회자들이 실천할 만한 몇 가지를 소개해보겠다.

❶ 외적 활동의 변화

기존의 일과와 활동이 나에게 탈진을 가져왔다면, 일과와 활동을 변화시키는 것이 좋다. 이를 통해 새로운 에너지를 얻을 수 있다. 익숙했던 것과는 전혀 다른, 회복을 위한 새로운 일과를 만들어 보라. 이것이 장기적인 사역을 위한 첫 걸음일 것이다.

❷ 창조적인 관계

자신의 창조성을 획득할 수 있는 개인적인 관계망을 구축하

는 것도 중요하다. 사역을 위한 회의 모임이나 익숙한 동역자들과의 만남에서 벗어나, 새로운 에너지를 얻을 수 있는 사람들과 모임을 가지기를 적극 권한다.

일본 최고경영자협회는 오래 전 탈진 예방이나 해결을 위해 긍정적 사고와 운동 그리고 아내와의 대화와 건전한 성생활을 제시했다. 마음을 터놓을 수 있는 친구 몇 명으로부터 기도와 격려를 받음으로 해결되기도 한다. 이런 친구들 다섯 명만 있다면 탈진이 예방되고 치료도 될 수 있다.

❸ 몸을 창조적으로 활용하기

대부분 앉아서 사역하는 목회자들에게 몸 자체를 역동적으로 사용하는 것은 필수이다. 의사들도 스트레스와 탈진의 해결책으로 운동을 적극 권한다. 좋은 방법이다. 어떤 종류의 스트레스는 몸의 혈액 순환이 활발해 지는 것만으로도 해소된다. 심호흡을 해야 할 정도로 격렬한 운동을 하길 바란다. 격렬한 운동 후 거친 심호흡은 의기소침한 상태에서 벗어나게 할 것이다.

목회자 자신에게 신체적, 시간적, 경제적으로 맞는 운동을 택해 1주에 3일 이상, 한 번에 30분 이상 땀을 흘리며 하라. 어떤 목회자는 평생 탁구, 또는 테니스에 몰입하여 건강을 지킨다. 아니면 걷는 것 자체도 좋은 운동이다. 아내와 함께하는 것은 최고의 방법이다.

❹ 일지나 일기 쓰기

자신이 당면한 어려움에 함몰되지 않고, 객관적으로 일지나 일기를 기록해 보라. 어려움에 대처할 수 있는 통찰력을 획득하는 토대가 될 것이다. 창조적인 아이디어가 되어 새로운 돌파구를 확보할 수도 있다. 일지는 자신의 에너지를 담아 두었다가 다시 활용하는 그릇이 되기도 한다.

❺ 안식과 쉼을 통하여 재충전하기

자동차 배터리도 방전이 되면 재충전해야 한다. 재충전이 끝나야 다시 힘차게 움직일 수 있다. 목회자든 신자든 누구든지 탈진이 오면 안식과 쉼을 통해 재충전하고 재점검해야 한다. 그래야 재헌신으로 나아갈 수 있다. 큰 교회 목회자들만 안식년을 가지고, 작은 교회 목회자들은 안식월조차 가지지 못하는데, 이런 상황은 바람직하지 못하다. 큰 변화가 필요하다.

❻ 하나님의 말씀인 양약을 읽고 먹기

탈진에서 회복할 수 있는 가장 좋은 길은 '하나님의 말씀'을 통해 치유 받는 것이다. 이것은 내가 거듭 강조하는 것이다. 사람들은 치유와 회복을 위해 온갖 방법을 동원한다. 소금 먹은 사람이 물을 찾고 목마른 사람이 우물을 파고 물에 빠진 사람은 지푸라기라도 잡으려고 하는 것이 사람의 본능이다.

물론 인생길에서 뜻하지 않게 고난을 만나 지치고 쓰러져가는 사람에게는 참으로 도움의 손길이 필요하다. 하나님께서는 우리에게 다양한 도움의 손길들을 준비하시고 또 때를 따라 보내주신다. 그것은 사람일 수도 있고 음식일 수도 있고 의술과 약일 수도 있다. 그리고 다양한 자연 환경일 수도 있다. 실제로 사람을 통해 큰 도움을 받아 기대 이상으로 큰 효과를 거두기도 한다. 깨끗한 물과 좋은 음식으로 원기를 회복하면서 탈진에서 벗어나는 미담들도 있다. 하나님께서 창조하신 아름다운 자연에서 맑은 공기를 마시면서 꾸준히 산책과 등산을 함으로써 건강이 회복되는 아름다운 사례들도 있다. 좋은 의사를 만나고 자신에게 잘 맞는 약을 만나서 꾸준히 치료를 받는 중에 회복되는 경우들도 분명히 있다.

그러나 우리가 진지하게 생각하면서 주목해야 할 것은 하나님께서 우리에게 주신 위대한 선물 성경이다. 시간이 흐를수록 그리스도인들이 하나님의 말씀을 소홀히 하고 있다. 이것은 반성해야 한다.

욥은 "내가 그의 입술의 명령을 어기지 아니하고 정한 음식보다 그의 입의 말씀을 귀히 여겼도다"고 고백한다(욥 23:12). 욥은 하루 정규 식사보다 '하나님의 입의 말씀'을 더 귀히 여겼다. 욥은 매일매일 하나님의 말씀을 묵상하였다. 욥은 동방의 이름 있는 부자였다. 그가 거느린 일꾼들도 엄청나게 많았다. 자식들도 10남매였다. 요즘의 대기업의 총수와 다름없다. 매일의 일과가 얼마나 빡빡했겠는가! 그럼에도 불구하고 욥은 말씀 묵상에 우선순위를 두었다. 욥이 극심하고 중대한 고난을 이겨 낼 수 있었던 힘은 '말씀 묵상'에 있었던 것이다

자신의 상황에 따라 가능한 많이 회복의 요소를 갖추라. 이것들을 갖추기 위해 애를 쓰라. 만약 아직 탈진에 들어서지 않았다 하더라도, 예방 차원에서 탈진에서 회복할 수 있는 방법들을 습관화 해두는 것이 필요하다. 탈진의 가능성을 이해하고, 회복의 방법을 미리 준비하자.

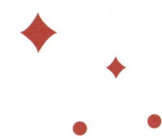

11장 자기 진단을 하고 재충전하라
(Make a self-diagnosis of Burnout)

탈진의 자기 진단을 위해 다양한 이론이 있지만 이관직 목사의 자기 진단 테스트를 소개한다. 아래 항목들은 목회자들의 탈진 증상과 그 원인을 이해하는 데 도움을 준다.

지난 1년을 돌아보며 다음 질문에 점수를 매기라. "해당하지 않는다 - 0점," "한 번도 그런 적이 없다 - 1점," "드물게 있다 - 2점," "가끔씩 그렇다 - 3점," "자주 있다 - 4점," "거의 항상 그렇다 - 5점." 총 점수를 합산하여 해당 질문 수로 나누어 평균이 3점 이상이라면 탈진 상태에 접어들었다고 볼 수 있다.

감정적 소진

첫째, '감정적 소진'의 영역과 관련된 항목은 15개인데 다음과 같다.

	질문	점수
1	나는 하루 일과 중 피로감을 느낀다	
2	나는 두통이나, 목 뒤 또는 등 아래에 통증을 느낀다	
3	하루 일과가 끝나면 너무 지쳐서 가족들과 함께할 에너지조차 남아 있지 않다	
4	교회 일에 대한 염려 때문에 잠을 설친다	
5	나는 몸이 아파서 하루 종일 쉰 적이 있다	
6	나는 충분히 수면을 취해도 피곤을 느낀다	
7	나는 쉽게 신경질이 나며 쉽게 화를 낸다	
8	나는 목회 생활에서 무력감과 좌절감을 느낀다	
9	내가 맡은 일이 너무 많아 집중하지 못하고 일에 압도당하는 느낌이 든다	
10	나는 교회 일로부터 압박을 느끼고 가정생활에도 영향 받는다고 느낀다	
11	나는 당회나 제직회를 하는 동안 왠지 불안하다	
12	나는 하나님이 우리와 함께 계신다고 설교하지만 나에게는 하나님이 멀리 계신 것 같다	
13	목회에 대한 나의 부르심에 의심이 든다	
14	나는 개인적으로 기도하며 성경을 읽을 만한 충분한 에너지가 없다고 느껴진다	
15	나는 설교할 때 책망하는 경향이 있다	

비인격화

둘째, '비인격화'의 영역과 관련된 항목은 네 가지이다.

	질문	점수
1	나는 사람들을 만나는 것보다 혼자 서재에서 시간을 보내는 것이 좋다	
2	나는 교회 내 다른 교역자들과 친밀도가 떨어진다	
3	나는 불가피한 경우를 제외하고는 다른 교회 목회자들과 만나지 않는다	
4	나는 교인들과 거리를 두고, 관심을 잃었고 기계적으로 대하고 있다	

개인적 성취감의 감소

셋째, '개인적 성취감의 감소'와 관련된 항목은 18개로 다음과 같다.

	질문	점수
1	나는 목사로서의 강한 정체성이 없다	
2	확신하지 못한 채 설교하는 있는 나를 발견할 때가 있다	
3	나는 목회에 용기를 잃고 다른 교회로 이동하거나 그만두는 것도 생각한다	
4	(선교사인 경우) 본국으로 돌아갈까 하는 생각도 해 본다	
5	나는 교인들로부터 긍정적인 평가나 지지를 받지 못한다고 느낀다	
6	나는 내가 섬기는 것에 비해 교인들이 나를 알아주지 않는 것처럼 느낀다	
7	나는 내가 기대한 것과 목회 현실의 차이 때문에 내적인 갈등을 느낀다	
8	나는 목회 활동이 따분하게 느껴지고 동기부여를 잘 느끼지 못하고 있다	
9	나는 내 설교를 듣고 교인들이 변하고 있다는 확신이 떨어진다	
10	나는 내 목회 활동이 효과적이지 않다고 느낀다	
11	나는 이전보다 내 임무들을 잘 수행하지 못한다고 느낀다	
12	나는 교회 일에 흥미를 덜 느낀다	
13	나는 목표를 너무 높게 세워 그 목표를 달성하지 못해 실망하곤 한다	
14	나는 목회자로서의 나의 역할에 갈등을 느낀다	
15	나는 사람을 섬기기 위해서가 아니라 생계 때문에 어쩔 수 없이 목회한다고 느낀다	
16	많은 교인들이 새로운 아이디어나 변화들을 별로 좋아하지 않는다고 느낀다	
17	우리 교회 교역자들의 사기가 비교적 낮은 편이다	
18	전체 교인들의 사기가 비교적 낮은 편이다	

점수가 어떤가? 탈진과 거리가 있는가, 탈진에 들어섰는가?

앤드루 레스터(Andrew D. Lester)는 임상적 우울증과 절망을 구별하여 설명하면서 절망은 대화 중 미래 이야기가 없거나 부정적인 미래 이야기가 나오는 것이 특징이라고 표현한다. 이것은 참으로 탈진한 목회자를 표현하는 것과 같다.

탈진한 목회자에게는 과거 이야기와 현재 이야기에서부터 희망적인 미래 이야기로 이어지지 않는 것이 특징이다. '감정적인 소진'은 목회자의 전인격적인 삶에서 긍정적인 에너지가 별로 남아 있지 않는 상태를 나타내며 목회자의 미래의 개인적 삶의 이야기와 목회적 삶의 이야기에서 희망적이지 못함을 나타내는 것이다.

재충전을 위한 제안

고려신학대학원 원장이자 설교학을 가르쳤던 한진환 목사(서울 서문교회)는 "재충전은 자기와의 영적인 싸움이다."라고 정의한다. 그 영적인 싸움에서 승리하기 위해서는 '기도'와 '말씀'을 기본으로 주장한다. "가장 기본적인 것같지만 제일 중요한 얘기"라며 그는 특별히 시간을 내어 깊이 기도에 몰입할 필요가 있다고 강조한다. 기도의 시간을 통해 자신을 돌아보는 시간이 중요한 만큼 교회도 이를 위한 배려를 아끼지 말아야 한다고 충고한다. 또한 '말씀'을 깊이 있게 묵상하는 시간을 가져야 한다고 그는 강조한다. 늘 시간에 쫓기다 보면 자신도 모르게 다른 설교를 베끼게 되고, 그 편함을 되풀이 하다보면 큰 어려움을 당한다. 목회자 자신이 깊은 묵상의 자리로 나아가는 길만이 영적으로 고갈된 자신을 채우는 길이다.

고신대학교에서 교회사를 가르쳤던 이상규 교수는 '독서'에 포인트를 둔다. 엄청난 정보와 설교 적용, 사회 현안에 대한 인식, 신학적 성찰을 위해서는 끊임없이 독서를 해야 한다. 독서를 통해 사고의 폭을 넓혀야 한다. 이를 위해 부단한 노력을 아끼지 말아야 한다.

이상규 교수는 특히 신학교 졸업과 목사가 된 후 의무재교육이 없기 때문에 목회자 스스로 독서의 습관을 가져야 한다고 주장한다. 이를 위해 체계적인 독서 계획을 세워 분야별로 한 달에 두 권 이상은 독서를 해야 한다고 권한다. 건강을 위해 운동을 하듯 재충전을 위해 운동하듯이 독서해야 한다고 그는 말한다.

시기로는 여름휴가 기간이 제격이다. 쉬는 동시에 말씀으로 새롭게 될 때 교인들의 필요를 채워줄 수 있다. 또한 이상규 교수는 주석과 설교집에 얽매이지 말고 광범위한 독서를 권한다. 독서를 통해 소양을 쌓는 것과 동시에 사조를 읽을 수 있고, 각종 시사에 대한 기독교적인 입장에서 교인들에게 판단을 내려줄 수 있다.

고신대학교에서 조직신학을 가르쳤던 이환봉 교수는 안식년을 "목회자 자신과 교회에 은혜의 보고를 여는 과정"이라고 정의한다. 이를 위해 교회의 배려가 반드시 선행되어야 한다. 학교에 있는 교수들은 방학이라는 시간을 통해 재충전의 기회를 갖지만 여름이 더 바쁜 목회자들은 중노동에 시달리는 것이다. 이것이 교회 현장의 실태이다. 따라서 그는 교회가 목회자를 배려해 일상 사역에서 떠나 육체적, 영적으로 재충전될 시간을 배려해야 한다고 주장한다.

시공간적으로 사역 현장을 떠나 휴식하며 자신을 되돌아보며 영육간의 재충전을 가질 수 있도록 교회는 배려해야 한다. 물론 안식년이

나 제법 긴 기간 동안 목회자가 교회를 떠나면 교인들이 불안할 수도 있다. 그러나 안식년 동안 재충전된 목사를 통해 교회는 큰 회복과 성장을 경험할 것이다. 이교수는 이를 위해 한국교회에게 인식의 전환을 요청한다. 시스템과 제도가 구축되어야 할 것이다.

광염교회 조현삼 목사는 책은 지루해서 잘 읽지 못한다고 한다. 대신에 신문을 열심히 읽는 편인데 하루에 3-4개의 신문을 매일 정독한다고 한다. "가장 비싼 글을 싸게 읽는 방법은 신문을 보는 것"이라고 강조하는 그는 "신문 안에 대부분의 정보와 대답들이 있다."고 말하며, "신문의 좋은 칼럼 하나가 수백만 원에서 수천만 원의 가치가 있다."고 평가한다. 그의 말처럼 재충전에는 정답이 있는 것이 아니다. 다만 자신에게 맞는 재충전의 방법을 찾아 그것을 실천하는 노력이 필요할 뿐이다.

재충전에 적극적인 교회들

미국교회는 일반적으로 목회자들이 여름에 한 달 또는 그 이상의 휴가를 허락한다. 이때 목회자들은 해외로 혹은 자국 내에서 가족들과 충분한 휴식을 취하면서 가족과의 관계도 돈독하게 하고 목회 구상도 하고 영적, 지적, 신체적으로 재충전을 한다. 재충전을 마친 뒤 다시 돌아와 목회에 전념한다.

남아프리카공화국에서 유학 및 목회를 경험한 문장환 목사(진주삼일교회)에 따르면 남아공교회는 남반구의 특성상 성탄절 예배를 드리고, 여름 한 달간 재충전의 시간을 갖는다고 한다. 또한 한 달에 한 번은 다른 교회를 가고, 세 주만 본 교회에서 같은 본문으로 오전 오후 설교를 한다고 한다. 그러다 보니 목회자들이 설교에 대한 부담이 덜하다고 한다.

네덜란드에서 목회를 경험한 성희찬 목사(작은빛교회)에 따르면 화란교회는 두 달마다 한 주씩 설교가 없는 주가 있다고 한다. 또 31조파(해방파) 교회 중에는 한 교회에 두 목회자가 번갈아가며 주일에 설교하는 경우도 있다. 대부분 목회자들은 긴 휴가 기간을 가지고 재충전의 기회로 삼는다. 이때 해외 교회를 돌아보며 목회 구상을 하기도 한다. 이렇게 재충전의 기회를 가진 목회자는 자연스레 양질의 설교를 할 수밖에 없다. "쫓기면 좋은 설교가 나올 수 없다."는 반증이기도 하다.

최한주 목사가 시무하던 때 서울 시민교회의 경우 별도의 안식년이 없는 대신 일 년에 한 달간 안식년 개념으로 재충전의 기회를 제공했다. 최목사는 그 기간 동안 이집트, 이스라엘, 요르단 등 성경에 나오는 지역들을 돌아보는 유익한 시간을 가졌다. "교회의 배려로 넓은 시야를 갖게 되는 소중한 기회였다." "성지와 다른 문화를 접하면서 영적인 면에서 도전을 많이 받고 재충전되는 계기가 되었다."고 최목사는 그 효과를 설명한다. "목회자가 우물 안 개구리이면 성도들도 우물 안 개구리가 된다."는 말이 실감날 정도였다고 한다.

서울 시민교회의 경우 결국 안식년을 나눠서 시행하고 있다고 보면 되고, 평상시 여름휴가에서 보름 정도 더 휴가를 주면 되는 것이니 교회도 별 부담 없어 하는 분위기라는 것이 최한주 목사의 설명이다.

부산 은항교회의 경우도 매년 한 달씩 재충전의 기회를 제공하고 있다. 뿐만 아니라 목회자가 필요로 하는 교회 탐방이라든지 세미나 참석에 적극적으로 지원한다. 또 한 달에 한번 정도 기도원에서 재충전의 기회를 가질 수 있도록 배려한다. 이한의 원로목사는 이때 깊은 기도의 시간을 갖기도 하고, 쉬면서 설교 테이프도 듣고, 밀렸던 독서도 한다고 전했다. "오늘날 목회자들은 마음 편하게 쉬지 못하는 환경에서 힘든 목회를 하고 있다."는 이한의 목사는 "목회자의 의지가 가장 중요하고, 당회 차원에서도 목회자가 지치지 않도록 배려하는 것 역시 중요하다."고 강조한다.

12장 탈진 회복의 열 가지 비결
(Ten tips for recovering from burnout)

성경의 가르침과 내 회복 경험을 종합해 깨달은 탈진으로부터의 회복을 위한 열 가지 비결을 소개한다.

첫째, 인생은 "의무"임을 기억하라

인생은 살아야 할 의무만 있다. 하나님이 우리를 창조하시면서 '살아라!'(to live)고만 명령하셨다. "사람"이라는 단어 자체가 "살다"에서 나온 말이다. 그러므로 우리는 살아야 한다. 살려고 노력하는 것은 거룩하다. 아름답다. '구질구질한 인생 살아서 뭐하나? 얼른 죽어야지.' 이것은 마귀의 소리다. 사람에게는 죽을 권리가 없다. '죽는 문제'는 하나님의 소관이다. 때가 되면 하나님께서 어련히 우리를 데려가신다.

우리는 살고 보아야 한다. 열 두해를 혈루증 앓던 여인, 흉악한 귀신들린 딸, 중풍병자, 나아만 장군, 데가볼리 마을의 군대 귀신들린 청년, 18년 동안 귀신 들려 앓으며 꼬부라져 조금도 펴지 못한 여자, 베데스다 못가의 38년 된 극심한 신체장애인, 날 때부터 시작장애를 가진 청년 등 지금도 어렵지만, 그들이 살아가기에 2,000년 전 그 당시는 더 힘든 환경이었다. 그러나 그들은 살았고 마침내 회복을 경험했다.

시편 기자의 말씀처럼 수고와 슬픔이 많은 이 세상에서 인생을 포기하고 싶은 생각이 어찌 없었으랴! 그러나 성경을 자세히 들여다보면 그들은 살고자 하는 의지가 강하였다. 그리고 하나님의 은혜로 마침내 치유되고 회복되었다. 정말 가슴 뭉클하고 아름다운 장면들이다.

둘째, 더 고통스러운 자를 생각해 보라

나보다 훨씬 더 고통스러운 가운데서도 열심히, 진지하게, 훌륭하게 살고 있는 사람이 많다는 사실을 깨닫고 틈틈이 기억하라(마 5:11-12, 히 10:36-39, 13:3, 벧전 2:21, 5:9).

앞서 말했듯이 인도의 '불가촉천민 마을'을 찾아가서 체류한 경험은 잊을 수 없다. 당시 나는 영적으로나 정신적으로, 육체적으로 완전히 바닥을 헤매고 있었다. 극심한 탈진 상태였다. 그런데 인도의 불가촉천민 마을에서 1개월을 체류하면서 충격을 받았다. 정말 정신이 번쩍 들었다. 그들은 상상을 불허할 정도로 비참한 생활을 하고 있었다. 극심한 가난과 인간으로서 살 수 없는 열악한 환경이었다. 그럼에도 그들의 얼굴은 밝았고 눈동자는 맑았다. 그리고 웃음이 있었다. 그들을 지켜보면서 나는 몹시도 부끄러웠다. 그래서 새롭게 '삶에의 의욕'을 가지기 시작했다. 살아야 한다는 의지를 불태우기 시작했다. 살아야 하는 것은 인간으로서 고상하고 거룩한 의무임을 새롭게 깨닫기 시작하였다.

조금만 차분히 돌아보면, 주위에 나보다 더 큰 고통 중에서도 씩씩하게 살아가는 이들이 많이 있다는 것을 볼 수 있을 것이다.

셋째, 참고 이겨내면 분명 '좋은 날'이 온다(시 118:17, 마 24:13, 히 12:2-3)

우리는 하나님의 형상을 지니고 있는 '사람'이므로 참아낼 수 있다. 이겨낼 수 있다. 고린도전서 10장 13절 말씀을 믿고 붙들자. "사람이 감당할 시험 밖에는 너희가 당한 것이 없나니 오직 하나님은 미쁘사 너희가 감당하지 못할 시험 당함을 허락하지 아니하시고 시험 당할 즈음에 또한 피할 길을 내사 너희로 능히 감당하게 하시느니라."

지금의 고난을 이겨내면 두고두고 간증할 수 있다. 자녀들과 후손들에게 격려와 도전을 줄 수 있다, 끝내 좌절하고 굴복하면 '사탄'의 전략에 이용당하는 것이 되고 만다. 베드로후서 2장 19절은 "진 자는 이긴 자의 종이 된다."고 전한다.

신앙은 간증이다. 해석이다. 고통의 여정을 걸으면 스토리(간증)가 있는 목회자와 성도가 될 수 있다. 인생과 세상을 '바라보고 해석하는 데' 새로운 눈이 열린다. 이전과는 다른 감동이 있고 설득력이 있고, 공감을 불러일으키는 인생을 살 수 있다.

넷째, 복용하는 약의 의존도를 줄이라

우울함, 비관적인 생각, 불면증세 등을 이겨 내려고 약물을 복용하고 있다면, 점차적으로 약 복용을 줄여나가라. 그러다가 용기를 가지고 끊는 것을 결단하라. 약에 의지하면 중독이 될 수 있고 약물 의존에서 헤어 나올 수 없다. 약을 계속 의존하면 회복이 늦어지거나 비관적인 결과가 일어날 수도 있으니 주의하라.

다섯째, 홀로 있지 말고 사람을 만나라

교회 안에서는 목회자가 상담을 받는다는 것 자체를 혐오하거나 꺼려하는 환경이 지배적이다. 목회자는 영적이어야 하고, 기도에 쉼이 없어야 하며, 말씀만 믿고 따라야 한다는 개념이 팽배하다. 상담 받는 목회자나 성도들 모두 정신이상자나 심신 미약자로 싸잡아 취급하는 환경은 문제이다. 이러한 상담에 대한 부정적인 환경은 탈진 위험에 처한 목회자를 더욱 더 고립시키는 결과를 만들어 낸다. 상담은 치료적인 면만이 있는 것이 아니라 사태가 악화되는 것을 막는 예방의 측면도 있으므로 인식의 전환이 필요하다.

또 다른 측면에서 한국적인 정서에서는 목회자들이 누구를 위해서 멘토나 코치가 되는 경우가 적다. 그리고 멘토나 코치는 교수나 세미나 강사처럼 무엇인가 가르쳐야 된다고 생각한다. 그래서 누가 멘토가 되어 달라고 찾아오면 만남 중에 말을 많이 하는 경향이 있다. 하지만, 그때는 찾아온 이들의 고민과 이야기를 들어주고, 그들의 말 속에 담겨 있는 감정을 제대로 파악하고 진단해 주어야 한다. 또 이분들에게 해답을 굳이 제시할 필요도 없다. 피상담자가 스스로 자신이 처한 문제에 대한 해답을 찾을 수 있도록 도와주는 것뿐이다. 영어 표현에 "Just Be there, and Listen!"(단지 거기 있어라, 그리고 들어라!)이란 말이 있다. 같이 있어주고, 들어주는 것이 형제-자매의 탈진을 막고 회복을 돕는 길이다.

혼자 있지 말라. 열심히 밖으로 나가라. 사람을 만나고 친구를 만나라. 함께 밥 먹어라. 친구들에게 "나를 위해 시간을 내어 달라. 나를 만나 달라. 나의 회복 프로그램에 참여해 달라."고 부탁하라(삼하 1:26,

시 133:1, 전 4:9-12, 요 15:13).

여섯째, 회복을 위해 운동하라

우선 많이 걸어라. 걷는 것은 최고의 운동이다. 특히 햇볕을 쬐면서 매일 30분씩 걷는 것은 최고의 '치료(Healing)'이다. 그리고 가끔 땀을 흘릴 정도로 격렬하게 운동하라.

함께 운동할 수 있는 가족이나 친구가 있으면 금상첨화다. 햇빛에는 고독과 우울증을 치료해주는 '하늘의 에너지'가 들어 있다. 그러므로 살기 위해서 밖으로, 햇볕 속으로 나가라. 산에 오르고 숲속이나 공원을 산책하는 것은 부작용이 전혀 없는 하나님께서 주시는 최고의 명약(名藥)이다. 예수님도, 바울도 '걸어 다니면서 전도하는 것'으로 충분한 운동이 되었다. 운동을 열심히 하면 밤에 잠도 편히 잘 수 있다.

일곱째, 모임에 참석하라

예배 모임, 소그룹 모임, 단체 운동 경기에 안면몰수, 체면을 무릅쓰고 끼어들어라. 함께 어울리고 함께 뛰어라. '함께 해야' 살아난다 (창 2:18, 시 133:1, 잠 27:17, 전 4:9-12, 사 41:10, 마 28:20, 요 14:18, 15:13-15, 딤후 4:11). 이렇게 하는 것이 사는 길이다. 혼자 고립되면 병이 악화 된다. 비관적인 생각을 되풀이 하다가 이것이 누적되면 위험한 생각, 극단적인 생각까지 하게 된다. 탈진 상태에서 가장 위험한 것은 계속 '혼자 있는 것'이다. 이것은 반드시 피해야 한다.

여덟째, 찬송을 많이 불러라

처음에는 '함께' 찬송을 많이 하라. 목소리를 최대한 크게 하여 적극적으로 찬송하라. 서서히 '혼자서도' 찬송하라. 찬송하면 살아난다. 찬송이 좋아지고, 은혜가 되고 힘이 될 때까지 꾸준히 열심히 찬송하라. 찬송의 능력은 여호사밧 왕, 욥, 바울에게서 확인 된다. 예수님도 찬송하면서 힘을 얻으셨다(마 26:30).

내 친구 목사 역시 심한 탈진상태에 빠져들면서 우울증을 겪게 되었다. 목회자가 이런 상황을 맞이했으니 본인 '자존심' 때문에 그 고통은 더 깊어졌다. 백약이 무효였다. 터널에서 빠져 나오기 위해, 회복을 위해서 온갖 몸부림을 쳐 보았다. 그러기를 1년이란 시간이 지나갔다. 옆에 있던 아내가 방법을 바꾸었다. 찬송을 부르기 시작하였다. 아침에도 낮에도 오후에도 찬송을 불렀다. 워낙 탈진 상태가 심한지라 친구 목사는 찬송할 의욕도 없었다. 대신 아내가 곁에서 계속 찬송하였다. 어느 시점에 이르자 친구 목사도 아내를 따라서 찬송을 부르기 시작하였다. 조용히 입속으로 따라서 부르다가 어느 시점에 이르자 목소리에 힘이 생기면서 열심히 찬송을 부르게 되었다. 자신도 모르게 눈물이 흐르기 시작하였다. 그러면서 친구 목사는 서서히 회복이 되더니 마침내 요양 1년 만에 목회 현장으로 복귀할 수 있었다. 그렇다. 찬송하면 회복되고 거뜬히 일어설 수 있다.

아홉째, 기도하라, 새벽 제단에서든 골방에서든

마음에 잘 내키지 않고 사람들이 의식되고 용기가 안 나도 새벽 기도 참석에 도전하라. 도전하면 새벽 기도를 통해 몸과 마음에 변화가 일어난다. 성경은 말한다. "새벽에 하나님이 도우시리로다. 새벽에 나를 찾는 자가 나를 만나리라. 내가 새벽을 깨우리로다"(시 46:5, 108:2, 잠 8:17). 헐몬산에 내리는 새벽이슬이 유다의 광야를 촉촉이 적시듯이 메말라 가는 우리 영혼에 새벽이슬 같은 은혜가 기도하는 자에게 내릴 것이다.

열째, 무엇보다 "말씀의 능력"을 인정하라

하나님의 말씀이야 말로 진정한 치료제이다(욥 23:12, 시 119:40, 50, 103, 105, 히 4:12-13). 결국은 말씀이다(신 8:3, 눅 24:31, 요 6:68, 행 20:32). 시편과 히브리서를 소리 내어 읽으라. 성경 구절을 암송하라. 기독교방송이나 극동방송을 들어라. 그곳에서는 설교, 성경 낭독, 찬송이 쉬지 않고 방송 된다. 처음 탈진에 빠지면 이 좋은 방송도 듣고 싶지 않다. 마음이 병들고 영혼이 바닥을 헤매고 있기 때문이다. 그러나 기독교방송이나 극동방송 듣기를 계속 시도하라. 어느 시점이 되면 말씀과 찬송이 귀에 들어오고 마음으로 받게 될 것이다.

이것은 회복의 징조다. 우리는 영적인 존재이다. 우리는 '하나님의 형상'이다. 이 영적 성향이 살아나야 사람은 탈진에서 벗어나 회복 될 수 있다.

비결은 '하나님의 말씀'이다. 하나님의 말씀만이 사람의 영성을 소생시키고 살려낼 수 있다. 결국 우리가 탈진에서 회복 될 수 있는 궁극적인 치료제는 하나님의 말씀이다. 그러므로 시편 119편 50절 말씀을 붙들자. "이 말씀은 나의 고난 중의 위로라 주의 말씀이 나를 살리셨기 때문이니이다!"

나가는 말

급변하는 시대이다. 빈부 격차는 갈수록 커지고 삶의 질은 떨어진다. 이 시대를 살아가는 많은 사람들이 희망과 행복보다는 불안, 냉소, 좌절, 분노가 삶의 저변에 깔려있다. 이로 인해 많은 이들이 탈진을 경험한다. 이런 환경에서 목회하는 목회자 역시 이 영향으로부터 자유롭지 않음을 인식할 필요가 있다.

그럼에도 불구하고 목회자는 창조주시요 구원주이신 하나님 앞에서 다음과 같은 궁극적인 질문과 답을 나눌 수 있어야 한다.

나는 누구인가?
나를 목회자로 불러 주신 분은 누구인가?
이 일을 위해 내가 부름을 받았는가?
하나님이 나를 무엇이 되게 하려고 부르셨는가?

결국 목회자의 정체성은 자기를 불러 주신 하나님 앞에 늘 솔직하게 서고 분명한 소명 의식을 확신할 때 흔들리지 않는다. 목회자는 자기를 목회자로 불러 주신 하나님의 부름을 늘 신선하게 의식하며 목회의 모든 짐으로부터 자유함을 받을 수 있어야 한다. 그것만이 늘 목회에서 새로운 열정과 에너지를 창출하는 근원이 된다.

남들보다 작은 은사를 받았다고 낙심할 필요가 없다. 각자에게 주어진 달란트가 다르기 때문이다. 하나님은 목회의 크기를 보시는 것이 아니라, 열정과 사랑을 보신다. 하나님은 상대 평가가 아닌 절대 평가를 하시는 분이시다.

마태복은 7장에 보면 마지막에 불쌍한 선지자들이 나온다. 그들은 주의 이름으로 선지자 노릇하며, 주의 이름으로 귀신을 쫓아내며, 주의 이름으로 많은 권능을 행하였다. 그러나 그들이 선지자의 정도를 걷지 않고 말씀을 실천하지 않았기 때문에 비록 능력을 보였으나 주님으로부터 책망을 받고 형벌을 받았다.

우리가 기억할 것은 얼마나 많은 일을 했느냐가 아니라, 얼마나 올바로 했느냐이다. 그렇지 않으면 결국 목회의 실패라는 심판을 받게 된다. 교인들에게 말씀에 순종하기를 요구하는 목회자들 자신이 먼저 휴식하라는 명령에 순종하고, 자기의 욕망을 절제할 줄 알며, 하나님을 믿고 교회를 염려하거나 불안해하지 말아야 할 것이다.

특히, 오늘날과 같은 경쟁적인 사회에서 늘 다른 목회자와 비교하려는 생각을 버려야 한다. 오로지 주님만 바라보고 주님께만 충성하는 자세가 요청된다. 그리고 자기 시간과 능력이 허용하는 선에서 계속적인 연구와 학습을 유지하여 변화하는 시대에 효율적으로 대처하려고 노력해야 한다.

한 배를 탄 동역자들이 목회의 유종의 미를 거두는 그 날까지 하나님의 기쁨이 되는 사역으로 마무리 하도록 하나님의 은혜를 간절히 구한다.

"피곤한 자에게는 능력을 주시며
무능한 자에게는 힘을 더하시나니
소년이라도 피곤하며 곤비하며
장정이라도 넘어지며 쓰러지되
오직 여호와를 앙망하는 자는 새 힘을 얻으리니
독수리가 날개치며 올라감 같을 것이요
달음박질하여도 곤비하지 아니하겠고
걸어가도 피곤하지 아니하리로다"
- 이사야 40:29~31 -

제3부

세퍼드 목회론

1장 목회는 목양이다
2장 목회는 성육신이다
3장 목회는 사람을 살리는 것이다
4장 목자는 양의 이름을 알고 그 이름을 부른다
5장 목회자는 소명에 이끌려 살아간다
6장 목자의 몸에는 양 떼의 냄새가 나야한다
7장 목회는 섬김, 곧 디아코니아이다
8장 목회는 목양일념으로 해야 한다
9장 성령님과 함께하는 신나는 목회
10장 목자의 리더십은 당회 운영에서부터
11장 좁고 힘든 목회자의 길
12장 목회 철학과 전문성을 갖추라
나가는 말

1장 목회는 목양(牧羊)이다

목사들은 양들의 안전을 지키는
영적 파수꾼들이다.

뉴질랜드에 가면 푸른 초원 위에 수백 마리 양들이 떼를 지어 이동하는 모습을 볼 수 있다. 그 모습과 광경은 참 평화롭고 한 폭의 아름다운 그림과 같다. 그런데 그 많은 양 떼를 어떻게 목초지로 인도하고 해질 때 축사로 모여들게 할까? 그 양 떼들을 몰아가는 것은 주인의 지시를 받은 양치는 개 즉 셰퍼드이다. 영국 스완지대학 연구팀은 셰퍼드와 양들에게 위치 추적 장치를 붙이고 움직임을 분석했다. 그 결과 셰퍼드는 다음과 같은 방법으로 양 떼를 인도하고 모으는 것으로 드러났다.

첫째, 이동할 시간이 되어 주인이 신호를 주면, 셰퍼드 두 마리가 무리에서 떨어져 나온다. 그러곤 사방을 두리번거리며 상황을 돌아본다. 상황 판단을 마친 뒤 셰퍼드가 양들이 떨어지지 않도록 모은다. 둘째, 한 마리가 짖으면서 양 떼를 몰아간다. 다른 한 마리는 짖지 않고 날카로운 눈빛으로 양 떼를 몰아간다. 셋째, 오직 목적지를 향해 앞으로만 몰아간다. 양들이 흩어지면 다시 모으고, 모이면 앞으로 몰아간다. 이 방법을 반복하면서 개 두 마리가 수백 마리 양 떼를 인도한다.

목회는 양 떼를 인도해 가는 것

목회(牧會 pastoral)라는 말은 양을 치는 목자를 의미하는 '목(牧)'자와 모임을 뜻하는 '회(會)'가 합쳐진 것이다. 바꾸어 말하면 교회는 '양 떼들의 모임'인 것이다. 그러므로 목회란 목사가 하나님의 자녀이자 양들과 같은 성도들을 하나님의 말씀과 모든 선한 방법을 동원하여 가르치며 기르며 보호하는 것이다. 그래서 목회를 '목양'(shepherding)이라고도 하는데, 이는 성경적 기본 정신을 잘 표현하는 용어이다.

양 떼를 인도하는 셰퍼드와 하나님의 양 떼를 인도할 소명을 받은 목회자는 공통점이 있다. 먼저는 주인의 신호에 따라 움직인다는 것이다. 목회자는 주님의 말씀과 명령에 따라, 즉 성경에 이미 기록된 목양의 모델이신 예수님의 방법으로 목회해야 한다. 둘째로, 셰퍼드가 양 떼를 향해 짖기도 하고 눈빛으로 인도하기도 하는 것처럼, 목사도 양 떼를 향해 말씀을 부르짖기도 하고 때로는 말을 하지 않고 눈빛만으로도 양 떼를 인도해야 한다. 목사의 인격이 담긴 '카리스마'로 지도력을 발휘해야 할 때가 있다. 마지막으로 그 양 떼들을 목표하는 한 곳으로 몰아가는 것이다. 즉 목회의 출발과 방향과 최종 목적은 하나님의 영광이다. 이것을 위해 성도들을 몰아가야 한다.

성경에서 목회 리더십을 가장 잘 묘사한 부분이 구약 성경에서는 시편 23편이요 신약 성경에서는 바울의 고별 설교 부분(행 20:28-31)이다. 두 내용 모두 목자는 양을 위해 존재한다는 것을 전한다. 특히 바울의 설교는 우리로 하여금 주님 자신이 세우신 목자들의 역할을 이해하도록 도와준다. 선교사요 목회자인 바울은 '경계', '돌봄' 그리고 '보호' 이 세 가지가 경건한 목자의 기본 의무임을 강조했다.

경계

선한 목자는 삯꾼과 다르게 항상 방심하지 않는다. 목자의 눈이 산란하게 헤매면 상황 파악이 불가능해져 자신의 양 떼를 탐내는 도둑이나 그 밖의 위협을 발견하지 못하게 된다. 목자의 본분이 부단히 지키고 경계하는 태도이다.

계속해서 경계심을 늦추지 않는 첫 단계는 자기 성찰이다. 바울은 젊은 설교자 디모데에게 훈계한 후(딤전 4:1-15), 디모데에게 자신을 살필 것을 부탁하며 끝을 맺는다(딤전 4:16).

"네가 네 자신과 가르침을 살펴 이 일을 계속하라
이것을 행함으로 네 자신과 네게 듣는 자를 구원하리라."

바울은 진실한 목자의 경각심이 자가 검진에서 출발한다고 말한다. 존 맥아더(John MacArthur)는 이 구절을 주석하면서 성경적 리더십은 '엄밀한 자기 성찰'에 달려 있다고 설명한다.

바울은 자신과 가르침 모두가 하나님께 영광이 되는지 면밀히 살필 것을 디모데에게 당부한다. 이것은 디모데 자신의 견인과 구원 그리고 그를 따르는 자들의 견인에 있어서 아주 중대한 것이었다. 하나님의 충직한 목자는 자신의 영적 상태가 양 떼에게 끼치는 영향의 심각성을 안다. 따라서 주님 앞에서 자신을 살피는 것에 신중하며 철저하다.

또한 그의 양 떼를 비롯해 목자 자신 안에 잠식해 있는 죄를 분별해 내는데 게으르지 않다.

돌봄

목자의 직분은 자기 양 떼를 지키는 것만이 아니다. 양들을 아래에 두고 단지 저 높은 전망대에 앉아만 있지 않다. 양 떼 안에서 일한다. 존 맥아더는 자신과 자기 가족을 면밀히 살핀 다음(딤전 3:4-5) 목자가 해야 할 사역을 이렇게 표현한다.

먼저 그의 양무리에 대한 영적인 보살핌이다. 양무리를 돌보는 일은 먹이는 일과 이끄는 일을 반드시 수반한다. 목자와 무리에 대한 비유는 하나님과 그분의 백성과의 관계를 묘사하는 데 자주 사용되었다. 양은 더럽고 소심하며 무력해 지속적인 보호와 보살핌을 필요로 하기 때문에 하나님만 바라는 백성을 묘사하기에 아주 적절하다.

'포이마이노'라는 헬라어는 목자의 모든 의무와 책임을 포괄하여 일컫는 말이다. 여러 목자의 의무와 사역이 있지만, 그러나 그중에서도 가장 중요한 것은 먹이는 사역이다. 요한복음 21장 15-17절에서 예수님은 세 차례에 걸쳐 베드로에게 그분의 양을 돌보라 명령하신다. 예수님은 두 번째 명령에서 '포이마이노'를 사용하셨는데, 첫 번째와 세 번째에는 "먹이다"는 의미의 '보스코'라는 단어를 사용하셨다. 그렇다면 주님의 양들을 돌보는 목자의 첫 번째 임무는 먹이는 것이다.

슬프게도 오늘날 몇몇 목자는 그 임무를 다하지 못하고 풍족한 땅이 아닌 메마른 땅으로 양들을 인도하는 것처럼 보인다. 그리고선 자기들은 만족해한다. 그렇게 황무지로 이끌려 가는 동안 양들은 연약해져 거짓 교리의 독풀을 먹으려 한다든지 또는 거짓 목자를 따라가기도 한다. 비극적인 결과이다. 진실한 목자는 절대로 그의 양들을 황폐한 곳으로 인도하거나 굶도록 내버려 두어선 안 된다. 건강을 해치는 음식을 먹도록 부추기거나 제멋대로 돌아다니며 먹을 것을 찾도록 방치해선 안 된다. 목자의 임무는 양들에게 영양이 풍부한 양식을 주어 튼튼하고 강건하게 자라도록 하는 것이다.

그것뿐 아니라, 진실한 목자는 시종일관 그의 양 떼를 보살핀다. 그는 그저 이득만 위해 유심히 검토하는 사업가가 아니다. 그와는 반대로 이득과 상관없이 힘겨워하는 양들에게 각별한 주의를 기울인다. 그는 자신의 양 무리를 골고루 품어주는 사랑을 하며 그들이 필요로 하는 것이 정확히 그리고 부족함 없이 충족되도록 힘쓴다.

주님께서 무자비하고 강압적으로 양들을 치라고 사람들을 목회 사역으로 부르신 것이 아니다. 목회자는 반드시 회중의 영적 건강에 우선순위를 두고 보살핌을 필요로 하는 이들에게 자신을 희생하면서까지 돌보아야 한다.

보호

마지막으로 바울은 자신들이 맡은 양 무리를 충실하게 보호할 것을 목자들에게 훈계한다. 바울은 교회가 안팎으로 직면한 위협들을 알고 있었기에 이런 치명적인 위험들로부터 양 떼를 신중히 보호할 것을 지도자들에게 경고한다. 존 맥아더는 자신의 주석에서 바울이 묘사하는 바를 생생히 설명한다.

진실한 목자는 양 떼를 먹이고 인도하는 것으로 충분치 않고 포식자로부터 보호해야 한다. 바울은 거짓 교사들이 고린도교회(고후 11:4)와 갈라디아교회(갈 1:6) 안에 이미 들어와 있는 것과 마찬가지로 자신이 떠난 후 에베소교회도 그런 위험을 피할 수 없음을 알았다. 진리가 선포될 때마다 어김없이 직면하는 사탄의 위협과 그의 거짓 교리를 목자는 이미 알고 있어야 한다.

거짓 목자들

바울의 예상대로 거짓 교사들은 에베소의 양 떼 가운데 잠입해 그들을 공격했다(계 2:2). 교회 밖에서 오는 거짓 교사들의 공격보다 훨씬 더 교묘한 것이 교회 안에서의 변절이다. 그래서 바울은 "또한 여러분 중에서도 제자들을 끌어 자기를 따르게 하려고 어그러진 말을 하는 사람들이 일어날 줄을 내가 아노라"라 경고했다(행 20:30).

여기서 '어그러진(Perverse)'의 원어는 디아스트렙호(diastrephō)이다. 이 말은 '왜곡하다' 또는 '비틀다'는 뜻이다. 거짓 교사는 자신의 부패하고 그르친 목적을 위해 하나님의 진리를 왜곡한다. '끌어(Draw away)'의 원어는 아포스파오(apospaō)이다. '끄집어내다,' '무리하게 떼어내다'로 번역될 수 있다. 바울은 목자들이 항상 경계하지 않으면 이리들이 양 떼를 끌어내어 집어 삼켜버릴 것이라 경고한다. 목자가 양들을 지키는 것은 단지 위협을 감추거나 무시하는 것이 아니다. 늘 변함없이 그들을 위협하는 것들을 알아챌 수 있도록 경고하고 훈계하는 것이다.

충직한 목자는 반드시 양들에게 경고해야 한다. 이런 훈계는 바울의 중요한 사역이기도 했다. 바울은 자신이 사역했던 에베소에서 그렇게 했다. 삼 년 밤낮 쉬지 않고 눈물로 훈계 했다. 이제 떠나면서 장로들에게 자신의 훈계를 기억하라고 한다. '훈계(Admonish)'는 격려가 포함된 경고인 뉴테테오(noutheteō)라는 헬라어의 번역이다(골 1:28). 거짓 교사들에 대한 경고는 바울의 사역에서 본 바와 같이 아주 중요하다. 그는 삼 년이라는 기간 동안 에베소의 성도 한 사람 한 사람을 보살피며 훈계한다(행 20:20). 경고하지 않으면 안 되었기 때문에 잠을 설치며 밤낮으로 쉬지 않고(살전 2:9, 살후 3:8) 사역했다. 경고는 단지 학문적 과제가 아니었다. 그는 눈물로 경고하며 강조했다. 바울은 거짓 교사들의 침입과 그에 따른 끔찍한 결과를 알고 있었기 때문이다. 오직 바울을 본보기로 삼을 때 충직한 목자는 계속 위협하는 흉포한 이리들과 병든 양들로부터 그리스도의 양 떼를 지킬 수 있다.

영적 파수꾼

찰스 제퍼슨은 『목자, 목사』라는 자신의 책에서 목자의 보호 역할을 잘 설명한다. 무엇보다도 중동 지방의 목자는 파수꾼이다. 그에게는 사방을 둘러볼 감시탑이 있었다. 그는 눈을 크게 뜨고 시종 지평선을 살피며 언제 나타날지도 모르는 적의 접근을 살피는 것이 그의 일이었다. 그는 세심하고 신중해야 했다. 경계심은 기본 덕목이었다. 적은 언제나 가까이 있었기에 잠시라도 졸음에 빠져들 수 없었다. 그의 경계심 하나로 적을 피할 수 있었다. 늘 깨어 신중하게 상황을 살피는 것은 목자의 필수 덕목이었다.

여러 종류의 적이 있었지만, 그 모두가 무섭고 두려운 존재들이었다. 탐욕스럽고 음흉한 사자, 곰, 하이에나, 자칼, 이리와 같은 교활한 맹수들이 있었다. 공중에도 하늘 높이 날아오르며 어린 양을 낚아채

갈 태세를 하고 있는 거대한 맹금조(猛禽鳥)들이 있었다. 맹수들 말고 자연재해도 뒤따른다. 홍수가 나서 둑이 터져 물이 흘러넘친다. 재빠르게 행동하지 않으면 재난을 면치 못한다. 또 아주 위험한 것이 강도와 도둑이다. 그들은 목자를 살해하기까지 하고 양들을 약탈해 간다. 인간의 탈을 쓴 야수들이었다. 이렇게 중동 지방에는 목자와 그의 양 떼를 둘러싼 위험들이 가득 도사리고 있었다. 에스겔, 예레미야, 그리고 하박국 모두 목자를 양들의 생명을 보존케 하기 위해 세워진 파수꾼이라 했다.

많은 목사들이 목자로서 경계하여 깨어있지 않음으로 실패한다. 졸고 있는 사이에 교회가 분열되고 말았다. 당연히 이리도, 먹이를 찾는 새도, 도둑도 없다고 여기고 잠든 것이다. 목자가 졸고 있는 동안 양 떼가 적들에게 습격당했다. 교회 안에 그릇된 생각, 파멸적인 해석, 퇴폐적 가르침이 들어왔으나 목자가 몰랐다.

경건한 목자는 경계와 온정어린 보살핌과 지속적인 보호가 이루어져야 한다. 그의 삶은 양들이 혜택을 누릴 수 있도록 자신을 기쁘게 내어주며 그들을 섬기고 보호하는데 밀접하게 관련되어 있다.

경건한 목사

목회자 직분에 대해 온갖 예나 비유를 적용할 수 있으나, 성경이 택한 비유처럼 목자보다 더 일관성 있고 포괄적이지는 못하다. 하나님께서 목회자들을 목자라고 부르신 것은 우연이 아니다.

목자는 옛날이나 지금이나 양들을 먹이고(Provide), 지키고(Protect), 인도하는(Guide) 세 가지 중요한 역할을 감당한다. 시편 23편이 말하듯 '쉴만한 물가'가 척박한 중동 지방에서는 흔한 것이 아니다. 그러므로 목자들은 양들에게 먹일 물을 확보하기 위해 메마른 땅 수십 미터를 손으로 파내는 수고를 마다하지 않는다. 또 목자는 늑대와 이리와 같은 약탈자로부터 양 떼를 지키고 보호한다. 베두인 목자들의 손을 보면 온통 전갈과 짐승에게 물린 흉터로 가득한데 이는 양을 지키는 과정에서 생긴 흉터들이다. 그리고 목자는 양들을 잘 인도한다. 사막은 수많은 길들이 뒤엉켜 있어 자칫 양들이 잘못된 길로 들어서면 낭떠러지로 떨어질 수밖에 없다. 따라서 목자들은 양들이 아무 길로 가지 않도록 세심하게 돌본다.

그러나 나쁜 목자(겔 34:3-4)는 이기적이다. 양들을 위해 헌신하지 않는다. 단지 고기와 우유를 얻기 위해 그들을 돌본다. 그래서 나쁜 목사도 처음에는 잘하는 것같다가도 사람들이 모여들면 거꾸로 권력을 추구한다. 나쁜 목자가 아니라 경건한 목자가 되어야 한다.

2장 목회는 성육신이다

> 예수님의 초자연적 탄생은
> 기독교의 초자연주의의 표현이며,
> 기독교의 성육신 교리를 지키는 성벽이며,
> 기독교의 구원 교리의 전제 조건이다.
> - 벤저민 B. 워필드 -

약 이천 년 전에, 하나님 아들 예수님께서 우리와 같은 인간이 되셨다. 이 사건을 성육신, 영어로는 INCARNATION이라고 표현한다. 이 영어 단어는 '안으로(in)'이라는 단어와 '카네(carne)'라는 단어의 합성어이다. 여기서 '카네(carne)'는 스페인어와 같은 언어에서는 '고기(meat)'를 뜻한다. 다른 언어에서 그것은 '살코기(flesh)'를 말한다. '성육신'이라는 것은 결국 하나님이 '육신이 된 것(en-flesh-ment)'을 의미한다. 즉 성육신이란, 하나님 자신이 피조물 인간 몸을 입으시고, 그리고 고통과 죄와 문제가 많은 우리 안에서 사역하시는 사건이다.

우리 가운데 장막을 치신 예수님

"말씀이 육신이 되어 우리 가운데 거하시매"라는 구절(요 1:14)은 성육신을 가장 분명하게 말하는 성경 구절이다. 이 구절은 당시의 헬라 철학자들은 도무지 이해할 수 없는, 아니 받아들일 수 없는 내용이었다. 기독교의 모든 교리에는 이런 성육신의 정신이 녹아있다.

"우리 가운데 거하시매"라는 말은 헬라어 '에스케노센'이란 말로, 이것은 '장막을 친다'는 뜻이다. 이것은 구약 성경에서 출애굽하던 이스라엘 백성이 광야에서 만든 성막을 연상케 한다. 성막은 하나님의 임재를 상징한다. 하나님은 영이시기 때문에 우리 눈에 보이지 않지만 이스라엘 백성들은 성막을 통해 그분의 임재를 경험하고 느꼈다. 이를 통해 두려움이 생길 때 위로를 받고, 전쟁 때에는 용기백배했다. 예수님은 우리를 위로하시기 위해 우리 가운데 장막을 치셨다. 우리 가운데 장막을 치신 예수님 때문에 우리는 은혜를 입었고, 영생을 얻었다.

성육신의 의미

말씀이신 예수님이 인간의 육신을 입고 이 세상에 오셨다. 비우심과 낮아지심이 바로 성육신, 혹은 도성인신(道成人身)의 의미이다. 하나님의 아들이자 하나님이신 예수 그리스도가 인간의 몸을 입고 인간의 시간 속에 들어오셨다. 이러한 화육, 혹은 성육신의 의미는 무엇일까?

첫째, 성육신은 말씀이신 하나님을 인간들에게 '표현하게' 한다. 그렇다면 무엇을 표현하기 위해 몸을 입고 이 세상에 오셨을까? 요한복음 1장 18절을 보면 "본래 하나님을 본 사람이 없으되"라고 한다. 사도 요한은 하나님을 표현하기 위해 오셨다고 말한다.

둘째, 성육신은 말씀이신 하나님과 인간이 소통(communicate)하게 한다. 요한복음 14장 6절은 "나로 말미암지 않고는 아버지께로 올 자가 없느니라"고 한다. 인간의 타락은 하나님과의 소통을 불가능하게 했다. 헬라어에서 죽음이란 '단절,' '관계의 파괴'를 의미한다.

셋째, 성육신은 말씀이신 하나님을 인생으로 하여금 경험하게 한다. 요한복음 17장 3절에 나오는 "아는 것"의 원 뜻은 "경험하게 하는 것"이다. 영생은 예수 그리스도를 경험하는 것이다. 시편 34편 8절은 "너희는 여호와의 선하심을 맛보아 알지어다."라고 한다. 우리가 음식에 대한 지식을 가질 수는 있지만 실제로 그 맛을 보기 전까지는 그 음식을 안다고 할 수 없다.

그렇다면 오늘날 우리는 어떻게 예수님을 안다고 할 수 있을까? 이천 년 전의 성탄이 아니라 날마다 성탄을 경험하기 위해서는 어떻게 해야 할까? 마태복음 18장 20절 "두 세 사람이 내 이름으로 모인 곳에는 나도 그들 중에 있느니라."는 말씀에 따라 날마다 가정예배하는 것을 추천한다.

성육신적 신학, 성육신적 목회

목회자는 목회를 통해 성육신으로 표현하고, 소통하고, 경험하게 해야 한다. 성육신이 당신과 나 안에서 계속된다는 것을 안다는 것은 중요하다. "그것은 예수님의 삶이 그의 교회 안에서 계속된다는 성경의 중요 사상이다." 예수님은 그가 한때 있었던 그런 방법에서 육체적으로 존재하는 것이 아니라 하나님의 성령이 우리를 통해 그의 사역을 계속해 가신다.

"예수님은 단지 불멸의 이름과 영향 속에 남아있는 것이 아니다.
그는 아직도 살아있고, 아직도 활동적이고, 아직도 능력이 있다.
그는 과거의 그만이 아니다; 그는 지금 여기에서의 그이며,
그의 삶은 지금도 우리 가운데서 계속되고 계속되어야 한다."

우리는 이 모든 것을 성육신적 신학(incarnating theology)이라 부른다. 성육신적 신학은 목회도 성육신적이어야 함을 의미한다. 우리가 다른 사람에게서 가서 성육신 할 때에, 그가 실제로 우리를 통해서 역사하시는 그리스도를 경험하게 된다. 목회에서 다른 사람을 만져줄 때 그 손은 우리 자신의 것이 아니라 그것은 바로 나사렛 예수 그리스도의 손인 것이다. 어떤 의미에서 성육신은 목양의 현장 안에서 계속된다. 전능하시고, 전지하시고, 무소부재이신 하나님이 우리를 통해서 일하신다. 이것은 하나님께서 심히 원하시는 바이다.

목사가 귀족 계급처럼 따로 구별되어 살아가는 존재가 아니다. 나사렛 예수님처럼 보통 사람으로 그들과 함께 울고 웃고 슬픔과 기쁨을 나누는 자가 목사이고, 이것이 목회이다. 성도들이 사석에서 "00목사는 사람이 참 소탈하다."라고 말한다. 그 말 속에서는 여러 가지 의미가 있지만, 무엇보다 성도들과 눈높이를 맞추고 더 나아가 삶의 현장에서 격 없이 희로애락을 나누고 소통이 가능하다는 의미도 포함되어 있을 것이다. 처음에는 다들 겸손하고 소탈하게 시작하지만 세월이 가고 교회가 성장하면 목사는 유혹을 받는다. 만일 스스로 교만하게 되면 그 목사는 성도들과 멀어지고 강대상 위에 둥둥 떠서 설교만 하는 자

가 될 것이다.

신학생이나 전도사 시절에는 너도나도 그런 목사들을 비판한다. 그러나 알 것은, 그 자신도 나중에 유혹을 받아 그렇게 될 수 있다는 것이다. 항상 성육신(Incarnation)의 모델이신 예수님을 바라보고 자기를 살펴가는 목회, 낮은 곳을 찾아가는 목회, 성도들의 삶의 현장을 이해하는 목회를 해야 할 것이다. 이런 목회를 하나님께서 기뻐하신다.

3장 목회는 사람을 살리는 것이다

> 한 알의 밀이 땅에 떨어져 죽으면
> 많은 열매를 맺느니라
> - 요한복음 12:24 -

구약 성경에는 목회학의 정수가 담겨 있다. 바로 에스겔 34장이다. 거기에는 참 목자, 이상적인 목자가 소개된다. 오늘날 목회자는 말씀에 나오는 그 목자를 기준으로 날마다 자기를 성찰해야 한다.

에스겔서의 목회학

에스겔 당시 이스라엘 지도자들은 나라를 돌보지 않아서 고발 당한다. 에스겔 34장은 양을 치는 비유를 들어 이스라엘의 지도자들(목자)이 하나님 나라에 사는 사람들(양 떼)을 어떻게 압제했는지 명확하게 보여 준다. 목자들은 양 떼를 희생시키면서까지 호의호식하면서 자신들의 이익만을 추구했다(겔 34:2-3, 8). 양들이 곤경에 처했을 때 그들을 보살피거나 힘을 불어넣지 않았고, 길을 잃어도 찾지 않았다. 오히려 맹렬하게 그들을 압제했다(겔 34:4). 이로 인해 양 떼는 야수들(적대적인 나라들)에게 노출되었으며, 결국 온 세상으로 흩어졌다(겔 34:5-6, 8).

목자들의 목자이신 하나님께서는 자신의 양들을 목자들(이스라엘의 지도자들)의 "외식하는 자들의 입"에서 구하고, 보살피고, 흩어진 곳에서부터 다시 불러 모으겠다고 약속하신다(겔 34:9-12). 하나님은 그들을 고국으로 다시 인도해 와서 좋은 것을 먹이고 좋은 목초지에 편안히 눕게 하실 것이다(겔 34:13-14). 그리고 최종적으로 하나님은 살찐 양(압제에 가담하여 혜택을 누린 사람들)과 여윈 양(약하고 억압당한 사람들)을 구분하여 심판하실 것이다(겔 34:15-22). 이러한 구원은 두 번째 다윗이신 최후의 목자를 미래에 지명하는 것으로 절정에 달한다. 최후의 목자인 그는 다윗처럼 하나님의 왕권 아래에서 왕들이 마땅히 해야 할 사명, 즉 하나님의 양 떼를 먹이고 보살피는 일을 할 것이다(겔 34:23-24).

그때가 되면, 하나님께서 그 땅에서 보호와 풍성한 열매와 자유의 축복을 보장하는 평화의 언약을 하나님의 양들(백성들)과 맺을 것이다(겔 34:25-31). 이것으로 인해 하나님이 그분의 백성과 함께하시고 그들의 진정한 하나님이 되신다는 것을 모두가 알게 될 것이다(겔 34:30-31). 목자 비유는 이스라엘의 사악한 지도자들에게는 심판을 약속하는 메시지요, 그 나라의 억압받고 혜택 받지 못한 사람들에게는 소망을 주는 메시지이다.

에스겔서의 목회학에서는 좋은 사역자란 자기 자신을 먹이기 전에 다른 사람들의 유익을 먼저 채워주는 자이다. 이런 분이 있었다. 바로 '선한 목자 예수님'이시다(요 10:10). 선한 목자를 따르는 자는 다른 사람 위에 군림하거나 권력을 과시하지 않는다. 사람들을 돌보고 섬긴다. 경건하고 의로운 지도자는 자신의 보호 아래 있는 사람들이 꽃피우기를 바라 마지않는다.

목자의 할 일

당시 이스라엘의 지도자들의 죄악을 표현하기에는 단지 양 떼의 유익을 돌보지 않았다는 정도로는 부족하다. 하나님은 양 떼를 반환하라는 말씀으로 그들에게 책임을 물으신다. 이제 하나님께서 직접 양 떼를 찾으신다. 에스겔 34장 16절에 보면 "그 잃어버린 자를 내가 찾으며, 쫓기는 자를 내가 돌아오게 하며, 상한 자를 내가 싸매주며, 병든 자를 내가 강하게 하려니와 살진 자와 강한 자는 내가 없애고 정의대로 그것들을 먹이리라."고 하신다.

예수님을 닮아 영적 지도자들은 자신의 지도 아래에 있는 사람들의 필요와 이익을 돌보아야 한다(빌 2:3-4). 에스겔 본문을 통해 목회자가 반드시 해야 할 일 다섯 가지를 알 수 있다.

① 잃어버린 자를 찾아가는 일
② 쫓기는 자를 돌아오게 하는 일
③ 상한 자를 싸매주는 일
④ 병든 자를 강하게 하는 일
⑤ 좋은 꼴을 먹이는 일

이 다섯 가지를 한마디로 바꾸면 "죽어가는 자를 살리는 것"이다.

목회는 사람을 살리는 일

목회자로 부름 받은 사람이 평생 동안 붙들어야 할 주제는 한 가지이다. 바로 "사람을 살리는 것"이다. 이는 누가복음 19장 10절, 요한복음 10장 10절, 고린도전서 15장 45절에서 발견할 수 있다. 성경을 살펴보면 온통 사람을 살리는 이야기로 가득하다. 하나님께서는 죽어가는 자를, 아니 이미 죽은 자를 다시 살리시는 분이시다.

하나님께서는 애굽에서 신음하던 그분의 백성을 살리셨고, 그분은 자신을 "산 자들의 하나님"이라고 소개하셨다. 심지어 골짜기에 널부러져 있던 말라비틀어진 뼈들조차 능히 명하여 살리시는 분이시다. 하나님께서 첫 사람 아담과 하와를 만드실 때도 그분의 살리심을 분명하게 볼 수 있다. 하나님께서 생기를 불어 넣어 사람을 만드셨고, 하와에게도 이름 하시기를 '모든 산 자의 어머니'라 하셨다. 아브라함은 그의 조카가 사로잡혔음을 듣고 집에서 키우고 훈련된 사람 삼백십팔 명을 거느리고 저 멀리 다메섹과 단까지 쫓아가서 롯을 찾아왔다. 당시 아브라함의 전력으로는 연합 군대와 싸워 이기는 것은 불가능했으나, 롯을 살리기 위한 간절함으로 밤새 쫓아가 이룬 결과였다.

요셉 역시 마찬가지이다. 요셉은 열일곱 살 되던 해에 형제들에게 팔려 애굽으로 갔다. 그는 삶의 모진 풍상을 겪었으나 마지막 순간 위대한 신앙고백을 한다. "당신들은 나를 해하려 하였으나 하나님은 그것을 선으로 바꾸사 오늘과 같이 많은 백성의 생명을 구원하게 하시려 하셨나니 당신들은 두려워하지 마소서 내가 당신들과 당신들의 자녀를 기르리이다 하고 그들을 간곡한 말로 위로하였더라"(창 50:20-21). 그는 자신의 고난이 형들에게 버림받은 것이 아니라 하나님의 백성을 살리기 위한 하나님의 위대한 계획이었다고 고백한다.

다윗도 그렇다. 다윗의 일생 역시 사람을 살리기 위한 일생이었다. 그 외에도 하나님을 두려워함으로 바로의 명령을 어기고 생명을 살린 히브리 산파, 모세를 물에서 건져낸 애굽 공주 모두 살리는 삶을 살았다.

많은 사람이 살리는 삶을 살았지만, 살리는 삶은 바로 예수님의 인격을 표현할 수 있는 가장 적절한 말이다. 요한은 예수님께서 오신 이유를 양으로 생명을 얻게 하고 더 풍성히 얻게 하는 것이라 한다. 누가는 잃어버린 사람을 찾아 구원하기 위해 오셨다고 말한다. 이뿐 아니라 복음서에는 사망에서 생명으로 옮기시고, 그 음성을 듣는 자는 살 것이라고, 즉 예수님은 살리시는 분이라는 것을 반복해 강조하고 있다. 그렇기 때문에 우리 목회자의 평생 주제는 "사람을 살리는 목회"가 되어야 한다.

4장 목자는 양의 이름을 알고 그 이름을 부른다

하나님의 사람이 되는 것이
목사 되는 것보다 우선해야 한다.

호주에서 양 한 마리를 두고 두 사람이 서로 자기 양이라고 주장하여 재판이 열렸다. 판사는 이 문제를 어떻게 풀어야 할지 난감했다. 한참 고심하던 판사는 양을 재판정 안으로 끌어오게 했다. 그런 다음 재판정 앞에 양을 세워두고 두 사람을 문 밖으로 내보냈다. 그리고는 순서대로 양을 부르게 했다. 자기 양이라고 주장하며 상대편을 도둑으로 몰았던 사람이 먼저 양을 불렀다. 그러나 양은 미동도 하지 않고 그 자리에 서있었다.

이번에는 양을 잃어버렸다가 찾은 것이라고 주장한 사람이 양을 불렀다. 그가 휘파람을 불자 양이 문을 향해 움직였다. 양은 제 주인이 평상시에 양을 모으기 위해 사용하던 소리를 알아들었다. 주인을 도둑으로 몰았던 사람은 무고죄로 벌금형을 선고 받았고 진짜 주인은 찾은 양을 몰고 돌아갔다.

목자의 음성

양들은 시력이 약하고 다리 힘이 부족하여 넘어지면 스스로 일어나지 못하므로 목자가 필요하다. 그러나 청각이 뛰어 나기 때문에 자기 목자의 음성을 잘 알아듣는다.

성경의 배경이 되는 중동 지역에는 양들을 많이 키운다. 그래서 성경에서는 목자와 양의 이야기가 자주 등장한다. 이스라엘의 목자는 이른 아침에 양 떼를 데리고 풀밭으로 나온다. 양들의 먹이와 물을 찾아서 여기저기 옮겨 다닌다. 우리가 보기에는 양들이 목자를 보고 쫓아가는 것 같지만, 사실 이들은 목자의 음성을 듣고 따라간다. 양은 시력이 아주 떨어져서 바로 앞도 잘 못 보기 때문이다. 그래서 목자들은 노래를 부르거나 소리를 지르고, 지팡이로 땅을 치기도 하면서 양들을 몰곤 한다. 그 소리를 따라 양들도 한 방향으로 이동한다.

양의 이름을 부르다

하나님이 내게 주신 은사 중 하나가 사람의 이름을 잘 기억하는 것이다. 사람마다 은사가 다르지만 적어도 목회하는 나에게 이 은사는 너무나 귀하다. 성도들의 이름을 기억하고 있다가 불러주고, 또 오랜만에 만나는 사람이라도 이름을 금세 떠올려 이름을 불러준다. 그러면 그들은 모두 기뻐한다. 그 모습을 보면 나도 기쁘고 목회의 보람도 느낀다. 비단 우리 교회 성도들만 아니라 선교지에서 오랜만에 귀국한 선교사의 이름까지도 기억하고 불러준 적이 있다. 그때 그분이 너무 감동하여 눈물을 흘리기도 했다.

이름을 알고 기억한다는 것은 작은 사랑의 출발이요, 인간관계의 초석이다. "내가 너의 이름을 불러주었을 때 너는 나에게로 와서 꽃이 되었다." 김춘수 시인의 시 "꽃"의 한 구절이다. 이렇게 상대방의 이름을 부르면서 관계가 시작된다. 선한 목자이신 예수님께서 내 이름을 알고 부르셨다. 나는 그렇게 예수님을 믿었다. 나도 선한 목자를 따라 성도들을 부른다.

이름을 잘 기억하는 방법

도쓰카 다카마사의 책 『세계 최고의 인재들은 왜 기본에 집중할까』(비즈니스북스, 2014)를 보면 세계 최고의 인재들이 어떻게 기본에 집중하며 성장하는가에 대한 구체적인 사례들이 여러 가지 나온다. 그중에 하나가 바로 성공한 사람들은 다른 사람의 이름을 잘 기억한다는 것이다. 저자는 상대방의 이름을 잘 기억하는 세 가지 방법을 소개한다.

> 첫째, 직접 소리 내어 불러 보라. 처음 만나 자기소개를 할 때 상대방의 이름을 듣는 순간 바로 직접 불러보라. 자기 입, 그리고 귀로 확인해보라.
>
> 둘째, 이름을 부르면서 질문하라. 자기소개가 끝난 후에 시간을 두지 말고 즉각 상대방에게 질문하라. 그때 반드시 상대방의 이름을 부르면서 질문해야 한다. "만나서 반갑습니다. OO씨는 어디 출신입니까?"라는 식으로 상대의 이름을 넣어 질문하면 더욱 기억에 잘 남는다.
>
> 셋째, 헤어질 때 이름을 말하라. 대화가 끝나고 그 자리를 떠날 때 반드시 상대방의 이름을 부르면서 작별 인사를 한다.

"그럼 OO씨, 오늘 정말 감사했습니다. 다음에도 만나 뵐 수 있기를 바랍니다."

사람을 만나다 보면 이름을 기억 못해 식은땀을 흘리는 경우도 있다. 이는 상대방에 대한 예의가 아니기 때문이다. 양들을 돌보는 목자인 목사는 양들의 이름을 잘 기억하는 것은 필수이다. 성도의 이름을 잘 기억했다가 불러주는 것만으로도 목회의 절반은 성공한 것이다.

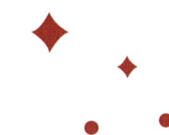

5장 목회자는 소명에 이끌려 살아간다

인생에서는 마지막에 웃는 자가
가장 오래 웃는 자다.
- 존 메이스필드 -

리처드 백스터(Richard Baxter)는 그의 저서 『참된 목자』(The Reformed Pastor)에서 "목회 사역을 다른 평범한 직업처럼 생각하여 그것을 생계를 위한 방편처럼 여기는 사람은 목회가 일 자체로는 좋은 일이지만 자기가 선택한 일이 그리 좋은 사업이 되지 못한다는 사실을 깨달을 것이다."라고 충고했다.

하나님께서 목회자로 부르신다

'소명'은 부르심(calling)을 말한다. '나는 이 일을 할 수 있는가?'는 재능의 문제이다. 그러나 목회에서 중요한 것은 '나는 이 일을 하도록 하나님 앞에 부르심을 받았는가?'는 소명의 문제이다. 내가 능동적으로 이 일을 선택했는가 혹은 하나님의 부르심에 응답하여 수동적으로 선택된 것인가를 물어야 한다. 목회자로 부름을 받았다는 사실에 대해 얼마나 기쁜 마음으로 목회 사역을 수행하고 있는가를 분명히 점검해 보아야 한다. 또한 '나는 과연 하나님의 부르심에 올바로 응답하고 있는가'를 끊임없이 물어야 한다. 목회자로서 확실한 소명이 없이 일반 직업에 종사하는 것처럼 목사직을 수행한다면 교회는 물론이거니와 목회자 본인과 가족에게도 불행이다.

내 경우는 조상 대대로 김해 땅을 지키면서 살아온 김해 김씨 종가집에서 자랐다. 이 집안은 1년에 20회 이상 제사를 지내는 집안이었다. 그러면서도 성탄 새벽송 듣기를 무척 사모하면서 자랐고, 교회가 너무 그리워 주일학교를 다니면서 은혜를 받고 믿음을 가지게 되었다. 중학생 때부터는 새벽기도를 즐기고 성경을 열심히 읽었다. 부모님께서는 '의사'가 되기를 원하셨으나 교회와 복음이 너무 좋아 빈손으로 고신대학교를 찾아갔다. 다시 말해 나는 교회학교의 신앙훈련 가운데 소명이 형성된 것으로 "복음이 너무 좋아서, 복음에 이끌려서" 목회자의 길을 들어선 경우이다.

그렇게 시작해 동상교회(동래구 서동)의 과분한 사랑을 받으면서 만 열아홉 살에 교육전도사로 섬기며 지금까지 부르심을 받아 과분한 하나님의 사랑과 교회의 사랑을 받으면서 오늘까지 사역해왔다. 신학하는 즐거움을 주셨던 스승님들(홍반식, 이근삼, 오병세, 허순길) 그리고 교회봉사의 기쁨을 함께 나누었던 장로님들(손종기, 홍원백, 김형웅)의 격려와 사랑, 그리고 도움을 기억하면서 오늘날까지 이끌어 주신 것을 감사드린다.

목회자의 소명

- 크리소스톰(John Chrysostom)은 "우리교회 안에 교회당 마루를

밟을 자격이 없는 자로서 세력을 의지하여 사제의 지위를 차지한 자가 많다."고 고백했다.

- 영국 성공회에서는 사제가 임직을 받을 때에는 규정대로 서약을 하는데, "내가 이 성직을 받기 위하여 성령의 감화를 받았노라."고 서약한다. 또 17세기에 이 조건을 무시하고 어떤 귀족의 자제들에게 사제의 직을 수행하게 하였는데 이에 대하여 리치몬드는 "국가가 무자격자를 사제로 임직시켰기에 영국 교회는 머리부터 발끝까지 애곡한다."고 했다.

- 1850년경에 프랑스 개혁파 교회의 목사 알렉상드르 비네(Alexandre Vinet)는 "목사는 반드시 하나님의 부르심을 받아야 한다. 또 그 직분을 행사 하는 데는 반드시 하나님의 명으로 해야 한다. 그 부르심은 하나님께로만 올 수 있다."고 했다.

- 웨스트민스터 대교리문답 제158문답은 "목사가 되는 사람은 하나님의 부르심으로 된다."고 가르친다.

- 목회자의 소명은 하나님이 직접 개인에게 목사직을 임명하는 것은 아니다.

- 목사직 자체가 하나님의 소명을 위한 구별된 직이라는 면에서 신적 소명이다.

- 목회자의 소명은 신적 소명에 근거해서 개인적 소명이 필요한 것이며 개인적 소명과 동시에 공적 소명의 과정을 통과하면서 더욱 확실해진다.

개인적 소명과 자격

- 소명을 주관적인 소명과 객관적인 소명으로 분류할 수 있고 또는 내적 소명과 외적 소명으로 분류할 수 있다.
- 주관적인 소명은 내적 소명이고 객관적인 소명은 외적 소명이다.
- 내가 소명을 받았다는 확신이 있다고 무조건 사역할 수 있는 것은 아니다.
- 객관적인 과정을 거쳐 인증을 받아야 목사라는 공적 칭호를 받을 수 있다.
- 목사 직분이 궁극적으로는 하나님께서 주신 것이므로 신적 권위를 갖지만, 이는 개인에게 권위가 있는 것이 아니라 그 직분이 신적 근거와 신적 권위를 갖고 있는 것이다.
- 개인에게는 사명감이고 공적으로는 자격이라 표현할 수 있다.
- 개인으로서도 자격이 있느냐 없느냐는 우선 공적으로 인정을 받을 수 있느냐와 깊은 연관이 있다.
- 둘 다 얼마나 잘 갖춰지느냐에 따라 자격 유무를 따질 수 있다. 그렇다고 다른 사역자와 비교하며 '나는 자격이 없다.'고 해선 안 된다.
- 어떤 사람은 스스로 자격이 있다고 자만하여 그 자체로 자격을 상실하고 사역에 실패한다.
- 사역자는 늘 하나님 앞에서 '부족한 저에게 이 일을 맡겨주셔서 감사합니다.'는 마음으로 섬겨야 한다. 교회와 교단은 이런 기본 자격을 갖춘 자를 목사로 불러야 한다.

합당한 소명과 과정

- 목사의 부르심은 반드시 하나님께로부터 오지만 꿈이나 환상으로 오는 것은 아니다.
- 하나님은 여러 가지 방법과 여러 가지 상황으로 부르신다.
- 하나님은 주변 사람을 사용하시기도 하고 어떤 사건을 통해서, 성경 말씀을 읽는 중에 다양한 싸인(sign)으로 부르신다. 이때 하나님의 뜻을 느낄 수 있다.
- 예수 믿을 때 처음에는 부모나 친구를 통해 교회를 오지만 이후 확증은 자신이 예수님을 믿기로 확신한 다음에 세례를 받음으로 이루어진다. 자기 확신이 없이는 안 되듯 목사로 부름 받는 것도 견고한 자기 확신이 있어야 한다.
- 그러므로 목사로 부르심을 받는 것은 주관적으로 시작해서 객관적인 과정을 거쳐 마지막에는 하나님 부르심에 대한 확고한 신념이 있어야 한다.
- 하나님이 작정한 사람은 다 믿음 안에 들어오는 것처럼 때로는 하나님의 부르심을 회피하려고 하지만 궁극적으로는 하나님이 부르시고 사용하신다.
- 합당한 소명인지는 다음과 같은 점검을 해보아야 확실하다.
    - 나는 책망할 것이 없는 성격과 품행을 가지고 있는가?
    - 나는 구원의 확신과 중생의 체험이 분명한가?
    - 나는 지금 하고 있는 일에 성실히 임하는가?
    - 나는 내적 소명의 견고한 확신이 있는가?
    - 나는 기본적인 학문적 준비와 소양, 열정이 있는가?
    - 나는 영혼을 사랑하는 마음과 복음의 열정이 있는가?

6장 목자의 몸에는 양 떼의 냄새가 나야한다

우리가 추구할 삶은
성공이 아니라 섬김이다
(not success, but service)
- 서서평 선교사 -

내게는 유년주일학교 때부터 지금까지 즐겨 부르는 찬송이 있다. "주는 나를 기르시는 목자"라는 찬송이다. 비록 어린 시절에 배운 찬송이지만 그 가사 속에 깊은 진리, 약속, 축복은 물론, 목회적 측면에서도 많은 교훈을 준다. 이 책의 제목 "셰퍼드 목회론"의 배경이기도 하다.

1절 : 주는 나를 기르시는 목자요 나는 주님의 귀한 어린양
푸른 풀밭 맑은 시냇 물가로 나를 늘 인도 하여 주신다

후렴: 주는 나의 좋은 목자 나는 그의 어린양
철을 따라 꼴을 먹여 주시니
내게 부족함 전혀 없어라 아멘

2절 : 예쁜 새들 노래하는 아침과 노을 비끼는 고운 황혼에
사랑하는 나의 목자 음성이 나를 언제나 불러주신다

3절 : 못된 짐승 나를 해치 못하고 거친 비바람 상치 못하리
나의 주님 강한 손을 펼치사 나를 주야로 지켜주신다

앞서 양들은 목자의 음성을 알아듣는다고 했다. 그런데 양들은 목자의 음성뿐만이 아니라 목자에게 배인 양 떼의 냄새를 맡고 그 뒤를 따른다. 목사도 마찬가지다. 목사에게 자기 양 떼의 냄새가 배여야 한다. 만약 목사의 가르침을 양 떼가 듣지 않는다면, 여러 원인이 있겠지만 그 중 하나는 그동안 목자들이 양 떼들과 너무나도 동떨어져서 살았기 때문이다. 목회자가 겸손히 연약한 인간임을 고백하는 삶을 보여줄 때 양들은 목자의 냄새를 맡고 다가올 수 있을 것이다.

목회에서 필수인 심방

간혹 목사에게서 회장이나 기업인의 냄새가 날 때가 있다. 그에게서 성직자라는 이미지를 전혀 느끼지 못한다. 양 떼와 함께 먹고 자고 뒹구는 목자의 몸에는 양 떼의 냄새가 풍겨 나올 수밖에 없다. 그러기 위해서는 양 떼를 찾아가 방문하는 심방이 필수이다.

히브리어 "파카드"는 방문하다는 뜻을 가지고 있다. 헬라어 "에피스코페오"는 돌보다는 뜻이다. 두 단어의 사용법을 보면, 이 두 단어 모두가 돌아보고 감독하는 심방의 의미를 지니고 있음을 알 수 있다.

가정 방문 심방은 양 떼들을 돌아보고 관심을 보이고 그 영혼을 구원하고자 하는 목회 활동의 가장 좋은 방편이다.

심방이란 무엇인가?

그렇다면 심방이란 무엇인가? 그리스도의 마음으로 성도들에게 가는 것이다. 성도들의 영성을 회복시키기 위해 방문하는 것이다. 심방을 통해 성도들과 영적인 관계가 맺어진다. 심방은 성도들의 영적 상태를 잘 점검할 수 있는 기회이기도 하다. 이 기회를 오늘의 목회자들이 망각하는 것 같다. 예수님께서 잃은 양을 찾아가신 것처럼 복음을 들고 목자의 심정으로 찾아가야 한다. 그리고 양들의 영적 상태를 정확하게 파악하고 진단해서 바른 처방을 내려야 한다. 이후에는 풍성한 꼴을 먹여 그들을 튼튼하게 길러야 한다. 이것이 목자로서 책임과 사명이다. 이것은 비단 성도의 유익만은 아니다. 심방을 통해 목회의 영성이 회복되기 때문에 심방을 많이 하는 목사는 늘 즐겁고 은혜가 풍성하다.

그렇다고 가정 방문 심방만이 목회 기능 전체를 감당하는 최고의 방법이라고 여겨서는 안 된다. 게다가 심방 종류는 다양하다. 가정 방문 심방 말고도 다른 방법들이 있다. 하루가 다르게 변하고 발전하는 도시 문화 속에서 상황에 맞게 변화해야 한다. 꼭 가정 방문 심방만을 고집할 필요는 없다. 성경은 모든 방법을 사용해 성도들을 돌보라고 가르친다. 대신 모든 심방은 양들의 상처를 고쳐주고 간호하여 돌보는 일이 되어야 한다. 이런 심방을 스가랴 선지자와 예레미야 선지자가 말한다.

이스라엘 목자는 낮 동안에는 들에서 양을 치다가 밤에는 비와 바람을 막아줄 수 있는 곳으로 이동해 양들과 지냈다. 꼭 같이 붙어 있으니 목자에게는 양 떼 냄새가 날 수밖에 없다. 좋은 목자에게 양 냄새가 나는 것은 당연한 일이다. 목자가 목양에 관심을 두지 않을 때부터 이미 목회에 빨간 신호가 들어온 것이다. 온 세상 사람들이 그를 칭송하더라도 목자장 되신 예수님께서는 그를 가리켜 삯꾼 목자라 책망하실 것이다. 바울이 말하지 않았던가? "무슨 일을 하든지 마음을 다하여 주께 하듯 하고 사람에게 하듯 하지 말라"(골 3:23).

늙어 갈수록 기도를 더 많이 하라.
그러해야 신령한 일에 냉랭해 지지 않는다.
– 조지 뮬러 –

7장 목회는 섬김 곧 디아코니아이다

> 말을 적게 할수록 기도를 많이 하게 된다.
> 기도를 많이 하면 공부를 많이 한 사람처럼 지혜가 생긴다.
> The fewer the words, the better the prayer.
> To have prayed well is to have studied well.
>
> – 마르틴 루터 –

모든 목회자의 모델이신 예수님은 목회의 의미를 분명히 했다. 그는 "섬김을 받으러 온 것이 아니라 섬기러왔다"(막 10:45)고 하셨다. 또 제자들에게 으뜸이 되지 말고 섬기는 자가 되라고 가르치셨다(마 20:26-27). 예수님께서 가르치신 목회에 디아코니아(diakonia) 즉 섬긴다는 의미가 담겨 있는 것은 아주 흥미로운 일이다. 간단히 말하면, 목회란 양 떼들을 위하여 섬기는 종이 되는 것이다. 어떤 것으로 양 떼를 섬기는가? 무엇보다 말씀의 꼴을 잘 공급하는 것이다

바울은 여러 지역을 다니면서 교회를 개척하고 일꾼을 세우고 목회를 한 사람이다. 그가 디모데에게 보낸 목회서신 중에서 디모데전서 4장 11-16절 말씀은 목회자가 평생 가져야 할 태도를 잘 가르쳐준다.

삶 전체에서의 모범

목사는 "누구든지 네 연소함을 업신여기지 못하게 하고 오직 말과 행실과 사랑과 믿음과 정절에 있어서 믿는 자에게 본이 되어"야 한다(딤전 4:12). 에베소교회의 목회자 디모데는 대부분의 성도들에 비해 나이가 적었다. 이 때문에 일부 성도들은 나이가 어리다는 이유로 디모데를 하나님의 사자로 존중하지 않고 경솔히 대하거나 업신여긴 것으로 보인다. 이런 상황에 있던 디모데에게 바울은 오직 말과 행실과 사랑과 믿음과 정절에 있어서 믿는 사람의 본이 되라고 말한다. 여기서 '본'으로 번역된 헬라어는 본래 '때리다,' '두드리다'라는 뜻을 가진 동사에서 파생된 명사이다. 문자적으로 '두들겨서 생긴 자국'을 의미한다. 이런 의미에서 볼 때 '본'이라는 말은 자기희생을 전제하는 말이다. 지도자는 희생하는 사람이고 본을 보이는 사람이다. 이 전통은 지금도 이스라엘의 돌격 구호에서도 볼 수 있다. 아랍 군대는 '돌격 앞으로!'라고 말하지만 이스라엘 군대는 '나를 따르라!'고 말한다.

항상 '공부와 기도'에 힘써야 한다

바울은 이어 "내가 이를 때까지 읽는 것과 권하는 것과 가르치는 것에 전념하라."고 권면했다(딤전 4:13). 가르치는 직분이니 공부와 기도에 전심전력할 것을 권면한다. 가르치기 위해 가장 필요한 것은 말씀을 공부하는 것이다. 말씀을 읽어도 충분히 읽고 또 깊이 묵상해야 한다. 깊은 묵상이 하나님을 알아가고, 설교를 준비하는데 얼마나 큰 유익이 되는지 말로 다 할 수 없다. 깊이 묵상해야 한다. 그리고 기도에 힘써야 한다. 기도할 때 성령으로 충만해 지고, 성령께서 말씀에 불을 붙여 주신다. 로이드 존스(D. M. Lloyd-Jones)는 충분한 말씀 준비 위에 기도의 불이 임하는 것을 "logic on fire"라고 표현했다. 우리가 전하는 말씀이 "불붙는 논리"가 되어야 한다.

신언서판(身言書判)과 신중함

"네 속에 있는 은사 곧 장로의 회에서 안수 받을 때에 예언을 통하여 받은 것을 가볍게 여기지 말며"라고 했다(딤전 4:14). 중국 당나라 시대(唐代)에 관리를 선정할 때 네 가지 표준이 있었다. 이는 인물을 택할 때 네 가지 조건을 충족해야 한다는 뜻으로 사람을 평가할 때나 선택하는 시기가 되면 참고하는 기준이다. 곧 예의 바른 몸가짐(身), 품위 있는 언어(言), 올바른 글 솜씨(書), 사물을 옳고 바르게 판단하는가(判)이다. 이 네 가지를 신언서판(身言書判)이라고 한다. 이것은 지금 이 시대의 목회자들도 마음 깊이 새겨야 할 것이다. 바울은 디모데에게 권면하기를 장로회에서 받은 안수를 가볍게 여기지 말라고 말한다. 시대의 조류에 너무 민감하게 반응할 것이 아니라, 말과 행동에 진중함이 있어야 한다. 그래야 양 떼들이 안심하고 목자를 따라 올 수 있다. 이것을 명심해야 한다.

'실력'을 쌓고 공헌해야 한다

"이 모든 일에 전심 전력하여 너의 성숙함을 모든 사람에게 나타나게 하라"(딤전 4:15). 본문에서 '전심'으로 번역된 단어는 본래 '관심을 기울이다'에서 파생된 단어로 '이 일을 행하기에 꾸준히 하라'는 의미이다. 원어에 가깝게 해석하면 "이 일에 네 자신을 푹 담그라. 마음과 영혼을 다해 그것들에 네 자신을 헌신하라."는 뜻이다(존 스토트). 바울은 디모데에게 '이 모든 일' 즉 앞서 언급된 믿는 자들에게 본이 되는 일과 읽는 것과 권하는 것과 가르치는 것, 그리고 은사를 사용하는 일에 자신의 전 존재를 푹 담그고 몰두할 것을 권면하고 있다. 이 말을 정리하면 '믿음의 진보를 보이라'는 말과 같다. 목회자들은 하나님의 말씀에 푹 잠겨야 하며 실력을 쌓고, 믿음의 진보가 드러나게 해야 한다. 믿음의 진보가 드러나는 것이야 말로, 목회자가 할 수 있는 가장 큰 공헌이다.

자기 개발(自己開發), 가르침, 전도

"네가 네 자신과 가르침을 살펴 이 일을 계속하라 이것을 행함으로 네 자신과 네게 듣는 자를 구원하리라"(딤전 4:16). 바울은 젊은 목회자 디모데에게 이 일을 계속하라고 권면한다. 이 일은 곧 자기 개발과 가르침, 전도이다. 목회자의 자기 개발과 가르침은 계속되어야 한다. 구르는 돌에 이끼가 끼지 않는다는 속담처럼 자기 개발과 가르침 그리고 전도를 계속하지 않으면 그 자리에 멈추고, 부패하기 쉽다. 그렇기 때문에 목회자는 가르침과 전도를 죽는 날 까지 계속해야 한다.

말씀 묵상의 방법

말씀 묵상을 위해서는 새벽 시간을 활용하는 것이 좋다. 그런 의미에서 목회자가 맞이하는 새벽 5시부터 아침 9시까지는 목사가 하늘의 축복을 받는 황금 시간이라 말할 수 있다. 하나님은 자기를 간절히 찾는 사람을 만나실 것이라 말씀하셨고, 새벽에 도우실 것이라 말씀하셨다. 쉴 틈조차 얻기 어려우셨던 예수님도 새벽에 일어나 하나님과 교제하셨다. 분주한 사역을 감당하셨던 예수님은 새벽 일찍 일어나 하나님과 교제하셨고 악한 마귀의 시험을 받으실 때도 단호하게 사람은 떡으로 사는 것이 아니라 하나님의 말씀으로 사는 것이라 선언하심으로 승리하셨다.

그렇다면 어떻게 해야 묵상하는 삶, 말씀으로 승리하는 삶을 살 수 있는가? 그것은 베드로전서 1장 8-22절을 통해 살펴볼 수 있다.

❶ **관찰**: 베드로는 "예수를 너희가 보지 못하였으나 사랑하는도다 이제도 보지 못하나 믿고 말할 수 없는 영광스러운 즐거움으로 기뻐하니"라고 했다(벧전 1:8). 관찰은 본문이 말하는 것을 발견하는 것이다. 그러기 위해서는 하나님의 말씀을 읽을 때 집중하면서 탐구하는 자세로 읽어야 한다. 특별히 반복되는 단어나 표현, 강조되는 단어와 본문의 분위기에 주의하면서 읽어야 한다.

❷ **묵상**: 베드로는 "믿음의 결국 곧 영혼의 구원을 받음이라 이 구원에 대하여는 너희에게 임할 은혜를 예언하던 선지자들이 연구하고 부지런히 살펴서"라고 했다(벧전 1:9-10). 하나님께서 뜻하신 바를 알기 위해 성경을 육하원칙에 입각해 분석하듯 읽어야 한다. 그러면서 말씀과 나를 연결시켜야 한다.

❸ **해석**: 선지자들이 "자기 속에 계신 그리스도의 영이 그 받으실 고난과 후에 받으실 영광을 미리 증언하여 누구를 또는 어떠한 때를 지시하시는지 상고"했다(벧전 1:11). '상고한다'의 원어는 '알기를 추구하면서'(NASV), '알아내려고 노력하면서'(NIV)로 번역된다. 해석은 문자 그대로 하나님의 말씀을 알기 위해 치열하게 노력

하는 과정이고 본문이 의미하는 것을 발견하는 과정이다. 본문을 해석 할 때 몇 가지 생각해야 할 지침이 있다.

- 문맥을 잘 살펴야 한다: 문맥(context)은 본문(text)과 함께 가는 것을 의미한다. 자기 원하는 바에 맞추어 본문의 문맥과 상관없이 한 구절만 빼서는 안 된다. 저자가 말씀하는 바를 발견해야 한다.
- 말씀 전체의 가르침을 구하라: 말씀을 규칙적이고 광범위하게 읽어서 하나님 말씀 전체의 가르침에 보다 더 친숙해져야 한다. 그러면 성경 자체가 말하는 것을 발견할 수 있다.
- 성경은 결코 스스로 모순되지 않음을 기억하라.
- 그 구절에서 하나의 의미를 찾으라: 성경을 해석할 때 언제나 저자의 마음속에 있는 바를 이해하기 위해 노력하라. 명백하게 가르치지 않는 어떤 의미를 지지하기 위해 성경 구절을 왜곡해서는 안 된다.

❹ **적용**: "이 섬긴 바가 자기를 위한 것이 아니요 너희를 위한 것임이 계시로 알게 되었으니 이것은 하늘로부터 보내신 성령을 힘입어 복음을 전하는 자들로 이제 너희에게 알린 것이요 천사들도 살펴 보기를 원하는 것이니라"(벧전 1:12). 관찰하고, 묵상하고, 해석하는 것이 하나님 말씀을 듣는 것이라면 '적용'은 행하는 것이다. 적용은 자신이 받은 은혜를 구체적으로 옮길 수 있는 것이어야 한다. 실천할 수 없는 과도한 적용은 불필요하다.

8장 목회는 목양일념으로 해야 한다

설교는 매우 잘 하나
삶이 아름답지 못한 목사는
어리석고 불쌍한 존재이다

신학교 시절 고려신학교의 설립자이시며 교단의 지도자였던 한상동 목사님에게 목회학을 배운 것은 내게 크나큰 은혜였다. "목사는 목회일념과 목양일념으로 살아가야 한다." 이것이 한상동 목회학의 핵심이다. 그분은 목회자는 항상 세 가지를 준비해야 한다고 가르쳤다. 그 세 가지는 '설교 준비,' '이사 준비,' '죽음 준비'이다. 나는 여기서 목회자의 설교 준비에 집중해 힘주어 강조하고자 한다.

설교 준비에 목숨을 걸어라

헨리 나우웬(Henri Nouwen)은 설교를 '듣는 이로 하여금 영적 세계에 도달하도록 도와주는 것'이라 정의했다. 덧붙여 영적 세계에 도달하도록 도와주기 위해 가장 필요한 덕목으로 성경에 해박해야 한다고 말했다. 정말로 그렇다. 최고의 설교 준비는 '성경에 능통(해박)한 것'이다.

다윗은 대략 열다섯 살의 나이로 전쟁에 나갔지만 그때 그는 이미 물매 투척의 전문가였다. 그렇기 때문에 골리앗과 상대하면서도 담대할 수 있었다. 그와 마찬가지로 말씀 봉사를 맡은 목회자도 하나님 말씀에 전문가가 되어야 한다.

설교 준비에 많은 시간을 투자하라

매일의 대부분의 시간을 '설교 준비'에 바쳐서 설교에 가장 큰 비중을 두어야 한다. 그리고 강력한 기도가 뒷받침되어야 한다. 아우구스티누스(Augustinus)의 말처럼 설교는 하루도 거를 수 없는 노동과 같다. 매일 대부분의 시간 동안 최선을 다해 설교를 준비해야 한다.

한 때 인터넷에서 독일 슈투트가르트 발레단의 수석 발레리나인 강수진 씨의 발 사진이 화제가 된 적이 있다. 강수진 씨는 하루 열아홉 시간씩 연습하고, 일 년에 천 켤레가 넘는 발레화(toe shoes)가 닳아 없어지도록 연습했다. 발레리나의 나이로는 환갑에 해당하는 마흔 다섯의 나이가 되어서도 여전히 프리마돈나로 활동했고, 2016년에 쉰 살의 나이로 은퇴했다.

목회자가 이렇게 설교 준비에 집중해야 하는 이유가 무엇인가? 설교를 통해 사람이 살아나기 때문이다. 하나님의 말씀에는 사람을 살리는 능력이 있다. 그렇기 때문에 우리는 더더욱 훈련해야 하며, 끊임없는 반복 훈련(shuttle run)을 통해 익숙해져야 한다. 처절할 정도로 '말씀 묵상과 기도'를 반복하라. 이 일에 최대한 시간을 내고 최선을 다해 힘을 쏟아 부어라. 반복 훈련이야 말로 당신을 능력 있는 목회자, 능력 있는 설교자로 만들어 준다.

설교에 스토리텔링(story telling)을 더하라

'에비앙'은 잘 알려진 생수 브랜드이다. 에비앙은 스토리텔링 기법으로 마케팅을 했다. 옛날 프랑스의 한 귀족이 병에 걸렸는데 알프스의 작은 마을인 에비앙에서 요양하면서 그 마을의 물을 마신 덕분에 병이 고쳐졌다. 이 스토리를 사람들에게 알렸다. 덕분에 식용수 수준이 아닌 약수라는 인식이 생겼고, 두 배의 값을 치르면서도 찾는 브랜드가 됐다. 건조한 팩트에 스토리라는 감성을 더했기에 가능한 일이었다. 이 이야기는 대표적인 스토리텔링의 사례로 꼽힌다.

말씀 사역도 마찬가지다. 단순한 정보 전달에 급급해서는 안 된다. 증거해야 하는 성경 내용에 스토리를 더해 증거해야 한다. 일반적인 설교가 수직적인 형태라면 스토리텔링은 목회자와 성도가 수평적 관계에서 말씀을 나누는 것이다. 수평적 관계에서 말씀을 증거하기 때문에 성도들이 동질감을 느낀다. 성도들의 공감을 이끌어 내어 말씀 앞에 결단하게 하는 장점이 있다. 물론 그러면서도 목회자는 설교가 선지자적, 선포적 설교가 되어야 함을 늘 기억해야 한다.

강대상에서 감정풀이를 하지 말라

목사가 설교라는 명목으로 강대상에서 감정풀이를 해서는 안 된다. 강대상은 신약 시대 목사의 지성소이다. 한상동 목사는 평생 목회하는 동안 단 한 번도 강대상을 손으로 치지 않으신 온유의 목회자이시다.

성실히, 그러나 자유함으로

원고 준비를 성실히 꼬박꼬박하라. 그러면서 동시에 원고에서 자유해라. 위대한 설교자로 칭송받던 찰스 스펄전(C. H. Spurgeon) 목사는 강단에 오르기 전까지 꼼꼼하게 원고를 준비했다. 그러나 강단에 오르면 마치 원고가 없는 것처럼 설교했다고 한다. 그렇기 때문에 그의 설교는 늘 힘이 있고 많은 영향력을 미쳤다. 설교자는 강대상에 올라가서는 자연스러우면서도 자신 있게 회중을 응시하면서 설교해야 한다. 그래야 전달이 강력하게 이루어진다. 원고에 매이면 전달력이 크게 떨어진다.

그러나 그것은 강대상에 올라가서이다. 그 이전에는 최대한 성실히 그리고 꼼꼼하게 준비해야 한다. 적어도 한 달 치 설교를 미리 준비해 두라. 끊임없이 본문을 묵상하고 함께 원고를 가감첨삭(加減添削)해야 한다. 기도의 불을 뜨겁게 지피면서 원고를 거의 완벽하게 자신의 것으로 소화하라. 그리고 강대상에 올라가서는 원고에서 벗어나 자유하게 선포하라.

소망을 설교하라

설교자는 어떤 경우에도 낙심하거나 좌절해서 비관적인 내용으로 설교해서는 안 된다. 기독교는 소망의 종교이다. 예수님이 소망이다. 부활도 소망이고 예수 재림도 소망이다. 설교자는 늘 이것을 염두에 두고 성도들에게 소망을 설교해야 한다.

복음을 설교하라

설교할 때 가급적 시사적(時事的)인 이야기는 피하고 복음을 설교해야 한다. 고든 맥도날드(Gordon MacDonald) 목사는 시대의 흐름을 잘 읽고 성도들에게 삶의 방향을 지도하는 설교로 유명했다. 그러던 어느 날 당회원들이 맥도날드 목사를 찾아와서 자신들은 시사적인 메시지가 아니라 복음을 듣기 원한다고 말했다. 이후 고든 맥도날드 목사는 복음 메시지에 집중했고, 교회 전체가 전과 다른 큰 은혜를 누렸다고 한다. 설교자는 강단에서 무엇보다 복음을 설교해야 한다. 복음만이 사람을 살린다.

신선한 꼴을 먹여라

자녀를 사랑하는 부모라면 자녀들에게 신선하고 건강한 음식을 주고 싶어 할 것이다. 목사들도 마찬가지다. 성도들을 아끼고 사랑하는 목사는 신선하고 건강한 영적 양식을 전달하고자 할 것이다. 신선한 것으로(fresh) 행복하게(blissful) 먹여야 한다. 그래서 목사는 매주일 강대상에 설 때마다 영육 간에 신선해야 한다. 그러할 때 성도들은 기대감을 가지고 그 목자의 꼴을 먹고자 몰려들 것이다.

투수가 전력투구 하듯

사직동교회 원로목사이신 정판술 목사님의 이야기다. 어느 분의 자택으로 초대받아 갔더니 초대하신 분이 붓과 종이를 주면서 "글 한 마디만 써주세요"라고 했다. 그러자 정목사님이 붓을 들고 한자로 '牧羊一念'이라고 써주었다고 한다. 목양일념이란 문자 그대로 목회자는 다른 곳에 마음을 쏟지 않고 오로지 주님께서 맡겨주신 교회를 위해 한결같은 마음으로 양과 같은 교인들을 먹이고 돌보는 일에만 정성을 쏟는다는 뜻이다.

정판술 목사는 "목회자는 목회 외에 다른 것은 몰라도 허물이 아니다. 목회 외에 다른 것은 몰라야 그가 목회자다운 참 목회자이다. 목회자는 세상 정치에 관해 몰라도 부끄러운 일이 아니다. 골프, 테니스 등을 할 줄 몰라도 전혀 허물이 아니다. 한결같은 마음으로 목회에만 전념하면 그가 목회자다운 목회자이다."라고 힘주어 말하였다.

침대 만드는 한 회사는 "우리는 침대 외엔 다른 것은 모른다."고 광고하였다. 이 광고 때문인지 그 회사 침대가 그리 잘 팔렸다고 한다. 목회자도 마찬가지다. 그럼에도 불구하고 다양한 관심거리와 정신을 빼앗아가는 것들이 너무나 많은 현실이다. 그래서 어떤 목회자들은 목회는 건성으로 하고 다른 것에 정신을 팔리고 있기도 한다. 그러나 목회 이외엔 다른 것은 몰라야 교회로부터 인정받는 목회자가 된다. 기억하라, 목양일념!

9장 성령님과 함께하는 신나는 목회

우리는 전선이요,
하나님은 전력이시다.
- 카릿트 -

나는 그동안 나눈 설교들을 모아 『성령님의 초대』(영문, 2013)라는 설교집을 출간했다. 그 책은 '생명으로 초대,' '성숙으로 초대' 그리고 '치유로의 초대'로 구성되었다.

성령님의 초대

성령님은 첫째, 우리를 노래로 초청하시고, 둘째, 기쁨으로 우리를 초대하시고, 셋째, 우리를 감사로 초대하신다. 넷째, 우리를 예배로 초대하시고, 마지막으로 우리를 부드러움으로 초대하신다. 이 다섯 가지는 너무나 놀라운 은혜요 선물이다.

성령님은 하시는 일이 많다.
- 한 사람 한 사람이 예수님을 믿게 하는 일을 한다.

- 회개하고 하나님께 돌아오게 하신다.
- 거듭나게 하신다.
- 변화되게 하시고 성령님의 열매를 맺게 하신다.
- 하나님의 뜻을 분별하게 한다.
- 하나님을 위해 살고 싶고 하나님을 위해 드리고 싶은 소원을 가지게 한다.
- 우리를 보호 인도해주신다.
- 우리를 승리케 해주신다.
- 우리를 위로해 주시고 기쁨과 평강이 넘치게 해주신다.
- 목회자를 통하여 교회를 세우시고 부흥케 하신다.

우리 자신이 하나님이 주신 의지와 성령님께서 주신 감동을 가지고 우리가 쉼 없이 노래하고, 기뻐하고 감사하고 이를 통해 마음을 부드럽게 하면 성령님이 우리 가운데 기쁨으로 충만하게 거하신다. 이제 한 가지 더 추가한다면 성령님은 우리를 하나님 나라의 사역자로 부르시고, 부족한 우리를 통해 하나님 나라가 이루어지기를 기뻐하신다.

목사에게 성령 받지 않고 목회하라는 말은 저주이며 극심한 욕이다. 신학교를 나와야 하지만, 성령님에게 사로잡혀 있어야 목회가 바로 된다. 이것이 바로 성령 목회이다.

'나' 환자

가수이기도 한 온누리교회의 윤형주 장로가 오래 전에 책을 냈다. 『또 하나의 아름다움』(나침반, 1991)이 그것이다. 그 책의 내용 중에

"'나' 환자 치유의 길"이라는 글이 있다. 나환자란 한센씨 병, 나병환자를 말하는 것이 아니라, 자아, 자기 자신, 나만을 추구하는 병적인 사람을 말하는 것이다. 우리 사람에게 고질적인 질병이 바로 '자기중심적인 병'이다. 자신만을 사랑하고 집착하는 것이다.

"돈을 사랑하고 지나치게 추구하는 사람들은 대부분이 자기중심적인 병을 가지고 있어서 자기 소유를 넓혀감으로 만족하는 자기뿐인 삶을 살아간다. 돈만 보면 좋아서 웃는 사람은 내가 대견스럽고, 내가 자랑스럽고, 내가 대단하다고 생각한다."

그가 하는 이야기를 가만히 분석해보면 '내가 말이야,' '내 생각은,' '난데,' '나의,' '내 입장,' '나보고,' '나한테,' '나에게…' 온통 '나'뿐이다. 주어도 '나'요, 서술어도 '나'요, 목적어도 '나'이다. "내 땅, 내 집, 내 주식, 내 건물, 내 재산, 내 돈, 모두가 나 중심으로 연결되고 펼쳐지는 것이다."라고 쓰고 있다.

성령이 충만한 목회

성령으로 권능을 받아야 하나님이 원하시는 목회를 할 수 있다. 그런데 그 권능 없이 주님을 증거하기란 심히 고달픈 일이다. 주님은 천국의 복음을 전파하신 후에 반드시 병자들을 고치셨고 많은 이적을 행하셨다. 오늘날 교회는 이적과 기사의 소문이 나지 않고 있다. 그 원인은 성령을 제한했기 때문이다. 주님의 이름을 부르는 곳이라면 어디나 성령께서 역사하신다. 또한 말씀을 상고하며 성령받기를 간구하는 곳이면 언제나 강림하신다. 그러므로 목회자뿐만 아니라 온 교회가 성령 충만 하게 되면 그때부터 교회 성장은 가속화될 것이다.

교회는 성령으로 예수를 증거해야 한다. 예수는 성령의 증거만을 받으시고 사람의 증거를 바라지 않으신다. 사람에게는 예수께서 하나님의 아들이심을 변호할 수 있는 능력이 없다. 세상에 속한 증거로는 하늘에 속한 이를 증거할 수 없기 때문이다. 그리스도를 증거할 수 있는 자격은 오직 영으로 난 자에게만 있다. "영적인 일은 영적인 것으로 분별하느니라 … 그러한 일은 영적으로 분별되기 때문이라"(고전 2:13-14). 세상은 예수를 알지 못한다. 예수는 오직 성령만이 자신을 증거해 주실 것이라고 말씀하셨다.

성령은 믿는 성도에게 임하셔서 그 안에서 하늘에서부터 오는 여러 능력과 표적, 기사로써 예수를 증거하신다. 예수를 증거하실 이는 하늘에서는 하나님 아버지뿐이시고, 땅에서는 성령뿐이시다. 성령은 예수의 일을 하시는 분이시다. 그러므로 성령 없이는 하나님의 일을 할 수 없다. 세상적인 조직이라든가 세상적인 이론과 권위로는 목회에 실패할 수밖에 없다.

성령은 진실한 목회자 안에서 역사하신다. 하나님의 뜻은 이루어졌으나 전파되지 않고 있다. 성령의 인도를 받지 않는 교회는 어떤 교회라도 성장을 볼 수 없다. 성령께서는 하나님의 일을 하신다. 성령은 교회 성장을 진정 바라신다. 그는 아시아의 일곱 교회에 칭찬과 견책을 아울러 하셨다. 왜 교회에 깊은 관심을 가지시는가? 하나님은 교회를 성령으로 양육·치리하시기 때문이다. 성령과 교회 성장은 절대 관계에 있다. 성령께서 심령을 변화시키고 사역자들을 사역시킴으로써 교회는 하나님이 원하시는 대로 성장한다.

10장 목자의 리더십은 당회 운영에서부터

성경을 안내서로 삼는 이들은
결코 방향 감각을 잃지 않는다
- 헬렌 켈러-

　　장로교회는 다른 교파와 달리 당회 - 노회 - 총회 삼심제의 행정 및 치리회를 중심으로 성도를 인도하고 가르치고 세워간다. 무엇보다 개체 교회의 목사와 장로로 이루진 당회는 장로교회의 특징 중의 특징으로 회중교회나 감독교회와 뚜렷이 구분된다. 그렇기 때문에 당회를 잘 운영하는 것은 목회자에게 필수 덕목이다. 그래서 어떤 목사는 목회자가 목회현장에 나아갈 때는 한 손에는 성경을, 한 손에는 헌법을 들고 가야한다고 말하기도 했다. 그 말은 말씀을 선포하는 일과 함께 당회 운영을 통한 교회 행정과 치리 그리고 관리가 그만큼 중요하다는 말이다.
　　이스라엘의 양 떼들이 이동할 때, 그 양 떼의 맨 앞에 있는 양의 목에 방울이 달려 있다고 한다. 그래서 비록 양이 우둔하고 시력이 나쁘고 방향 감각도 잘 없지만 맨 앞에 가는 양의 목에 달린 그 방울 소리를 듣고 잘 따라간다는 것이다. 이것에 견주어 표현하면, 목회할 때 앞장선 장로들과 중직자들이 모범적으로 잘 따르면 나머지 성도들은 그 뒤를 따라 교회가 평안하게 발전해 간다.

당회 운영

어떻게 당회 운영을 잘 할 수 있을까? 수십 년 동안 당회를 운영해 본 경험에 따라 다음과 같이 비법을 제시하고자 한다.

첫째, 당회장으로서 당회원들에게 사전에 충분히 의견을 제시하고 조언을 받아 조율하는 것이 필요하다. 의견을 조율할 때는 처음부터 모두와 조율하는 것이 아니라 먼저 선임 부목사, 선임 장로, 당회 서기, 재정 위원장 등과 함께 안건에 대해 토의를 나누고 조율을 한 뒤 당회에서 의견을 조율하면 많은 유익이 있다.

둘째, 중요 의제인 경우 즉석에서 결의하는 것을 피해야 한다. 즉흥적으로 안을 내면 의제가 구체적이지도 않고, 서로 간에 감정이 상할 수 있다. 중요 의제를 낼 때에는 1개월, 3개월, 6개월 혹은 1년이라도 충분한 시간을 두고 기도하고 준비하면서 기다려야 한다. 그리하면 덕을 세우게 되고 모든 것이 합력하여 선을 이루게 된다.

셋째, 어떤 경우에도 결코 화(분노)를 내지 말라. 화를 내면 설교도 안 되며 은혜도 끼칠 수 없다. 출애굽의 지도자 모세는 세 번 화를 내었는데, 이 때문에 약속의 땅 가나안에 들어가지 못했다. 이를 기억해야 한다. 애굽에 있을 때 공사 감독자를 죽임으로 모세는 미디안 광야로 도망쳐야 했고, 십계명을 받아 내려오다 이스라엘 백성들의 우상 숭배에 분노해서 하나님이 친히 주신 돌 판을 깨뜨렸고, 미디안 광야에

서 반석에 명하지 않고 반석을 침으로 하나님의 거룩함을 나타내지 못
했다. 10분을 참지 못하여 폭발해 버렸다면, 그보다 더 큰 후폭풍을 감
당하기 힘들 것이다. 그렇기 때문에 목회자는 어떤 경우에도 결코 화(분
노) 내지 않도록 노력해야 하며, 하나님의 은혜를 구해야 한다.

젊은 시절 어느 임직식에서 기도 순서를 맡은 적이 있다. 임직 예
배를 시작하려고 그 교회 담임목사가 강단에 섰다. 그런데 하필 그때
음향 시설에 문제가 생겼다. 교회 직원들이 노력했으나 마이크가 켜지
지 않았다. 그때 목사님이 화가 나서 마이크를 던져버렸다. 상상해보라.
화가 난다고 마이크를 던지긴 했는데, 그 자리는 은혜로운 임직식 자리
였다! 그렇게 마이크를 던졌다면 어떻게 임직 받는 자리가 은혜의 자리
가 되겠는가? 그 날 그 사건은 젊은 내게 지금까지도 엄청나게 큰 충격
으로 남아있다. 그래서 나는 굳게 다짐했다. "나는 평생 강대상에서 마
이크를 집어 던지는 일은 하지 않아야지." 목회자는 반드시 분노를 조
절할 수 있어야 한다.

목회자와 말

인간은 '말하는 존재'(Homo loquens)이다. 왜냐하면 하나님께
서 '말씀하시는 하나님'(Deus loquens)이기 때문이다. 에밀 브룬너(Emil
Brunner)에 따르면 인간이 하나님의 형상대로 창조됐다는 것은 '언어적
존재'로, '대화하는 존재'로 피조되었다는 것을 뜻한다. 실제로 창세기 1
장은 천지 창조가 하나님의 말씀으로 이뤄졌음을 증언하고 요한복음 1
장은 로고스(말씀)이신 예수 그리스도로 말미암은 새로운 창조의 역사
를 웅변한다. 또한 인간의 타락도 하나님 말씀에 대한 왜곡과 거짓말로

시작되었음을 우리는 안다. 목회자는 부득불 말을 많이 할 수밖에 없다. 그렇기 때문에 목회자는 더욱 말에 주의를 기울여야 한다. 목회자의 말 사용에 대한 원리를 말해 보겠다.

첫째, 화(흥분, 분노)가 난 상태에서는 말하지 말아야 한다. 잠언 기자는 말을 아끼는 자가 지식이 있다고 말한다(잠 17:27). 화가 난 상태에서 말을 하면 실언(失言)하기 쉽다. 그리고 잠시 후에 꼭 후회하게 된다. 그러나 그때는 늦었다. 후회할 일은 애초에 피하는 것이 가장 좋다.

둘째, 말은 살아 있고 선악 간에 힘을 발휘하는 것을 기억하라. 말은 아무 존재나 하는 것이 아니다. 하나님, 사람 그리고 천사만이 말을 할 수 있다. 영적인 존재가 말을 하기 때문에 말을 하면 반드시 역사가 일어난다. 가데스바네아에서 불평하던 이스라엘 백성을 향해 하나님께서는 "너희 말이 내 귀에 들린 대로 내가 너희에게 행할 것"이라 말씀하셨다. 이 말씀대로 이스라엘 백성은 40년간 광야를 방황해야 했다. 구원 초청에서도 바울은 마음으로 믿어 의에 이르고 입으로 시인하여 구원에 이른다고 말한다. 말에는 능력이 있다. 그렇기 때문에 목회자는 반드시 말을 주의해야 한다(잠 4:23-24, 17:27, 23:7, 26, 민 14:28, 16:14, 38, 23:19, 사 45:23, 마 5:3-10, 롬 10:8-10, 갈 5:16-20, 22, 23, 엡 4:31, 벧전 1:24, 25).

셋째, 말할 때는 부드럽고 친절하고 미소를 담아 말하라. 천사의 말을 전한다 할지라도 태도가 좋지 못하면 말이 상대방에게 수용되지 않는다는 것을 기억해야 한다. 그리고 목회자는 언제나 약자를 배려해야 하고, 약자에게 말할 때 부드럽게 말해야 한다. 부드러운 말은 상대의 뼈를 녹인다. 부드러움, 친절함, 미소는 누구나 할 수 있고, 누구에게나 줄 수 있고 모든 사람이 받고 싶어 하는 천상의 선물이다.

구체적인 지침 네 가지

말을 할 때 다음 4가지를 유념해야 한다.

첫째, 이 말을 꼭 해야 하는가? 불필요한 말을 참고 삼키면 도리어 나중에 큰 득(得)을 볼 수 있다.

둘째, 이 말을 하면 어떤 사람에게 해(害)를 끼치는 것이 아닌지 생각해야 한다. 목회자의 말에는 영향력이 있다. 생각지 않은 말이 성도에게 상처를 줄 수 있다. 그렇기 때문에 지금 하는 말이 혹시 다른 사람에게 해를 끼치는 것이 아닌지 생각해야 한다.

셋째, 이 말을 하기 위해 기도해 보았는가? 한 마디 말을 하기 위해 '삼사일언(三思一言)' 해야 한다.

넷째, 지금 하는 이 말은 훗날 반드시 하나님의 심판을 받을 것이라는 것을 기억해야 한다. "내가 너희에게 이르노니 사람이 무슨 무익한 말을 하든지 심판 날에 이에 대하여 심문을 받으리니"(마 12:36). 무슨 무익한 말을 하든지 하나님께서 심판하신다는 예수님의 엄중한 경고를 목회자들은 반드시 기억해야 한다.

충동적으로 말하지 마라

목회자는 충동적으로 말해서는 안 된다. 특히 영적 상태가 최악일 때는 '최악의 결정'을 내리기 쉽다. 이 때는 오히려 침묵하고, 기도하고, 독서하고 걸으면서 생각을 새롭게 해야 한다(욥 4:4, 마 12:36, 롬 14:12, 벧전 4:5, 11).

간혹 목회자들 중에 당회를 인도하거나 설교를 할 때 막말이나 혹은 끝장을 보는 선언적인 말을 하는 경우가 있다. 어느 목회자는 당회를 하다가 화가 나서 "난 이런 교회는 목회 못하겠습니다. 사표를 내겠습니다."라고 충동적인 말을 했다. 그 당회 이후에 그가 한 그 한 마디로 인하여 그 교회를 떠나야 했다. 이것이 말의 힘이요, 지도자가 내뱉는 말의 무게인 것임을 기억하자.

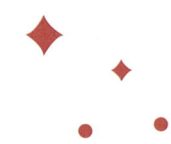

11장 좁고 힘든 목회자의 길

어둠 속에서만 별을 볼 수 있다.
Only in the darkness can you see the stars.
- 마틴 루터 킹 -

바울은 디모데에게 "너는 진리의 말씀을 옳게 분별하며 부끄러울 것이 없는 일꾼으로 인정된 자로 자신을 하나님 앞에 드리기를 힘쓰라."고 했다(딤후 2:15). 이 시대의 목회자들도 진리의 말씀을 옳게 분별하고 부끄러울 것이 없는 일꾼으로 목회를 해야 한다. 그렇다면 어떤 자세를 지녀야 하는가? 성경이 말하는 아홉 가지를 보라.

성경이 말하는 목회자의 모습

❶ 목자같은 목회자가 되십시오.

양 떼의 형편을 부지런히 살피며, 네 소떼에 마음을 두라(잠 27:23).
선한 목자는 양을 위하여 자기 목숨을 버린다(요 10:10).
목자는 양을 알고 양도 목자를 안다(요 10:14).
목자는 양 떼를 푸른 초장으로, 잔잔한 물가로 인도한다(시 23:1).

❷ 유모같은 목회자가 되십시오.

　유모는 온순하다(잠 15:1).

　유모는 모든 정성을 다 쏟아 아기를 기른다(사 49:15).

　유모는 아기를 위하여 목숨을 버린다(왕상 3:26).

　유모는 자신을 드러내지 않는다(삼상 1:24, 28).

❸ 아버지같은 목회자가 되십시오(살전 2:11).

　아버지는 자녀를 권면한다(왕상 2:1-4).

　아버지는 자녀를 위로한다(눅 15:24).

　아버지는 자녀를 훈계한다(수 24:14, 잠 23:13, 엡 6:4).

　아버지는 자녀를 믿고 기다려 준다(눅 15:12, 20).

❹ 언제나 겸손하려고 노력하십시오.

　교만은 넘어지고 겸손하면 세워진다(창 16:9, 민 16:1-2, 7-11, 35, 삼상 15:22-23, 잠 16:18, 약 4:6, 벧전 5:5-7).

❺ 언제나 선생을 두십시오(신 32:7).

　다윗과 사울의 차이점은 선생의 말을 듣느냐 아니냐였다.

　르호보암의 실패 원인은 어른의 말을 듣지 않은 것이었다.

　중요한 문제, 개인적인 문제를 또래에게만 묻지 말고 어른에게 물어보라.

　어른에게, 인생의 선배 목회자에게, 담임목사에게 묻고 자문을 받으라(신 32:7).

❻ 오래 많이 꾸준히 기도하십시오(출 33:11).

　기도는 하나님의 뜻에 순종케 되는 시간이다.

　교회당에서 살아라(렘 33:3, 슥 4:6, 막 9:29, 요 16:7, 갈 1:16-17, 엡 6:18, 빌

4:6-7, 살전 5:17).

❼ 성경 박사(전문가)가 되십시오.

검처럼 말씀을 손에 꽉 잡아야 한다(엡 6:17).

목회자는 다른 것은 몰라도 성경에는 박사가 되어야 한다(삼상 17:48-51).

❽ 언제나 자기 마음을 잘 다스리십시오(잠 16:32).

어떤 경우라도 크게 화를 내지 말라(약 1:19-21).

❾ 목회자와 말

화난 상태에서는 말하지 말라(잠 4:23-24, 17:27, 마 5:3-10, 엡 4:31).

말은 살아있고 선악 간의 힘을 발휘한다.

부드럽고 친절하고 미소로 말하라. 특히 약자에게 부드럽게 말하라(욥 4:4, 벧전 4:11).

사람들은 과거를 이야기하기 좋아한다

사람들은 과거의 실수를 따지기 좋아한다. 대체로 많은 사람들이 어떤 사람의 과거를 알게 되면 무슨 큰 비밀이라도 손에 넣은 것처럼 이 사람 저 사람에게 소문내기를 좋아한다. 이것은 참으로 나쁜 본성이다.

이런 사람은 보통 하나님보다 더 엄격하고 하나님보다 더 의로운 자들이다. 때로 하나님께서 이미 용서해준 사람임에도 불구하고 여전히 그를 받아들이지 않고 정죄하고 비난하고 상처를 가한다. 즉 그 사람을 두 번 세 번 계속 죽이는 것이다. 이 얼마나 잔인한 행위인가!

하나님을 잘 모르는 세상 사람들이야 어쩔 수 없겠으나, 하나님을 믿고 있는 우리는 정말 이런 위험한 습관은 진지하게 반성하면서 철저히 고쳐나가야 한다. 하나님은 용서하셨는데 사람들은 여전히 용서하지 않고 거듭 정죄하고 비난하므로 말미암아 마음의 상처를 회복하지 못하고 아파하고 힘들어 하는 자들이 우리 주변에 적지 않다는 사실을 우리는 예사로 생각해서는 안 된다. 탈진한 사람, 아파하고 힘들어하고 있는 사람의 회복을 가로막는 '치명적인 무기'들이 있다.

입에 담기조차 무섭고 끔찍한 말 가운데 '살상무기(殺傷武器)'라는 말이 있다. '핵무기', '독가스', '생화학 무기'라는 단어는 정말 미련하고 야만적이다. 그러나 안타깝게도 '타락한 인류 사회'에는 이런 치명적인 무기들이 여러 나라들에 무수히 준비되어있다. "사람을 살리라. 쓰러져 가는 사람, 죽어가는 사람을 살리라."는 것이 하나님의 엄중한 명령이거늘 이와는 정반대로 치닫는 인생을 보면 우리 인생이 타락한 원 조상 아담의 후손인 것이 분명하다.

험담과 모함

이런 살상무기 못지않게 사람을 죽이는 또 다른 치명적인 무기(A Deadly Weapon)들을 우리 모두가 갖고 있다. 바로 우리의 입 속에 가지고 있는 조롱하기와 험담과 모함이다. 사람을 낙담하게 하고 절망시키는 아주 나쁜 것이 험담과 모함이다.

험담이란 남의 약점이나 아픈 부분을 들추어내어서 이야기로 즐기는 것이다. 이것은 아주 악한 취미이다. 남을 나쁘게 말하는 것도 험담에 속한다. 타락한 인간의 본성은 사실(fact)대로 말하기보다 사실과는 다르게, 사실보다는 더 나쁘게 말하고 싶어 하는 유혹을 받는다. 창세기 3장에서 사탄의 행동을 보라. 하와에게 하나님을 악평(惡評)하고 있다. 그런데 인간은 하나님의 언약보다 사탄의 험담 쪽으로 더 기울어진다. 사탄의 험담에 귀를 기울이고 즐기기까지 한다. 하나님의 언약은 기억하지 않고 사탄의 험담에 맞장구를 친다. 그리고 마침내 사탄과 한 통속이 되어 하나님을 배신한다. 이것이 인간의 첫 타락이고 '원죄(原罪)'이다.

하와에게 하나님을 험담하여 재미를 본 사탄은 오늘도 여전히 사람들에게 "험담을 하고 험담을 즐기라!"고 부추긴다. 아담과 하와의 후손으로서 그들의 험담하는 성품을 이어 받은 우리들은 별 생각 없이 쉽게 다른 사람을 험담한다. 쉽게 남을 험담하다보면 습관이 되기 쉽다. 이것은 아주 나쁜 습관이다. 이 습관이 심해지면 남을 험담하는 것을 즐기는 수준이 된다. 험담하기를 즐기는 정도까지 되면 그 사람의 심령은 이미 황폐화 된 것이다. 그런 사람에게는 '인격(Personality)'이라는 것은 기대할 수 없다.

그럼 모함은 무엇인가? 모함이란 '없는 사실, 불분명한 것을 사실인 양, 직접 본 것처럼 퍼뜨리는 것'을 뜻한다. 악의적(惡意的)으로 악평(惡評)하는 것을 뜻한다. 그러므로 험담보다 더 사악한 짓이 모함이다. 그러므로 모함은 상대방의 인격을 무참히 짓밟고 그 인생을 망치게 하는 짓이다. 심지어 상대방이 충격을 받아 그 충격에서 헤어 나오지 못하고 스스로 목숨을 끊게 한다.

이런 모함이 특히 우리나라에서 심하다. 아무런 근거나 증거도 없이 남을 나쁜 사람으로 몰아붙이고 거짓 이야기를 만들어 악평하는 모함 때문에 천하보다 더 귀한 한 생명이 짓밟히고 한 가정이 파멸

된다. 이런 참담한 짓을 만물의 영장이라 일컬어지는 인간이 어찌 감히 할 수 있을까? 전혀 근거 없이 모함을 당하여 말할 수 없는 상처를 입고 타격을 받아 쓰러지는 사람들이 많다. 이들을 어찌할 것인가? 이런 사람들을 어떻게 도와줄 수 있을까? 교회가 나서야 한다. 우리가 나서야 한다. 복음으로 저희들을 살려내어야 한다.

12장 목회 철학과 전문성을 갖추라

무언가를 위해 죽지 않으려는 사람은
살 준비가 되지 않은 것입니다.
A man who won't die for something
is not fit to live.

　　목사의 목회 철학과 비전은 교회의 방향과 미래를 결정한다. 나는 사도행전 9장 31절을 바탕으로 "화목하여 소망이 넘치고 칭송 받는 교회"를 사직동교회의 표어와 비전으로 세웠다. 이는 교회가 성장하기 위해 성도들 간에 화목이 가장 중요하다고 보았기 때문이다. 사도행전에 나타나듯 성도들이 화목하여 소망이 넘치는 생활을 할 때 교회가 성장한다. "각 사람을 그리스도 안에서 완전한 자로 세우는 교회"라는 비전의 의미는 "바울의 고백처럼 날마다 전진하는 신앙으로 믿음 안에서 완전한 자로 서기 위해 날마다 말씀을 배우고, 따라 살기 위해 신앙훈련이 무엇보다 중요하다."는 것이다.
　　'화목'에 대한 것은 원로목사인 정판술 목사님의 영향도 크다. 정 목사님이 늘 강조하는 것이 '신행일치와 화목'이다. 신행일치는 믿음과 삶의 일치로 "목회자의 설교는 강단에서 나오는 것이 아니라 삶에서 나오는 것"이라 강조하셨는데, 그 점이 참으로 탁월하다고 생각한다. 또 정목사님께서 18여 년 동안 참으로 '화목한 교회'로 섬기셨고 나도 23여 년째 그렇게 섬기고 있는데 이것이 사직동교회의 위대한 장점이자 아름다운 전통으로 자리매김할 것이다. 모든 목회자들이 성령님과 동행하면서 '말씀과 기도로'(행 6:4, 20:32) 목회해 간다면 넉넉히 감당할 수 있다고 믿는다.

사직동교회 건강한 비전(vision)

- 우리는 화목하여 칭송받음으로 '소망이 넘치는 사직동교회'를 지향한다.
- 우리는 각 사람을 그리스도 안에서 '완전한 자로 세우는 사직동교회'를 지향한다.
- 우리는 위의 사명을 구체적으로 성취하기 위하여 5가지 목적이 이끄는 삶을 지향한다.

1. 예배 (worship)
- 예를 갖추어 절하다. 최고로 존경하다. 최고의 가치를 드리다
- 주일 - 주일밤 찬양예배, 수요, 새벽기도회
- 신앙고백, 찬송, 예물(감사 - 십일조), 기도, 성경강론, 교제, 목사의 축도
- 심신이 살아나고 하늘의 기쁨이 충만해지고 신앙과 인격이

성장한다.

2. 교제(fellowship)

- 그리스도안에서 한 몸, 한 가족된 사랑과 우정을 지속적으로 나누는 것
- 예수 믿음을 고백 • 세례 받음 • 서로 세워주기(교회 사랑방)
- 정직, 겸손, 화목 쌓기 • 중보기도

3. 훈련(Discipline)

- 교회 안에서 권하고 가르쳐서 각 사람을 완전한 자로 세우는 일
- 배움터(새가족반, 성경통독, 세례반, QT반, 찬송배우기)
- 자람터(성장반, 크로스웨이, QT중고급반, 결혼예비학교)
- 쓰임터(제자반, 사역반, QT지도자반, 25시 전도대, 부부행복학교)

4. 봉사(Devotion)

- 섬기고 헌신하는 것 - 마음, 기도, 말, 물질, 손발, 재능으로써 교회와 세상을 섬기기
- 십일조는 정직하게 • 매주일 감사예물
- 한 부서 이상 정규 봉사 • 사랑방에 전원 소속 및 참여
- 약자 배려, 보호하기

5. 전도(선교, mission)

- 그리스도의 주 되심과 그를 믿음으로 구원 얻을 수 있음을 전파
- 이웃과 세상, 모든 언어, 족속, 민족에게 땅 끝까지 예수 그리스도 구원의 기쁜 소식을 전하기

한상동 목사의 목회 철학

전 총신대학교 교수이며 내수동교회 원로이신 박희천 목사가 지난 2016년 "한상동 목사 서거 40주년 기념 예배"에서 한상동 목사의 목회 철학 일곱 가지를 말씀하였다. 오늘의 목회자들에게 도움이 될 것 같아서 요약해서 나눈다.

첫째, 무엇보다 정직을 모토로 살았다. 사람들이 보기에 미련하게 보일만큼 정직하였다.

둘째, 하나님의 말씀에 목숨을 걸었다. 전적으로 순종하였다. 교사였던 분이 신사참배가 문제가 되어 한목사님을 찾아왔다. 신사참배를 하자니 신앙 양심에 걸리고 안하자니 목구멍이 포도청이었다. 고민 끝에 찾아와 자문을 구했다. 그때 한목사님이 "김선생 마태복음 6장에 공중의 새를 먹이시는 하나님을 믿습니까?" 했다. 믿는다고 하니 "그럼 문제 해결 됐소."했다. 그게 무슨 말이냐 물으니 "김선생 신앙 지키려 직장을 그만 두는데 하나님이 굶기시겠소?" 하더란다.

셋째, 자신은 철저히 무능한 자로 여겼다. "나는 아무것도 할 수 없다."

넷째, 고로 하나님의 도우심이 없이는 안 된다.

다섯째, 오직 하나님께만 영광을 돌린다는 생각이 강하셨다.

여섯째, 교회 중심의 삶을 사셨다. 교회의 유익이 된다면 자신은 어떤 희생도 감사하다고 하셨다. 1957년 7월 어느 주일 아침 7시경에 한목사님이 자신을 찾아왔다고 한다. "이 아침에 어쩐 일이십니까?"하고 물으니 "8시면 교회로 가니 일찍 찾아왔다."면서 "오늘 오전 예배 설교가 준비가 안 됐습니다. 전도사님이 해 주시면 합니다." 어떤 당회장이 전도사에게 그런 말을 할 수 있겠는가? 미련할 만큼 정직한 분이고 성도들이 은혜를 받는다면 자신은 멸시를 당해도 좋다는 신앙을 가진 분이었다.

일곱째, 전국적으로 존경을 받는 분이면서도 자신은 항상 "한상동, 너 착각하지 말라. 네가 선 자리에서 떠나지 말라. 넌 한낱 인생에 불과하다."고 자신을 채찍질하셨다.

목회자의 전문성

무엇보다 하나님의 말씀 즉 성경의 전문가가 되어야 한다(딤후 2:15). 말씀 곧 성경은 복음이다(시 119:50, 롬 1:16, 10:17, 히 4:12-13). 하나님은 복음(성경, 말씀)을 통해서 "구원의 역사"를 이루어 가신다(딤후 3:14-17, 특히 15절, 요 5:39, 행 5:20, 10:44, 11:4, 13:26, 15:17, 18, 20:32, 엡 1:13, 약 1:18, 21, 벧전 1:23). 목회자가 가진 무기는 오직 하나 말씀이다. 에베소서 6장 17절에서는 말씀을 무기로 삼아 목회하고 사탄을 대적한다고 한다. 우리 주님마저도 공사역(公事役)을 수행하실 때, 그리고 심지어 사탄을 엄히 꾸짖으실 때도 말씀 즉 성경을 인용하셨다(마 4:1~10). 무기 없이 싸울 수 없다. 우리는 오직 하나 성경 말씀, 이 무기뿐이다.

목회자는 영적 전사(戰士)로서 무기를 완벽할 정도로 익숙하여 싸울 수 있는 '전문가(expert)'가 돼야 한다. 사무엘상 17장에서 골리앗과

싸우는 다윗을 보라! 그는 물맷돌을 다루는 전문가였다. 마찬가지로 우리는 우리 무기인 성경 전문가, 성경 박사가 되어야 한다. 운동 선수, 음악가들의 능수능란한 실력처럼 목회자는 성경에 능수능란해야 한다. 성경 전문가가 되어 목회 현장으로 나아가야 한다.

디모데후서 2장 15절 "진리의 말씀을 옳게 분별하며(correctly interpreting the message of the truth)" 특별히 영어 번역에서 '자극과 도전'을 받자. 장인(meister, master)이 자기 장비를 능수능란하게 쓰고, 운동선수가 자신의 운동 기구를 능숙하게 다루는 것을 보고 도전 받으라!

요즘 평신도들도 성경을 엄청 읽고 QT묵상, 깊은 공부의 경지까지 들어가는 분들이 많다. 목회자가 깨어 경성 안하면 거룩한 영향력을 끼칠 수 없다. 이를 위해 함께 동역하는 부목사들에게 성경과 한자 시험을 연 2회씩 치기도 했다. 성경을 깊이 알게 하기 위함이었다. 왜 그렇게 해야 하는가? 우리가 하나님의 일꾼, 복음의 일꾼, 교회의 일꾼이기 때문이다(딤전 4:15).

좁고 어려운 목회의 길

요즘 우리 목회자들과 신학도들 중에는 편한 길, 쉬운 길, 안전한 목회지를 찾는 자가 혹 있다. 정치 세계에 '험지 출마'라는 말이 있다. 마찬가지로 목회자인 우리가 험한 길을 피하려는 부도덕한 귀족들처럼 되면 교회는 위험해진다(마 11:7-9).

마가복음은 광야의 세례 요한과 궁전에 머물렀던 헤롯 안티파스를 대조시켜 교훈한다. 목회자가 가는 길은 왕궁이 아니고 광야이다. 우리는 헤롯이 걸은 왕의 길이 아니고 세례 요한의 광야 길을 걸어가

는 자들이다. 이것이 일꾼 사상이다(마 8:9, 12:19, 눅 17:10)

1967년 6월 중동 전쟁을 치룰 때 이스라엘 군대의 전사자 수는 아주 놀랍다. 전사한 병사와 장교의 숫자가 비슷했기 때문이다. 이스라엘군 장교들의 일꾼, 섬김, 헌신의 자세가 어떠한가를 가늠할 수 있다. 이스라엘 부대 장교들의 구호는 "나를 따르라!(follow me)"이다. 자기가 모범적으로 솔선수범하지, 사병들만 보고 "돌격 앞으로!" 하지 않는다. 예수님께서도 "나를 따르라." 하셨다(마 4:19). 목회자는 기도와 말씀, 섬김과 헌신에 앞장 서야 한다.

디모데후서 2장 15절을 보라. "너는 진리의 말씀을 옳게 분별하며 부끄러울 것이 없는 일꾼으로 인정된 자로 자신을 하나님 앞에 드리기를 힘쓰라!" NIV는 'Do your best'를 쓴다. 그러나 나는 "Do your utmost!"를 쓴다. 'utmost'에 주목하자! '최대의, 최상의, 극도'라는 의미다. 목양함에, 신학 공부함에, 교회 사역함에 "죽을힘을 다하라!" "젖 먹던 힘까지 다 쏟아라!"는 뜻이다. 우리 주님 어떠셨는지 알고 있는가?(마 6:30-31). 무익한 곳에 시간과 돈과 에너지를 낭비하는 일 없는가 돌아보라!(고전 15:33-34, 살전 2:13).

늘 낮아지시고 섬기신 예수님을 묵상하면서 목회 사역을 하자!

- 마태복음 20장 28절: 인자가 온 것은 섬김을 받으려 함이 아니라 도리어 섬기려 하고 자기 목숨을 많은 사람의 대속물로 주려 함이니라.
- 누가복음 2장 7절: 첫아들을 낳아 강보로 싸서 구유에 뉘었

으니 이는 여관에 있을 곳이 없음이러라.
- 누가복음 9장 57-59절: 길 가실 때에 어떤 사람이 여짜오되 어디로 가시든지 나는 따르리이다 예수께서 이르시되 여우도 굴이 있고 공중의 새도 집이 있으되 인자는 머리 둘 곳이 없도다 하시고 또 다른 사람에게 나를 따르라 하시니 그가 이르되 나로 먼저 가서 내 아버지를 장사하게 허락하옵소서.
- 빌립보서 2장 8절: 사람의 모양으로 나타나사 자기를 낮추시고 죽기까지 복종하셨으니 곧 십자가에 죽으심이라.
- 히브리서 4장 15절: 우리에게 있는 대제사장은 우리의 연약함을 동정하지 못하실 이가 아니요 모든 일에 우리와 똑같이 시험을 받으신 이로되 죄는 없으시니라

나가는 말

목회자들의 목회자 워렌 W. 위어스비(Warren W. Wiersbe)가 제시한 '건강한 사역자로서 갖추어야 할 덕목'을 소개하면서 마지막 말을 대신하고자 한다.

첫째, 사역의 기초는 '인격'이다

목회의 성공과 실패는 목회자 자신의 인격이 좌우한다고 해도 과언이 아니다. 사역을 준비하는 사람은 사역자로서의 능력과 함께 자신의 인격을 연마해야 한다. 아무리 뛰어난 재능이나 경험, 명성과 개성을 가지고 있어도 인격이 훌륭하지 못하면 그러한 것들은 아무 쓸데가 없다. 정직한 인격은 하나님 앞에서 진실한 삶을 산다. 오직 하나님만을 두려워하며 그분만을 기쁘시게 한다. 이런 인격적인 말과 행동은 전적으로 하나님께 헌신된 마음에서 비롯됨을 기억하라.

둘째, 사역의 본질은 '섬김' 즉 '디아코니아'이다

예수님은 "나는 섬기는 자로 너희 중에 있노라."고 말씀하셨다. 예수님은 친히 수건을 들고서 제자들의 발을 씻겨주셨다. 예수님은 삶과 죽음을 통해 우리를 섬기셨으며, 보혜사이신 성령을 보내주심으로써 지금도 우리를 섬기고 계신다.

셋째, 사역의 동기는 '사랑'이다

성도들을 향한 사역자의 사랑은 우리들을 구원하기 위해 죽으시고, 우리를 온전케 하기 위해서 다시 살아나신 예수님을 향한 사랑에서 비롯된다. 우리가 예수님을 사랑하면 할수록, 우리는 더욱더 예수님의 사랑으로 채워진다. 그렇게 될 때 그 사랑을 다른 사람들과 나누게 된다. 우리가 하나님의 사랑으로 사역하지 않는다면 하나님의 이름을 영화롭게 할 수 없다. 단지 의무감 때문에 사역을 한다면 목회는 그저 고된 일이 될 수밖에 없다.

사역자의 사랑은 단순히 감정적인 사랑이 아니다. 사역자의 사랑은 감성과 이성을 겸비한 전인격적인 사랑이다. 교회를 위한 하나님의 목표는 "그리스도의 장성한 분량이 충만한 데까지 이르는 것"이다. 그러므로 사역자의 마음은 항상 '목자'이신 예수 그리스도의 마음을 품어야 한다.

넷째, 사역의 척도는 '희생'이다

대가를 치르지 않고 이루어지는 일은 아무 것도 없다. 만일 사역에 따르는 고통과 희생을 감내하지 않고 회피한다면, 아무 것도 이루지 못할 것이다. 현대 사회에서 사역자는 '상처 입은 치유자'이다. 때문에 사역자가 자신의 상처를 깨닫지 못하고 하나님의 치유를 경험하지 못한다면, 다른 상처 입은 사람들을 위해서도 적절히 사역할 수 없다. 오히려 그들에게 더욱 상처를 입히고 고통스럽게 하며 희생시킬 수도 있다.

다섯째, 사역의 권위는 '순종'이다

교회의 질서는 영적 권위에 의해서 유지되고 있다. 그래서 경건한 그리스도인은 예수 그리스도와 교회의 영적 지도자들의 권위에 순종한다. 순종은 단순히 종속되는 것이나 맹종하는 것이 아니다. 순종은 자발적으로 권위에 순복하는 것이다. 사랑 때문에 순종하는 것이지 두려움 때문에 어쩔 수 없이 하는 것이 아니다. 노예는 자유를 빼앗긴 채 복종을 강요당한다. 그러나 참 그리스도인들은 자발적으로 주님께서 세우신 권위에 순종한다.

여섯째, 사역의 목적은 '하나님의 영광'이다

사역의 목적이 자기 자신의 왕국을 건설하려는 것인지, 아니면 하나님 나라를 세우려는 것인지 구별해야 한다. 하나님의 자녀로서 우리가 가진 가장 큰 특권은 하나님을 예배하고, 섬기며, 오직 그분께만 모든 영광을 돌리는 것이다. 하나님은 영광을 받으시기 위해 우주를 창조하셨다. 하나님의 위대한 구원 계획은 죄인을 지옥에서 구해내는 것만이 아니라 하나님의 영광을 찬양케 하는데 그 목적이 있다.

일곱째, 사역의 도구는 성령에 의존한 '하나님의 말씀'과 '기도'이다

효과적인 사역을 위해서는 성령님의 인도 아래 말씀과 기도가 항상 균형을 이루어야 한다. 만일 교회에서 늘 기도만 하고 성경은 보지 않는다면, 지식은 없고 열심만 있는 꼴이 되고 만다. 반대로 기도는 하지 않으면서 성경만 본다면 교회는 성경 학교에 불과할 것이다. 기도가 없는 성경 지식은 사람을 교만하게 하고, 성경 지식이 없는 기도는 한쪽으로 치우친 영성을 갖게 한다. 말씀과 기도가 함께 있어야만 균형 잡힌 그리스도인으로 성장할 수 있으며, 균형 잡힌 교회를 세워나갈 수 있다. 모든 사역자는 항상 가슴은 뜨겁게, 머리는 차갑게 해야 한다.

제4부

목자의 노래

1장 초지일관하는 신앙인이 됩시다
2장 아름답도다 전도하는 자들의 발이여
3장 지상에서 가장 아름다운 일
4장 통일과 시대정신
5장 지구상의 첫 결혼식
6장 야곱, 환도뼈를 얻어맞다: 성경이 가르치는 인생관
7장 나는 이제 더 이상 내 것이 아니라 주님의 것입니다!
8장 당신은 제자입니까?
9장 개혁주의 교회관
10장 착한 행실을 보고 하나님께 영광을 돌리게 하라
11장 아브라함처럼 복을 나누어주는 사람이 됩시다
12장 신앙의 정통과 생활의 순결 고신교단
13장 일상의 행복

1장 초지일관하는 신앙인이 됩시다

그러나 끝까지 견디는 자는 구원을 얻으리라
이 천국 복음이 모든 민족에게 증거되기 위하여
온 세상에 전파되리니 그제야 끝이 오리라
- 마태복음 24:13~14 -

들어가는 말

요즘 우리 사회에서 가장 많이 사용되는 어휘나 단어들은 "개혁, 혁신, 속도, 빠르기, 변화, 진보, 새로운 것" 등입니다. 일상의 대화 속에 이런 단어들을 자주 사용하면 그 사람은 개방적이며 진보적인 사람처럼 보입니다. 고속철도(KTX)는 국민들 의식 속에 '속도감'을 자리 잡게 했습니다. 도로 역시 하루가 멀다 하고 새 길이 만들어집니다. 그 결과 수천 년 우리에게 목재와 산소와 아름다운 자연을 제공해 주던 산들이 잘리고 파괴되고 사라져 갑니다. 정부는 전국을 연결시키는 새로운 도로망을 건설하겠다고 하니 이러다가 앞으로 농사지을 땅이 남아 있을까 심히 걱정됩니다.

저는 과거에 사람들이 실컷 이용하다가 지금은 매정하게 내팽개

쳐 버린 옛 국도를 따라서 종종 운전합니다. 모두들 새로 개통된 진주-대전 간 고속도로가 편리하고 좋다면서 그쪽으로 몰려가 버립니다. 그동안 50년 이상 묵묵히 헌신해왔던(?) 경부고속도로가 안쓰러워 언젠가 한 번은 그 길을 찾았습니다. 한반도의 중앙지점이요, 612년 동안 우리 민족의 '수도'로서 묵묵히 기능을 해오는 서울을 놓아두고 '새로운 수도'를 만들겠다고 야단입니다. 고속철도가 처음 발표한 예산보다 무려 여섯 배의 예산(재정)이 투입되듯이 정부 발표 45조원 예산으로 기어코 행정수도를 건설하게 된다면 이 또한 지금 발표보다는 6-7배로 늘어날 것입니다. 이 돈으로 전국 각 지역을 특성화시켜 고루 발전시키면 얼마나 좋겠습니까!

신행정수도 건설의 첫째 이유가 "고리타분한 보수, 수구 세력들이 해방 이후 60년 동안 터를 잡은 현재의 수도에서는 우리 신진, 진보 세력들의 웅지를 펼 수 없으므로 전혀 새로운 곳에 웅지를 펼 수 있는 행정수도를 만들어야 한다."는 것이니 참으로 딱하기 그지없습니다. 그러면 40-50년 지나면 지금의 정치집단 역시 낡고 케케묵은 집단이 될 것인데 그러면 또 수도를 새로 만들어야 한다는 논리가 성립됩니다.

신앙의 변절

그런데 이보다 더 걱정되는 것은 이러한 조삼모사, 조변석개같은 시대적 풍조와 유행보다 우리의 신앙이 정신을 차릴 수 없을 정도로 '변화'가 심하다는 것입니다. 너무 빠른 속도로 신앙의 원리가 무너지거나 원칙들이 무시되고 있습니다. 신앙의 아름다운 전통들이 사라지고 있습니다. 꼭 지키고 보존되어야 할 신앙의 미덕들은 설 자리를 잃어가고 있습니다. 한마디로 정신을 차릴 수가 없습니다. 어느 장단에 춤을 추어야할지 참으로 혼란스럽습니다. 저는 사실 구약 사사기를 읽을 때, 여러 곳에서 "그 때 사람들이 각자 자기 소견에 좋을 대로 행하였더라."라는 구절들을 대하면서 '설마 이스라엘 백성들이 그렇게까지 하였을까? 그래도 출애굽 현장에서 하나님의 위대하신 손길들을 그토록 생생하게 체험들을 하였거늘 그렇게 쉽게 잊어버리고 신앙도 없이, 기도도 없이, 조심도 하지 않으면서 무질서하게 행동하였을까?' 하면서 의아했던 적이 있습니다.

그러던 것이 요즘 한국교회의 이상기류를 보면서 사사기의 그 기록들을 온전하게 이해하게 되었답니다. 가장 주목해야 할 '급격한 변화의 사례'는 유명 목회자로 평생을 목회하고 있는 아무개 목회자입니다. 기독교인들은 열심히 전도하고 세계를 우리의 교구로 삼아야 하며, 교회는 오직 영적인 일에만 관심을 두어야 한다고 항상 주장하던 분이 어느 날 갑자기 '기독교정당'을 창당하겠다고 나섰습니다. 또 '오직 예수로만 구원 받을 수 있다'고 설교해 오던 분이 갑자기 타종교에도 구원 받을 가능성이 있는 것처럼 말합니다. 이 얼마나 혼란스럽습니까! 이 얼마나 정신을 차릴 수 없게 만드는 급격한 변화 아닙니까!

독재 정권 하에서는 독재가 '하나님의 뜻'이라고 역설해 놓고, 민주주의 하에서는 기독교정당 창당이 주님의 뜻이라고 하니, 또 다른 체제가 들어선다면 이분이 또 어떻게 변할지 정말 걱정됩니다. 기독교정당을 창당하여 '국회의원'을 4-5명 배출하는 것이 하나님의 뜻이라고 명령이라고 공언했는데, 지금은 또 왜 말을 바꿀까요? 정말 슬픕니다. 걱정됩니다. 한국교회의 위상을 심각하게 손상시키고 있습니다. 참 신기한 것은 그러고도 건재하다는 것입니다. 그 교회의 교인들 정말 좋은 교인들(?)입니다.

그런데 더 복장 터질 일은 오직 예수님만으로 구원 얻을 수 있다고 평생 설교해오던 목회자가 갑자기 타 종교에도 구원이 있다고 하면 그의 설교를 듣고 열심히 '기독교인'으로 살아오던 그 수많은 사람들이 얼마나 황당하고 혼란스럽겠습니까! 타종교에 몸을 담고 그런대로 잘 살아오다가 강력한 전도를 받아서 기독교인이 된 분들이나, 근래 기독교로 개종해 보려고 마음의 정리를 하고 있던 분들에게는 엄청난 상처와 시험이 되었을 것입니다. 정말 유감스럽고, 화가 치밀어 오릅니다. 그러고서 앞으로 마 10:28-32이나 요 14:1-6, 행 4:12, 16:31, 롬 10:9-10을 어떻게 읽을 것이며 더군다나 어떻게 설교할 것인지 정말 의심스럽습니다. 하나님은 자신의 이익이나 변덕을 좇아 줏대 없이 행동하는 기회주의자들을 싫어하십니다.

초지일관하는 신앙

우리 하나님은 변개치 않으시는 분입니다. 회전하는 그림자도 없으십니다. 초지일관하십니다. 우리 하나님은 아브라함에게 보여 주시던 그 하나님이시요, 이스라엘과 함께하시던 그 하나님이십니다. 야곱에게 보여주시던 그 하나님이십니다. 식언하지 아니하시고, 후회하지 아니하시는 하나님이십니다. 세상 끝날까지 변함없으시는 하나님이십니다(요 14:18, 마 28:20). 그러므로 하나님은 초지일관하는 신앙/일편단심의 신앙을 좋아하십니다.

주후 100년경 사도 요한의 제자 가운데 폴리갑 감독은 비교적 가까운 지역인 서머나교회를 목회하고 있었습니다. 사도 요한은 밧모 섬으로 유배를 갔고, 폴리갑 감독은 체포되어 형장으로 끌려갔습니다. 지역 통치자들의 성향에 따라 형량과 형벌의 종류에 다소 차이가 있었습니다. 폴리갑은 당시 신, 불신 가릴 것 없이 두루 존경을 받고 있었습니다. 폴리갑을 압송하는 로마군 책임 장교가 "감독님, 지금이라도 형식적으로 하셔도 괜찮으니 '나는 예수를 모른다'고 한 번만 선언하세요! 그러면 제가 책임지고 감독님을 자유롭게 교회로 돌아갈 수 있도록 해 드리겠습니다!" 안타까운 마음에서 호소하였습니다. 사형장에 가면 무서운 화형이 기다리고 있기 때문이었습니다. 그러자 폴리갑 감독은 이렇게 말하였습니다. "내가 예수님을 나의 구주로 믿고 살아온 한평생 80여 년 동안, 우리 주님 날 보고 '나는 너를 모른다'고 말씀하신 적 한번도 없는데 내 어찌 우리 주님을 모른다고 하지요? 괜찮으니 어서 갑시다!"라고 한 후 순교 당하였습니다.

    다니엘을 생각해 봅시다. 그는 어린 소년의 나이에 조국이 강대국 바벨론에게 멸망당하는 참상을 지켜보았으며, 포로 되어 1,000Km 이상을 끌려갔습니다. 비참하고 절망적이었습니다. 인생을 비관하면서 포기할 수 있는 '상황'이었습니다. 그러나 다니엘은 '초지일관'하기로 마음먹었습니다. 여호와 하나님에 대한 믿음, 우상 숭배 거절, 우상 제물을 먹지 않기, 하루에 세 번 고국(예루살렘)을 향하여 창문 열어놓고 기도하기, 사람을 미워하지 말고 용서하고 불쌍히 여기기 등. 이 다섯 가지 신앙의 원리를 예루살렘을 떠나오던 그 순간부터 무려 50여 년을 한결같이 지켰습니다. 바벨론 제국의 느부갓네살, 벨사살 왕, 메데 왕국의 다리우스 왕, 페르시아 제국(오늘의 이란)의 고레스 이렇게 3개 제국, 4인의 왕을 거치면서도 변함없이 신앙을 지켰습니다. 그 살벌하고 숨막히는 이국 땅 정복자들 밑에서 무려 50여 년을 초지일관하였습니다. 이 다니엘을 하나님께서 어찌 모르시겠습니까! 어찌 사랑하지 않으시겠습니까! 어찌 자랑스러워하지 않으시겠습니까!

초지일관하는 자에게 주어질 축복

주님께서 우리에게 말씀하십니다. "끝까지 견디는 자는 구원을 얻으리라 / 끝까지, 끝까지 믿음을 지켜라 / 신앙의 지조를 지켜라 / 충성과 봉사의 신의를 지켜라 / 나를 사랑하라 / 네 직무를 다하라 / 네 경주를 다 달려라!"(마 24:13, 눅 18:13, 엡 6:24, 딤후 4:7-8, 히 11:13, 38, 계 2:10). 우리 교회에도 초지일관하는 신앙인이 많이 필요합니다.

로마서 16장을 보면 로마교회를 부흥시키고 지켜서 기독교 역사의 한 페이지를 당당하게 차지한 수많은 성도들이 소개되고 있습니다. 그들은 한결같이 초지일관하는 신앙의 사람들이었습니다. 고린도전서 16장을 보면 스데바나와 아가이고의 초지일관하는 신앙이 소개되고 있습니다. 이들은 한결같은 마음으로 성도들을 섬기고, 교회의 필요한 부분들을 보충하였습니다. 그래서 바울 사도는 이 두 성도의 이름을 성경에 기록하였습니다. 소아시아 일곱 교회 중 칭찬받은 서머나교회는 '환난과 궁핍' 가운데서도 기쁨과 평안 믿음과 소망, 미소와 여유를 잃지 아니하였습니다. 그래서 주님은 서머나교회를 가리켜 '부요한 교회'라고 불러주셨습니다(계 2:9). 로마 제국이 서머나교회를 박해하고 교인 중 몇 사람을 옥에 잡아가두는데도 서머나교회 성도들의 신앙은 초지일관이었습니다. (할렐루야!)

그래서 예수님은 서머나교회를 향하여 기독교 역사상 가장 위대한 복을 선언해 주셨습니다. "네가 죽도록 충성하라. 그리하면 내가 생명의 면류관을 네게 주리라!"(계 2:10). 우리 한국교회도 서머나교회처럼 '초지일관하는 신앙의 교회'가 됩시다. 빌라델비아교회 또한 초지일관하는 교회였습니다(계 3:7-13). 비록 세상적으로, 경제적으로는 작은 교회였으나 역시 로마 제국의 무서운 박해 아래에서도 '하나님의 말씀'을 지키며, "예수 이름"을 배반하지 않았습니다.

어느 곳에서나 초지일관

사랑하는 성도 여러분! 우리는 예수님을 따르는 성도요 주 예수님의 신자들입니다. 예수 그리스도를 나의 주님, 나의 왕으로 고백하는 자들입니다. 그러므로 초지일관, 예수 믿음을 끝까지 지켜나갑시다. 교회를 섬기는 일에 '초지일관'합시다. 내가 맡은 직무에 초지일관합시다. 초지일관하고 죽기까지 충성하는 자만이 주님 앞에 즐거이 설 수 있습니다. 여러분 대부분은 이 목회자보다도 더 주님의 교회를 위하여 초지일관하고 계십니다. 여러분의 초지일관하는 믿음과 봉사, 충성과 헌신은 또 다른 성도들과 청소년들을 감동시키고 있습니다.

가정과 사회와 나라에도 초지일관하는 사람이 요구되고 있습니다. 결혼식 때 왜 목사가 신랑 신부에게 "어떠한 경우에도 남편(아내)을 사랑하겠습니까?" "신부 OO양이여, 그대 옆에 서 있는 신랑 OO군을 변함없이 사랑하고 도와주겠느뇨?" 이렇게 '다짐'을 받습니까? 이렇게 다짐을 받는 것은 부부 서로 '초지일관'하지 않으면 건강한 가정을 세워나갈 수가 없기 때문입니다. 결혼식장으로 들어서는 신랑 신부 치고

신혼 초장에 깨어지고 결혼 생활 중간에 결별하기를 바라는 사람 누가 있겠습니까? 그럼에도 왜 불행하게 끝내는 가정들이 많아집니까? '초지일관'하지 못하기 때문입니다. 연애할 때 먹었던 마음 결혼식장에 들어설 때 다짐하던 그 마음, 결혼 서약할 때 각오했던 그 의지를 시종일관하지 못했기 때문입니다.

우리 사회에도 초지일관하는 사람이 요구되고 있습니다. 자신을 받아준 직장을 소중히 생각하십시오. 초지일관하겠다는 마음으로 그 직장을 섬기십시오. 당장 눈앞의 이익보다 회사의 미래를 그림 그리면서 봉사하십시오. 초지일관하지 않기 때문에 기업들이 흔들리고, 알맹이가 없고 나라의 경제까지 흔들립니다.

나라에도 초지일관하는 사람이 요구되고 있습니다. 조국의 정체성과 역사성을 존중할 줄 아는 사람, 자유와 민주주의와 인간의 존엄성을 최고 가치로 삼을 줄 아는 사람, 이 바탕 위에서 통치자가 바뀌어도 정권이 바뀌어도 변함없이 조국의 중요한 가치를 지키기 위해서 초지일관할 줄 아는 사람이 필요합니다.

우리의 태극기, 우리의 애국가(하나님이 보우하사), 우리의 수도(서울), 우리의 자유민주주의, 우리의 전통적인 심성(평화 겸손 의지) 이런 것은 쉽게 바꾸어서는 안 됩니다. 초지일관함으로 지켜가야 할 소중한 가치들입니다.

나가는 말

고향집으로 찾아갈 적마다 늘 섭섭한 마음 드는 것이 있는데 마당에 우뚝 서 있던 커다란 감나무를 볼 수 없는 것입니다. 태어나서 고등학교를 출입하기까지 18년의 온갖 꿈이 서려있는 감나무였습니다. 있어야 할 곳에 없으니 너무 안 좋습니다. 14절 말씀을 함께 읽겠습니다. "이 천국 복음이 모든 민족에게 증언되기 위하여 온 세상에 전파되리니 그제야 끝이 오리라." 13절에서 끝까지 견디라고 했는데 그 끝이 바로 14절이 말하는 '역사의 끝'을 말합니다. 역사의 끝은 천국 복음이 모든 민족에게 증거 되는 순간에 시작됩니다. 지금 천국 복음이 거의 모든 민족에게 증거 되고 있습니다. 그러니 역사의 끝도 그리 많이 남아있지 않습니다. 그러므로 조금만 더 참으면 됩니다. 지금까지 잘 참아왔습니다. 잘 견뎌왔습니다. 조금만 더 견디면 '끝까지 견딘 자'로 인정받습니다. 마지막 날까지 끝까지 견딘 자 되시길 바랍니다.

2장 아름답도다 전도하는 자들의 발이여

그런즉 그들이 믿지 아니하는 이를 어찌 부르리요
듣지도 못한 이를 어찌 믿으리요
전파하는 자가 없이 어찌 들으리요
보내심을 받지 아니하였으면 어찌 전파하리요 기록된 바
아름답도다 좋은 소식을 전하는 자들의 발이여 함과 같으니라
- 로마서 10:14~15 -

들어가는 말

우리 모두 '전도 용사'가 됩시다. 전도 왕이 됩시다. 요즘은 무엇이든지 한 가지 뛰어나게 잘하는 사람이 주목을 받습니다. 그런 사람이 성공합니다. 한 청년을 만났습니다. 대화를 나누다가 깜짝 놀랐습니다. 대학을 마친 후 전혀 새로운 분야에 뛰어들었다는 겁니다. 요리 전문대학에 다시 들어가서 배웠고 지금은 일식 요리사로 일하고 있습니다.

여러분은 무슨 자격증을 소지하고 계십니까? 어떤 분야에서 전문가가 되어 있습니까? 혹시 이런 것 없더라도 낙심하지 마십시오. 지금부터 시작하시면 됩니다. 하나님께서 가장 기뻐하시는 전도 왕이 되

십시오. 저는 우리 사직동교회 성도들 중에서 '부산의 전도 왕'들이 배출되기를 기도하고 있습니다. 여러분 중 어느 분이 저의 이 소원에 응답하시렵니까? '우리 하나님을 위하여, 우리 교회를 위하여 내가 전도 왕이 되어야지!' 이렇게 결심하는 분들이 있으시기를 축원합니다. 한 나라의 왕(대통령)은 한 사람만 있어야 하지만 '전도 왕'은 우리 교회에 여러 명이 배출되어도 아무런 문제가 없습니다. 저는 이런 꿈을 꾸고 있습니다. 이 꿈은 이루어질 수 있습니다. 하나님께서 복 주실 줄로 믿습니다.

전도는 '자랑스럽고 신나는 일'이라고 말씀드렸습니다. 전도야말로 '최고의 사랑'이라고 말씀드렸습니다. 전도야말로 '교회 부흥의 지름길'이라고 말씀드렸습니다. 그대로 믿고 충성하십시다. 계속하여 말씀드리고자 합니다.

전도는 사람을 살리는 일입니다

사람을 살리는 일만큼 보람된 것이 없습니다. 또 사람을 살리는 일보다 더 급한 것은 없습니다. 동서고금을 막론하고 왜 의사를 소중히 여깁니까? 왜 드라마 '허준'이 방송드라마 사상 최고의 시청률을 기록하였습니까? 왜 의사에게는 봉급을 많이 지급합니까? 사람이 하는 일 중에 가장 중대한 일을 하기 때문입니다. 바로 사람의 생명을 살리는 것입니다. 의사가 사람을 살릴 때 어떻게 하던가요? 시기를 놓치지 않으려고 무섭게 서두릅니다. '환자를 살릴 수 있다! 살려 내야 한다'는 신념을 가집니다. 환자(사람. 생명)를 사랑합니다.

그런데 사람의 생명을 살리는 의사보다 더 존귀한 자가 있습니다. 바로 전도하는 사람입니다. 왜 그렇습니까? 사람의 영혼이 육신의 생명보다 더 존귀하기 때문입니다. 전도는 사람의 영혼을 살리는 일입니다. 사람은 영혼이 살아나면 모든 부분이 뒤따라 살아납니다. 그래서 사도 요한은 "사랑하는 자여! 네 영혼이 잘 됨 같이 네가 범사에 잘되고 강건하기를 내가 간구하노라(요삼 1:2)"고 하였습니다. 전도하는 일은 의사들이 환자를 치료하는 것보다 더 시급하고 중대한 일입니다. 영혼이 죽어버리면 육체는 아무 소용이 없기 때문입니다. 이 진리를 꼭 믿으시기 바랍니다.

"몸은 죽여도 영혼은 능히 죽이지 못하는 자들을
두려워하지 말고 오직 몸과 영혼을
능히 지옥에 멸하실 수 있는 이를 두려워하라"
- 마태복음 10:28 -

"19 또 내가 내 영혼에게 이르되 영혼아
여러 해 쓸 물건을 많이 쌓아 두었으니 평안히 쉬고
먹고 마시고 즐거워하자 하리라 하되
20 하나님은 이르시되
어리석은 자여 오늘 밤에 네 영혼을 도로 찾으리니
그러면 네 준비한 것이 누구의 것이 되겠느냐 하셨으니"
- 누가복음 12:19~20 -

전도는 영혼을 향하여 병을 진단하고, 병을 치료하는 것입니다. 내 힘으로 치료를 다 못하면 마치 동네 의원에서 못 고치는 병은 대학

병원으로 보내듯이, 교회로 데리고 나와 하나님께서 직접 치료하시도록 그 영혼을 하나님께 맡겨 드리면 됩니다. 하나님께서 깨끗하게, 완벽하게 치료하셔서 살려내실 것입니다. 구 소련 정치범 수용소에서 죽음을 앞둔 중환자 죄수가 역시 죄수로 끌려와 있던 한 의사에게 복음을 전하였습니다. "의사 선생님, 선생님은 어디로부터 와서 어디로 가고 계십니까? 죽음이 인생의 종점이라고 생각하십니까? 아닙니다. 예수님을 의지하고 영생을 믿으십시오. 예수님을 모셔 들이고 소망을 품으십시오. 그러면 죽음이 두렵지 않게 됩니다." 그 중환자 죄수는 의사에게 복음을 전하고 세상을 떠났습니다. 그러나 그는 한 영혼을 살려 놓고 갔습니다. 할렐루야! 그 의사는 그의 전도를 받아들였고, 마침내 그리스도인이 되었습니다.

　　그 의사의 이름은 '콘필드'였습니다. 닥터 콘필드는 자신이 전도를 받아 살아났으므로 자기도 사람(영혼)을 살리기로 결심합니다. 어느 날 밤 닥터 콘필드는 암 환자 한 사람에게 위의 내용 그대로 복음을 전한 후 수술을 해주었습니다. 그런데 그날 밤, 닥터 콘필드는 수용소에서 살해당하고 맙니다. 그러나 그의 영혼은 살아서 주님의 품에 안겼습니다. 한편 닥터 콘필드에게 수술 받은 그 환자는 극적으로 회복되어 독실한 그리스도인이 되었습니다. 육과 영이 다 살아난 것입니다. 이 환자의 이름은 알렉산드르 이사비치 솔제니친으로 우리 시대 가장 위대한 러시아의 문학가요 노벨 문학상을 수상한 자입니다. 그 무명의 중환자 죄수가 전도하여 닥터 콘필드를 살렸고, 닥터 콘필드가 전도하여 솔제니친을 살려내었습니다. 사람들이 죽어가고 있습니다. 예수 이름을 들어야 살아날 수 있습니다(요 5:21, 25). 다른 방법은 없습니다(요 14:6, 행

4:12). 그러므로 전도야말로 사람을 살리는 길입니다.

전도는 하나님을 가장 기쁘시게 하는 일입니다

신앙생활 하면서 늘 자문해 보아야 할 것은 '나는 과연 하나님을 기쁘시게 하고 있는가?'하는 것입니다. 하나님을 기쁘시게 하는 것이 없다고 하면 그 신앙생활은 결국 나를 위하는 이기주의 신앙으로 그쳐버리고 말 것입니다. 이기주의 신앙만큼 유치하고 미숙하고 하나님을 실망시키는 것도 없을 것입니다. 우리는 이미 구원을 받았으므로 더 이상 다른 욕심을 낼 필요가 없습니다. 대통령 당선된 사람(취임한 사람)이 장관 자리 탐내면 되겠습니까? 너무 너무 어울리지 않는 이야기이지요! 우리는 예수 믿어 구원받았고, 영생을 약속 받았으며, 천국을 기업으로 보장받았습니다. 그러므로 더 이상 부러워할 것이 없습니다. 더 이상 탐내거나 욕심낼 필요가 없습니다. 지금 이대로 충분하고 만족하고 행복한 줄로 믿으시기 바랍니다. 할렐루야! 단 한 가지 소원이 있다면 '어떻게 하면 우리 하나님을 기쁘시게 할 수 있을까?' 이것뿐이어야 합니다. 이런 신자가 되시기를 축원합니다. 하나님을 기쁘시게 해 드리는 것이 최고 신앙이요, 최고 충성입니다.

하나님은 우리들이 '전도하는 것'을 가장 기뻐하십니다. 우리가 전도하면 하나님께서는 기뻐서 어쩔 줄 몰라 하십니다. 신나십니다. 전도 받아 믿게 되고 구원받는 모습도 기뻐하시지만 그 영혼들을 위해 전도하는 신자를 보시고 기뻐하십니다. 그래서 잔치를 베푸십니다.

우리는 사실 신앙생활 하면서 '헛짚고 있는 것'은 아닐까요? 하나님께서 무엇을 가장 기뻐하시는 지를 살피지 않고 내가 기뻐하는 것을 기준으로 열심 내고 있는 것은 아닙니까? 효자가 무엇입니까? 부모님이 좋아하시는 것(음식, 의복, 취미, 소원)을 받들어 드리는 것이 효도입니다. 부모님은 밥을 원하시는데 내가 좋아한다고 피자를 아침식사로 준비하면 안 됩니다.

하나님께서 가장 좋아하시는 메뉴는 신자들이 전도하는 것입니다. 전도 많이 하는 것이 하나님을 가장 기쁘시게 해드리는 충성이요, 효도입니다. 이런 신자들이 되십시다. 서울 오류동 쪽에 유신고등학교를 세운 박창원 장로님은 평생 '전도는 죽는 날까지, 봉사는 영원히!' 이것을 신조로 적어 놓고 평생 전도하는 기쁨으로 살았습니다.

전도의 상급이 가장 큽니다

어떤 집사님은 '불치병'이라는 의사의 진단을 받고 이왕 죽을병이라면 전도나 많이 하고서 천국으로 가야겠다고 작정하고 100명을 교회로 인도하기로 계획을 세웠습니다. 그런데 27명째 전도하여 교회로 인도하던 날 그 중병이 고침 받는 기적을 체험하였다고 합니다. 할렐루야! 전도하면 이 땅에서도 상급이 많습니다. 세상에는 상의 종류도 많습니다. 각처에서 매일 매일 다양한 이름을 걸고 시상식이 열립니다. 그러나 세상이 주는 상, 사람이 만들어서 주는 상은 그 즐거움이 잠깐뿐입니다.

잠시 후 돌아보면 시시하고 허무합니다. 얼마 전, 이승엽 선수가 한 시즌에 56개 홈런을 쳐서 아시아 신기록을 달성하였습니다. 아시아의 전설적인 홈런왕 왕정치(오 사다하루)의 벽을 넘어섰습니다. 그런데 바로 다음 날 시합장에는 겨우 500명의 관중만이 있을 뿐이었습니다. 대

기록을 달성하던 날의 3만 관중은 사라져 버리고 없었습니다. 이승엽 선수는 '아! 이럴 수가...'하면서 탄식하였다고 합니다. 그렇습니다. 세상에서의 상급, 즐거움, 만족 등은 정말 별 것 아닙니다(약 4:13-14, 벧전 1:24-25, 요일 2:15-17).

이제부터 사람들이 주는 상보다 하나님께서 주시는 상을 바라봅시다. 그 상을 받고 싶어합시다. 그 상을 성경은 이렇게 소개하고 있습니다.

"19 내 형제들아 너희 중에 미혹되어 진리를 떠난 자를
누가 돌아서게 하면 20 너희가 알 것은 죄인을 미혹된 길에서
돌아서게 하는 자가 그의 영혼을 사망에서 구원할 것이며
허다한 죄를 덮을 것임이라"
– 야고보서 5:19~20 –

"지혜 있는 자는 궁창의 빛과 같이 빛날 것이요 많은 사람을
옳은 데로 돌아오게 한 자는 별과 같이 영원토록 빛나리라"
– 다니엘 12:3 –

전도 많이 하는 신자는 완벽하게 구원을 받는다고 하였습니다. 이보다 더 큰 상이 어디 있겠습니까? 과연 최고의 상급입니다. 많은 사람을 하나님께로 돌아오게 하는(전도하여 하나님의 자녀로 만드는) 사람(신자)은 하늘나라의 스타로 만들어 주겠다고 하십니다. 이 땅의 스타들은 너무 쉽게 명멸하였습니다. 그러니 하늘나라의 스타가 되시기 바랍니다. 영원한 스타가 되시기 바랍니다.

금번에 있었던 전국 여전도회 주관 "전국교회(고신) 전도우수자 수상식"에서 우리 교회가 1등, 2등, 장려상(7인)을 다 차지하였습니다. 1등 박OO 집사 98명, 2등 박OO 집사 82명, 장려상 신OO, 양OO, 박OO, 배OO, 하OO, 이OO, 김OO 집사 각 20-23명이었습니다. 할렐루야! 정말 기쁩니다. 감사합니다. 자랑스럽습니다. 우리 교회를 빛내었습니다. 하나님께서 크게 기뻐하십니다. 이제부터 우리 교회는 '전도 좋아하는 교회, 전도 잘하는 교회, 전도 많이 하는 교회, 전도로 부흥하는 교회'가 될 것입니다. 이것은 하나님께서 가장 원하시는 바요, 기뻐하시는 바입니다. 고린도전서 9장 16절의 자세를 가지고 우리 모두 전도 왕이 되어 봅시다. 할렐루야!

3장 지상에서 가장 아름다운 일

> 이 은혜는 곧 나로 이방인을 위하여
> 그리스도 예수의 일꾼이 되어
> 하나님의 복음의 제사장 직분을 하게 하사
> 이방인을 제물로 드리는 것이 성령 안에서 거룩하게 되어
> 받으실 만하게 하려 하심이라
> – 로마서 15:16 –

들어가는 말

선교사 바울은 신자를 가리켜 복음의 제사장이라고 했습니다. 구약 시대의 제사장은 레위 지파 아론의 후손들이 감당했습니다. 그러나 신약 시대에는 대제사장이신 예수님이 십자가에 죽으신 이후 모든 신자가 왕같은 제사장이 되었습니다. 레위 제사장들은 제물의 제사장이었지만, 신약 신자들은 복음의 제사장이 된 것입니다.

제사장은 누구인가

제사장은 먼저, 백성을 대신하여 하나님께 제사를 드리며 죄 용

서를 위하여 기도하는 일을 하였습니다. 신약 시대 복음의 제사장이 된 신자들도 하나님께 예배드리는 일을 중심으로 살아가야 합니다. 선교는 복음 전파를 통하여 불신자를 예배자로 만들어 예배가 없는 곳에 예배를 드리게 하고, 찬송이 없는 곳에 찬송이 울려 퍼지게 하고, 기도가 없는 곳에 부르짖는 기도 소리가 나게 하는 것입니다.

다음으로, 제사장은 사죄를 선포하는 일을 하는 자입니다. 다시 말해 기독교는 용서의 복음을 믿는 종교이고 선교는 이 용서의 복음을 전하는 것입니다. 신약 시대 신자들이 복음의 제사장으로 십자가의 사랑을 전하고 피차 용서하는 일에 앞장서야 합니다. 십자가는 사랑의 상징이며, 골고다는 용서의 자리입니다. 더 나아가 하나님과 화목케 하는 현장입니다. 인간은 다 죄인이고 의인은 하나도 없지만, 예수님의 피 묻은 복음을 신자가 전함으로 그들은 죄 용서 받아 새로운 피조물로 살아가게 됩니다.

마지막으로 제사장은 제사장 옷을 입고 현존하는 것으로서 거룩을 보여주는 자입니다. 신자는 복음의 제사장으로 입술로 선포도 하지만 거룩과 구별을 삶으로도 보여주어야 합니다. 삶의 선교가 또한 중요합니다. 제사장은 도피성에서 죄지은 자를 받아들여 상담하고 그를 보호하고 재판하는 일도 감당하였습니다. 복음의 선교사된 모든 신자는 삶의 현장에서 선교사적인 삶을 살아야 할 것입니다.

당신은 요즘 '무슨 일'로 기뻐하고 있는가?

요나서를 기록한 요나는 구약 시대의 선지자요 앗수르의 수도 니느웨에 선교사로 가서 40일을 외친 자였습니다. 그런데 그는 선교사

답지 않게 성을 내기도 하였습니다. 그의 모습에서 오늘 우리의 모습과 마음 상태를 볼 수 있습니다. 우리는 '무엇 때문에' 성내고 '무엇 때문에' 기뻐하고 있습니까? 당신은 요즘 '무슨 일'로 성내고 있습니까? 죽고 사는 문제로 성내고 있습니까? 나의 성내는 것이 객관적으로 합당한 성냄입니까?

> "19 내 형제들아 너희 중에 미혹되어 진리를 떠난 자를
> 누가 돌아서게 하면 20 너희가 알 것은 죄인을 미혹된 길에서
> 돌아서게 하는 자가 그의 영혼을 사망에서 구원할 것이며
> 허다한 죄를 덮을 것임이라"
> – 야고보서 5:19~20 –

온유함은 마음 크기와 관련이 있습니다. 마음이 큰 자는 늘 담대하여 여유가 있고 용기를 가지고 있습니다. 따라서 어떤 상황에서도 온유한 자세를 지닐 수 있습니다. 온유한 토끼는 생명력이 강하나 강한 호랑이는 우리나라에서 사라졌습니다. 이처럼 온유한 자세는 참으로 중요한데, 말씀대로 산다는 것은 늘 온유함으로 산다는 것을 말합니다. 성내는 것은 말씀 전파, 선교 복음 사역에 크나큰 장애물이 됩니다. 선교지에서 선교사가 욱하고 성내면 다툼이 생길 수밖에 없습니다. 이 다툼은 선교지에서 분열을 초래하게 되고 이 분열은 마귀가 기뻐하는 것입니다. 그러니 분쟁은 빨리 끝내고 늘 온유함으로 살아야 합니다.

요나는 자기가 심지도 않는 박 넝쿨로 인하여 기뻐했습니다. 오늘 우리는 주님과 함께 기뻐하는 자가 되어야 할 것입니다.

"내가 이것을 너희에게 이름은 내 기쁨이 너희 안에 있어
너희 기쁨을 충만하게 하려 함이라"
- 요한복음 15:11 -

"24 믿음으로 모세는 장성하여 바로의 공주의 아들이라
칭함 받기를 거절하고 25 도리어 하나님의 백성과 함께
고난 받기를 잠시 죄악의 낙을 누리는 것보다 더 좋아하고
26 그리스도를 위하여 받는 수모를 애굽의 모든 보화보다
더 큰 재물로 여겼으니 이는 상 주심을 바라봄이라"
- 히브리서 11:24~26 -

"7 주께서 내 마음에 두신 기쁨은 그들의 곡식과 새 포도주가
풍성할 때보다 더하니이다 8 내가 평안히 눕고 자기도 하리니
나를 안전히 살게 하시는 이는 오직 여호와이시니이다"
- 시편 4:7~8 -

요나는 선지자인데 스스로 '죽고자' 한다

한국 사람은 죽겠다는 표현을 너무 많이 합니다. 그러나 우리는 조금 다르게 생각할 필요가 있습니다. 요나는 선지자임에도 불구하고 해서는 안 될 말을 했습니다. 사람은 '할 수 있는 말'이 있고 '해서는 안 되는 말'이 있습니다. 그리스도인은 더욱 말조심을 해야 합니다.

"29 무릇 더러운 말은 너희 입 밖에도 내지 말고 오직 덕을
세우는 데 소용되는 대로 선한 말을 하여 듣는 자들에게
은혜를 끼치게 하라 30 하나님의 성령을 근심하게 하지 말라

그 안에서 너희가 구원의 날까지 인치심을 받았느니라
31 너희는 모든 악독과 노함과 분냄과 떠드는 것과
비방하는 것을 모든 악의와 함께 버리고 32 서로 친절하게 하며
불쌍히 여기며 서로 용서하기를 하나님이 그리스도 안에서
너희를 용서하심과 같이 하라"
- 에베소서 4:29~32 -

요나는 죽어가는 자를 살리러 간 '선교사'였습니다. 그럼에도 불구하고 그는 스스로 죽겠다고 한 것입니다. 여러분도 '스스로 죽는 것'을 심각하게 생각해 본 적이 있습니까? 『살며 생각하며』라는 책에서 미우라 아야코는 "인생은(사는 것) 권리가 아니고 의무다"라고 말했습니다. '억울함'은 '죽음'이 아니라 '삶'으로 증명해야 합니다. 죽게 되면 사람들 사이에 잊히고 사라져 버립니다. 예수님은 부활(삶)하심으로 증명하셨음을 기억하십시오. 그러나 선교사로서 요나는 해서는 안 될 말을 한 것입니다.

성경은 우리에게 이렇게 살라 하신다
첫째, 정말 '고민하고 아파해야' 할 일이 있다.
둘째, 정말 '기뻐해야' 할 일이 있다.
셋째, 정말 '아껴야' 할 것이 있다.

우리는 요나처럼 정말 작은 것에 연연하지 않아야 합니다. 갈라디아서 5장 1절의 말씀을 보십시오. "그리스도께서 우리를 자유롭게

하려고 자유를 주셨으니 그러므로 굳건하게 서서 다시는 종의 멍에를 메지 말라." 자유가 방종이 되어서는 안 됩니다. 스마트폰, 인터넷, 기타 문화 생활 누림이 영적인 삶보다 우선시 되어서는 안 됩니다.

나가는 말

신자는 복음(더불어 삶)을 위해, 선교적 삶을 위해 자신의 삶을 절제할 줄 알아야 합니다. 보이지 않지만 먼 곳에 있는 아프리카 아이들을 위해 물, 전기를 아껴 쓰며 밥 한 톨을 귀하게 여기고 자신의 여유 재원으로 타인과 같이 사는 꿈을 가져야 합니다. 100억 가지는 것, 기업의 사장이 되는 것, 더 큰 집, 더 비싼 차를 가지는 것이 꿈이 되어서는 안 됩니다.

한국의 복음화율이 20%밖에 안 됩니다. 한국도 선교지와 다름없습니다. 눈을 들어 밭을 보기 바랍니다. 또 영적 황무지인 우리 동포 북한도 바라봅시다. 아직 제대로 전도를 시작도 못한 북한을 위해 복음의 르네상스의 꽃이 피도록 기도합시다.

세계 선교는 최근까지 미국과 영국이 주역으로 사용되었으나 21세기는 한국교회를 통해 일하시며 세계 선교의 책임이 한국에 있음을 기억합시다. 세계 선교의 르네상스가 오도록 모든 성도가 일어나 함께 나아갑시다.

선교는 멀리 있지 않습니다. 언제, 어디서나 지금 당장 할 수 있는 것입니다. 환경이 나아지고 여유가 생길 때는 더 섬기지 않음을 기억하십시오. 그럼에도 불구하고 하나님을 바라보며 헌신하며 아껴쓰고 사랑하는 삶을 실천하기 바랍니다. 생각을 바꾸어 바르게 생각해야 합니다. 지금 바뀌어야 합니다. 고인 물은 썩습니다. 지금 기도하고, 헌신하는 등 모든 것을 지금 해야 합니다. 그리할 때 주님께서 미래가 아닌 지금 우리의 삶을 바꾸며 그의 영광을 위해 인도해 주실 것입니다. 존 스토트 목사님이 쓴 『제자도』(The Radical Disciple)에서 발췌한 말로 끝을 맺습니다.

모든 형태의 선교는 어떤 형태로든지 십자가로 이어진다.
선교를 모양으로 표현하자면 그것은 십자가 모양이다.
우리는 십자가를 통해서만 선교를 이해할 수 있다.

- 존 스토트 -

4장 통일과 시대정신

우리를 비천한 가운데에서도 기억해 주신 이에게 감사하라

그 인자하심이 영원함이로다

우리를 우리의 대적에게서 건지신 이에게 감사하라

그 인자하심이 영원함이로다

모든 육체에게 먹을 것을 주신 이에게 감사하라

그 인자하심이 영원함이로다

하늘의 하나님께 감사하라 그 인자하심이 영원함이로다

- 시편 136:23~26 -

들어가는 말

남북통일을 염원해 온 지가 어언 75년이 되었습니다. 1945년 8월 15일 일제가 패망하면서 갑자기 해방이 찾아왔습니다. 당시 3천만 겨레가 '해방'을 희구했었지만 실제로 해방은 어느 날 뜻밖에 갑자기 찾아왔습니다. 그래서 온 나라가 "대한독립만세! 해방만세!"를 외치면서도 아무런 준비가 없었으므로 나라는 하루도 조용할 날이 없었습니다.

정국은 너무나 어수선하였으며 사상과 이념의 대립은 극에 달

하여 '혼란' 그 자체였습니다. 그 결과 결국 '6.25 전쟁'이라는 동족상잔의 비극을 3년이나 거치면서 삼천리금수강산은 초토화되고 말았습니다. 그로부터 67년, 해방 때로부터는 75년이나 지났음에도 우리는 여전히 남과 북으로 갈라져 있습니다. 대단히 슬픈 일입니다.

독일 통일을 거울삼아

우리와 비슷하게 제2차 세계 대전 이후 분단된 독일은 분단 44년 만에 통일을 이루었습니다. 그렇다면 독일 통일에서 그 비결을 배워야 합니다. 많이 늦었으나 '늦었다고 생각될 때 바로 시작하면' 됩니다. 서독은 정부와 사회와 교회가 '독일 통일을 위한 공감대'를 일찍부터 완성하였습니다.

첫째, 서독을 수준 높은 나라로 만드는데 국력을 집결하였습니다. 참으로 열심히 일하고 정직하게 살았습니다. 분단 30년 만에 유럽에서 '일류 국가'가 되었습니다. 경제, 문화, 대학 교육, 기술력, 인권에서 '최고'에 올라섰습니다. 독일 제품은 미제보다 더 튼튼하고 정확하고 정밀하기로 정평이 났습니다. 서독 국민들은 '독일 통일의 자신감'을 가지기 시작하였습니다.

둘째, 한 사람의 가치를 소중히 여겼습니다. 천신만고 끝에 동독을 탈출한 동족을 서독은 참으로 따뜻이 돌봐주었습니다. 베를린 장벽을 넘어오다가 동독수비대에 의해 사살 당하는 사건이 발생하면 참으로 엄중하게 동독정부에 항의하고 경고하였습니다. 그리고 자유를 찾다가 희생된 사람의 기념비를 장벽 밑에 새겨주었습니다. 동독사람뿐 아니라 독재국가로부터 끊임없이 찾아오는 '난민'들을 기꺼이 받아주었습니다. 이런 소문을 접하는 동독인들의 마음은 벌써 서독으로 기울어지고 있었습니다. 서독정부는 막대한 재원을 들여가면서 동독정부가 기피하는 자유주의 인사(人士)들을 서독으로 받아들이는 사업을 꾸준히 진행하였습니다.

셋째, 정말 감동적인 이야기입니다. 동·서독교회는 상호 연대하여 독일 통일을 위하여 진지한 모습으로, 그리고 꾸준히 '기도'를 한 것입니다. 특히 라이프찌히(Leipzig)에 위치한 성 니콜라이 교회(St. Nikolai Kirche)는 매주 월요일 정례(定例)기도회를 20년 이상 지속하였습니다. 동독경찰이 끈질기게 위협, 체포, 구금을 해도 그들 역시 끈질기게 '자유와 인간의 존엄성 회복'을 위하여 기도회를 이어갔습니다. 그리고 마침내 분단 44년 만에 독일 통일은 이루어졌습니다. 통일된 독일의 '실속'을 따지면 이미 통일 24년 만에! 세계 제1의 강대국이 되었습니다.

머나먼 통일에로의 여정

잠시 제 경험을 말하려 합니다. 제 일생 동안 분단된 우리나라의 통일을 간절히 염원했던 시기가 두 번 있었습니다.

첫 번째는 초등학교 시절이었습니다. 매일 아침 등교하면 "우리의 소원은 통일 / 꿈에도 소원은 통일 / 이 목숨 바쳐서 통일 / 통일이여 오라. / 이 겨레 살리는 통일 / 이 나라 살리는 통일 / 통일이여 어서 오라 / 통일이여 오라"를 거의 매일 불렀습니다. 그리고 "우리는 공산 침략을 물리치고 백두산 영봉에 태극기 휘날리자."라는 '우리의 맹세'를 학급 전체가 일어서서 암송하여 외친 후 수업을 시작하였습니다. 그러니 아주 자연스럽게 '통일에의 열정'이 대단하였습니다.

철들고 나서 두 번째로 간절히 염원했던 때는 군 복무 시절이었습니다. 강원도 철원군 김화에 위치한 철책 부대로 배치를 받았습니다. 철원-평강-김화를 잇는 요충지로서 '철의 삼각지대'라고 불리는 최전방이었습니다. 난생 처음 북한 땅을 바라보면서 근무하게 된 때였습니다.

우리 쪽 가장 높은 고지(백골OP)에서 북녘 땅을 죽 바라보면서 회상에 잠기곤 하였습니다. 끝없이 치달는 북쪽으로부터의 대남 비방 방송은 지금 생각해도 섬뜩합니다. 추운 겨울 밤, 우리 장병들은 휴전선 초소에서 북쪽으로부터 거세게 불어 닥치는 차가운 바람을 얼굴과 가슴 등 정면으로 맞으면서 너무나 고생을 하였으며, 더운 여름에는 맹위를 떨치는 비무장지대의 모기들과 힘겨운 싸움을 벌여야 했습니다. 저는 그때 '우리 장병들이 통일된 조국의 압록강과 두만강 그리고 백두산에서 한. 만 국경선을 경계하는 임무에 투입된다면 비록 춥고 덥더라도 자부심과 보람이 있을 것인데 왜 조국의 분단된 허리에서 남북이 서로 대치하여 증오의 칼을 갈고 있어야 하나?' 이런 탄식을 하면서 자유 평화 통일을 어서 속히 허락해 달라고 하나님께 부지런히 기도했습니다. 그런데 요즘은 고뇌가 담긴 기도를 드립니다.

동·서독이 자유민주국가인 서독으로 흡수 통일 된 지 벌써 30년이 지났습니다. 그들은 제2차 세계 대전을 일으켜 연합국에 패전함으로 분단되었지만 다행히 동족상잔의 상처는 없었습니다. 그런데도 단지 45년간의 분단 상처를 치유하는데 13년의 세월을 가지고서도 역부족이라고 한숨들을 쉬고 있습니다.

우리 민족은 분단 된 지 75년이 지나가고 있으며 그 와중에 참담하기 그지없는 6.25 동족상잔까지 겪었습니다. 따라서 통일이 되더라도 진정한 이해와 배려와 사랑과 성숙함이 튼튼히 자리 잡는 이상적인 통일은 훨씬 더 오랜 세월이 요구될 것입니다.

이제 우리는 감상적인 통일 염원에 빠질 것이 아니고 하나님의 특별하신 간섭으로 독일처럼 전쟁 없이 평화롭게 자유 통일되는 축복을 바라든지, 아니면 서두르지 말고 보다 멀리 바라보면서 나라를 더욱 깨끗하고 건강하고 내실 있게 성장, 성숙시켜 북한 동포들을 여유로움과 뜨거운 사랑의 힘으로 완전히 감싸 안아 용해시킬 수 있는 내일을 준비해야 할 것입니다.

시대정신과 한국교회

시대마다 '시대정신(the spirit of the times)'이 있습니다. 시대정신이란 '그 시대를 이끌고 가는 주된 정신과 가치관'을 의미합니다. 이 시대정신을 잘 갖추어야 앞으로 통일도 잘 준비할 수 있을 것입니다. 먼저 우리 사회, 우리나라의 지나간 100년간의 시대정신을 살펴봅시다. 1800년대 말에서 1900년 초에 이르는 그 시기 우리나라는 갑자기 밀려드는 세계열강들의 외풍 앞에서 정신을 차릴 수 없었습니다. 조선왕조 600년은 외세에 대한 부담감을 크게 느껴 할 수 있는 대로 모든 문들을 단단히 걸어 잠갔습니다.

특히 왜(倭·일본)국에 대한 오랜 불신감으로 바다(大洋) 쪽에서 접근해오는 미국, 영국, 프랑스, 독일 등 서구 열강의 세력들에 대해서까지 극도로 의심하고 혐오하였습니다. 그 결과 우리의 장구한 역사와 문화, 전통, 정신을 철저히 지켜야 한다는 수구파와, 외부의 변화에 적극적으로 대처하여 받아들일 것은 받아들여야 국제 사회와 함께 세계사에

동승할 수 있다는 개화파가 상호 갈등과 충돌을 일으켰습니다. 그 당시의 주된 시대정신은 '개혁과 개방'이었습니다. 이 정신은 20세기를 맞이하는 한국으로서는 자연스럽고 합리적인 시대정신이었습니다. 그러나 우리는 이 시대정신을 꽃피우지 못한 결과 일제의 식민지로 전락하는 최악의 상황을 초래하고 말았습니다.

그 결과 1910년에서 1945년 8.15 해방에 이르는 시대에는 '조국의 독립과 광복'이 우리의 시대정신이었습니다. 1950년에서 1960년대는 '공산주의를 반대하고 공산주의와 싸워서 승리하는 것(반공과 승공)'이 그 시대의 절박한 시대정신이었습니다. 그 시대정신에 힘입어 우리는 마침내 공산주의를 극복하고 아시아 최고의 자유민주주의 국가를 일구어 내었습니다. 1970년대는 '우리도 한 번 잘 살아보자!'고 하는 경제개발과 경제 발전이 시대정신이었습니다. '잘 살아보자'고 하는 시대정신이 온 나라를 충만하게 뒤덮었습니다. 그 결과로 우리는 세계 역사상 그 유례를 찾아보기 힘들 정도로 급속하게 놀라운 경제 성장을 이룩하였습니다. 시대정신이 가진 힘이 얼마나 크고 무서운지를 극명하게 보여준 증거일 것입니다.

1980년대는 '민주주의를 제대로 한 번 해보자!'는 것이 시대정신이었습니다. 공산주의를 압도하고 경제 성장이 어느 수준을 넘어서자 우리는 아주 자연스럽게 민주주의를 갈구하게 되었습니다. "타는 목마름으로-" 이렇게 시작되는 시인(詩人) 김지하의 글은 이 땅의 젊은이들 가슴 속에 숨죽이고 있던 민주주의를 향한 갈증과 화약고에 불을 지폈습니다. 적잖은 위기와 희생을 치른 끝에 마침내 우리 사회는 '민주주의'를 굳건하게 정착시켰습니다. 그 이후 1990년대 이래로 지금까지 우리 사회는 '이제 세계적인 나라, 세계 일류 국가 한국으로 키워보자!'는 꿈을 시대정신으로 삼고 있습니다.

특히 2002년 한일 월드컵에서 우리나라가 세계 4강으로 급상승하면서 세계 일류 국가로 향하는 우리의 꿈과 자신감이 위험스러울 정도로 급팽창해버렸습니다. 월드컵 4강이 세계 국가 서열 4위인 줄로 착각하였습니다. 그러나 일류 국가란 경제 규모만 가지고서 평가되는 것이 아닙니다. 교육, 문화, 인권, 양심, 정직, 사회 정의, 질서, 부드러움, 양보, 평화, 배려, 대화, 타협, 이해, 봉사, 겸손, 관용, 기다려 주기 등을 총합한 지수를 가지고 고려해야 하는 것입니다.

그러므로 우리 사회는 아직 세계 일류 국가 대열에 들어서지 못했습니다. 지난 기간 참으로 지루하게 계속되어 온 '촛불시위'는 아직도 미숙하고 문제가 많은 우리 공동체의 실상을 여실히 드러낸 자기 고백이요 참회입니다.

나가는 말

그럼 오늘날 우리 사회의 시대정신은 무엇입니까? 저는 이렇게 진단하면서 정의하고 싶습니다. '감사를 잊어버린 시대 / 해방 이후 지나온 75년간 과분하게 베풀어 주셨던 하나님의 크신 은혜를 망각하는 시대 / 사람들이 저마다 자기 생각에 옳은 대로, 자기 마음에 좋을 대로 말해버리고 행동해버리는 시대'가 오늘 우리나라의 시대정신입니다. 더 위험하고 슬픈 것은 이 잘못된 시대정신에 적잖은 그리스도인들마저 동참하고 있다는 사실입니다. 그 결과 여기저기서 기독교 신앙의 최고 덕목인 '감사'를 까마득히 망각하고 짜증을 잘 내고 예사로 불평하는 '불합격 그리스도인'들이 급증하고 있습니다. 이 고약한 전염병이 우리 사회, 우리나라를 위기 속으로 몰아넣고 있습니다.

온 세계 철학자들이 그토록 존경한다는 고대 그리스의 철학자 플라톤(Plato)은 "나는 인간으로, 남자로 태어난 것과 그리스인으로 태어난 것을 감사하노라."고 했습니다. 알고 보면 참 유치한 감사 철학입니다. 현대를 살고 있는 우리 그리스도인은 '감사하는 마음 - 범사에 감사하는 마음'을 시대정신으로 삼아야 합니다.

'감사하는 마음!' 이 얼마나 아름다운 정신입니까! 이 마음을 오늘의 시대정신으로 가꾸고 펼쳐나가야 합니다. 이 시대정신이야 말로 통일을 준비하는 가장 합당한 시대정신일 것입니다. 우리 한국교회가 앞장서서 '감사하는 마음'을 우리의 시대정신으로 키워나갑시다. 우리 시대가 감사하는 마음을 시대정신으로 추구해 나갈 때 하나님께서는 우리에게 통일의 복을 허락할 것입니다.

5장 지구상의 첫 결혼식

> 아담이 모든 가축과 공중의 새와 들의 모든 짐승에게
> 이름을 주니라 아담이 돕는 배필이 없으므로
> 여호와 하나님이 아담을 깊이 잠들게 하시니 잠들매
> 그가 그 갈빗대 하나를 취하고 살로 대신 채우시고
> 여호와 하나님이 아담에게서 취하신 그 갈빗대로
> 여자를 만드시고 그를 아담에게로 이끌어 오시니
> 아담이 이르되 이는 내 뼈 중의 뼈요 살 중의 살이라
> 이것을 남자에게서 취하였은즉 여자라 부르리라 하니라
> 이러므로 남자가 부모를 떠나 그의 아내와 합하여
> 둘이 한 몸을 이룰지로다
> 아담과 그의 아내 두 사람이 벌거벗었으나
> 부끄러워하지 아니하니라
> – 창세기 2:20~25 –

들어가는 말

질문을 드려 보겠습니다. 우리 인류 역사상 최고의 제국은 어느

나라였습니까? 예, 로마 제국입니다. 주전 100년경, 그리스-헬라 지역을 제압하고 새로운 강자로 등장하면서 약 1,000년 이상 세계를 호령하였습니다. '로마는 하루아침에 이루어지지 않았다(Rome was not built in a day)'라는 말이 있고, '모든 길은 로마로! 세계의 도시 로마, 인류의 도시 로마!' 같은 말도 있습니다. 이러한 찬사들은 모두 로마 제국이 인류 역사상 최고의 제국이었음을 확증해 주는 말입니다.

두 번째 질문입니다. 이토록 위대한 로마 제국이 왜 멸망하였을까요? 군사력의 약화되었습니까? 경제력의 약화였습니까? 정치력이 허약해서였습니까? 아닙니다. '가정의 붕괴'가 저 로마 제국 몰락의 주된 원인이었습니다. 이처럼 '가정'이라는 존재는 너무 너무 중요한 것입니다. 가정이 붕괴되면 그 시대, 그 사회, 그 나라, 그 역사가 몰락할 수밖에 없습니다. 심지어 교회마저도 몰락할 수밖에 없습니다.

가정 건강 진단

탈 윤리, 탈 규범의 포스트모던 시대에 지금 우리는 이것을 진지하게 걱정하기 시작할 때입니다. 오늘 우리들의 가정은 어떻습니까? 건강합니까? 안전합니까? 행복합니까? 문제없습니까? 안심해도 괜찮습니까? 일일이 수치를 인용하지 않더라도 그 불안함과 위험 수위가 심각한 상태에 와 있다는 것만은 그 누구도 부인할 수 없을 것입니다. 그렇다면 본격적으로 우리 가정들이 안고 있는 심각한 질병들을 구체적으로 한번 진단해 보아야 하지 않을까요? 종합 진찰을 받아 보아야 하지 않겠습니까? 몸의 건강을 위하여 종합 건강 진단 받는 것 못지않게 우리 가정의 건강 상태를 종합 진단해 보는 일이 시급합니다.

그러면, 우리 가정의 종합 건강 진단은 어디서, 어떻게 받을 수 있습니까? 바로 성경이 정확하게 종합 진단을 해 줍니다. 다음의 말씀을 보십시오.

"67 고난 당하기 전에는 내가 그릇 행하였더니
이제는 주의 말씀을 지키나이다
71 고난 당한 것이 내게 유익이라
이로 말미암아 내가 주의 율례들을 배우게 되었나이다"
- 시편 119:67, 71 -

"12 하나님의 말씀은 살아 있고 활력이 있어
좌우에 날선 어떤 검보다도 예리하여
혼과 영과 및 관절과 골수를 찔러 쪼개기까지 하며
또 마음의 생각과 뜻을 판단하나니
13 지으신 것이 하나도 그 앞에 나타나지 않음이 없고
우리의 결산을 받으실 이의 눈 앞에
만물이 벌거벗은 것 같이 드러나느니라"
- 히브리서 4:12~13 -

그런데 참 고마운 것은 말씀이 종합 검진 진단을 할 뿐만 아니라 진단에서 드러난 어떠한 질병이라도 치료까지 해 준다는 사실입니다 (시 119:28, 50, 105, 143, 176, 눅 5:5, 행 20:32, 딤후 3:16-17). 할렐루야!

그러므로 사랑하는 성도 여러분! 우리는 걱정할 것 없습니다. 불안해하지 마십시오. 말씀으로 우리의 가정들이 어려움을 이겨내고 축

복이 가득한 가정으로 회복될 수 있음을 믿으십시오. 하나님의 말씀이야말로 만병통치약입니다. 이 소망을 가지고 가정을 생각해 봅시다.

가정을 구성하는 세 가지 관계

그러면 이처럼 소중한 가정을 구성하고 있는 세 가지 관계(3 Relations)는 무엇입니까? 바로 부모 관계, 부부 관계, 자녀 관계입니다. 이 세 관계 중에서도 중요한 순위가 있습니다. 무엇일까요? 예! 부부 관계입니다. 부모님 여러분! 자녀 여러분! 섭섭하게 여기지 마십시오. 가정의 중심은 부부입니다.

부부를 신체 부위로 말하면 '허리'입니다. 허리에 문제가 생기거나 허약해지면 건강에 결정적인 타격을 입게 됩니다. 에베소서를 보더라도 가정 문제를 다루면서 부부 관계를 먼저 다루고, 가장 비중 있게 취급하고 있습니다(엡 5:22-33). 부부 관계를 말한 다음 그 다음이 부모 관계(6:1-3), 그 다음으로 자녀 관계를 언급했습니다(6:4).

남자와 여자를 창조하시고

자, 이제 오늘의 본문을 봅시다. 창세기 2장입니다. 먼저 21절을 함께 읽겠습니다. "여호와 하나님이 아담을 깊이 잠들게 하시니 잠들매 그가 그 갈빗대 하나를 취하고, 살로 대신 채우시고." 그리고 22절 앞부분을 읽어봅시다. "여호와 하나님이 아담에게서 취하신 그 갈빗대로 여자를 만드시고…"

우리는 여기서 하나님께서 사람(인간)을 창조하셨다는 사실을 발견하게 됩니다. 우리는 이 대전제를 믿음으로 다음의 내용들을 다루어 갈 수 있습니다. 하나님께서 우리를 남자와 여자로 만드셨습니다. 그러므로 우리는 자신이 남자로 태어나고, 또는 여자로 태어난 데 대하여 우월감이나 열등감을 가져서는 안 됩니다. 하나님께서 완전하고 선하신 뜻을 따라서 우리를 남자 또는 여자로 보내주셨기 때문에 우리는 순종하고 감사하고, 서로를 인정할 뿐입니다. 하나님 모르는 인간들은 아무리 뛰어난 철학자요, 지성인이더라도 이 중요한 인간의 기본 윤리를 모른 채 무례와 망발을 일삼는 경우가 많습니다. 하나님께서 하와를 창조하시는 세심한 손길을 보십시오. 먼저 아담의 갈빗대로서 하와의 골격을 구성하십니다. 머리뼈가 아닙니다. 그렇다고 발가락뼈도 아닙니다. 갈빗대는 아담 신체의 중심부요, 가장 소중한 뼈입니다. 그래서 아담은 잠시 후 이렇게 고백합니다. "내 뼈 중의 뼈요." 이것은 아담의 가장 소중한 갈빗대로써 하와를 창조하셨다는 것입니다. 그러므로 아담의 새카만 후배 되는 우리 남자들은 대 선배 아담이 한 대로 자기 아내를 향하여 동일하게 고백을 해야 합니다. "그대는 내 뼈 중의 뼈요, 살 중의 살이라!"

갈빗대로 골격을 만드신 뒤 살로 채우셨습니다. 갈빗대로만 완성했더라면 여성들이 너무 거칠고 딱딱할 것입니다. 남편들이 한 번 접근했다가 기겁을 하고 물러설 것입니다. 그러나 가장 부드럽고 포근한 살(flesh)로써 뼈 골짜기들을 채웠으므로 오늘의 부드러운 여성들이 탄생된 것입니다. 할렐루야! 그러므로 여성 여러분들은 부드러우셔야 합니다. 마음도 부드럽고, 음성도 부드럽고, 영혼도 부드러워야 합니다. 단단함보다 부드러움이 훨씬 강합니다.

22절 아래 부분을 읽읍시다. "(여호와 하나님이) 그녀(하와)를 아담에게로 이끌어 오시니"(the Lord God brought her to him). 그리고 23절 아래를 읽어봅시다. "이것을 남자에게서 취하였은즉 여자라 부르리라." 그리고 20절 끝 부분을 보세요. "아담이 돕는 배필(a suitable companion)이 없으므로(참고 창 2:18)." 하나님께서 하와를 아담에게로 이끌어 오십니다 (brought her to him 22절).

지구상 첫 결혼식

하나님께서 하와(신부)의 손을 살며시 잡고는 아담에게로 데리고 오십니다. 이 장면은 결혼식 입장 장면입니다. 지구상의 첫 결혼식은 신랑 아담, 신부 하와 그리고 주례자는 하나님으로 이루어졌습니다. 특이한 장면은 주례자 하나님께서 신부를 리드하고 계십니다. 그래서 신부 입장 전에는 최고의 보호자(주로 아버지)가 리드를 하는 것입니다. 신부 아버지는 애지중지 키운 딸을 신랑에게로 리드해 가서 넘길 때 "내가 이 신부를 오랜 기간 완벽하게 보호했듯이 이제부터는 신랑 자네가 나의 그 역할을 완벽하게 이어받을 줄로 믿고 신부를 자네에게 맡기네." 모든 신랑(남편)들은 신부 아버지의 이 메시지를 들을 줄 알아야 합니다. 저는 우애가 두터운 오누이처럼 서로를 생각하고 배려하는 부부가 현명한 부부라고 말해줍니다. 지구상의 첫 결혼식 아담과 하와는 이렇게 하나님께서 맺어주셨습니다. 예수님께서도 이를 분명히 재확인해 주셨지요. 마태복음 19장 6절입니다. "그러므로 하나님이 짝지어 주신 것을 사람이 나누지 못할지니라"(What God then has joined, man must not separate).

그렇습니다. 결혼하고 부부가 된 이상 우리는 하나님 말씀(선포)을 그대로 믿고 받아 들여야 합니다. 인간적인 기분이나 타산을 하면서 실수하여 결혼한 것처럼 불평하거나 후회, 원망한다면 옳지 못합니다. '내가 눈이 멀었지, 내 인생에 가장 큰 실수였어. 저 사람을 선택(결혼)했다는 것은!' 그럼 마태복음 19장 6절의 말씀은 어떻게 되는 것입니까? 이 한 구절을 삭제하시렵니까?(잠 5:18) 헛된 꿈을 아예 꾸지도 말고 빨리 꿈 깹시다.

아내는 어디까지나 '돕는 배필'입니다. 'suitable companion'이라는 이 단어가 참 좋습니다. 최고의 동역자, 협력자, 꼭 맞는(몸에 너무 잘 맞는 양복처럼) 동반자(동지)라는 뜻입니다. 남편의 머리가 아니고 협력자입니다(not head, but helper for man). 남편은 들(밭, 일터)에 나가서 땀 흘려 일하여 가족(아내, 자녀)을 부양하고, 남편으로서 가정을 든든히 보호해야 합니다. 아내는 집안에서 집을 잘 관리하고, 자녀를 양육(교육, 훈련)해야 합니다. 경건한 후손을 많이 낳아 믿음으로 양육하는 일은 여성들의 특권이며 축복입니다(시 127-128). 대신에 인내와 눈물과 희생과 기도를 각오해야 합니다.

한 방향으로 나아가는 동역자

24절입니다. "이러므로 남자가 부모를 떠나 그의 아내와 합하여 둘이 한 몸을 이룰지로다." 결혼은 인생학교(인생훈련소)에 입학하는 것입니다. 현실은 냉정합니다. 공부해야 하고 훈련받아야 합니다. '떠남의 법칙과 연합(하나됨)의 법칙'을 따르는 것입니다. 부모로부터 독립, 자치, 자립을 시작하는 것입니다. 그리고 남편과 아내는 함께 한 방향(목표, vision)을 바라보고 나아가야 합니다.

부부 두 사람의 연합을 방해하고 깨려는 시도가 가까운 주변 사람들에 의해 종종 발생합니다. 이것은 아주 미련하고 사악한 행위입니다. 그 누구도 부부우애를 깨면 안 됩니다. 심지어 부모님들이 좀 섭섭하더라도 모든 것을 감수하실지언정 (자식)부부의 애정을 금가게 하지 맙시다. 아들 부부가 하나 되어 잘 살아야 '효도'를 기대할 수 있습니다. 그러므로 현명한 부모님은 계획적으로라도 아들 며느리, 딸 사위가 우애 있게 살도록 신경써 주고 특히 며느리에게 힘을 실어 줍시다. 특히 부모와 함께 살고 있는 며느리에게는 '절대적인 지지자'가 되어 주어야 합니다. 25절을 보세요. 그렇게 될 때 부부 사이에는 '부끄러움'이 없어집니다. 인간 관계에서 부끄러움이 없이 진정한 우정(사랑, 아껴줌)이 존재하는 곳은 '친구 관계'입니다. 우리 부부들이 도달해야 할 최고의 목표, 이상향은 친구 관계 즉 동지 관계(a suitable companion)로 뿌리내리는 것입니다. 할렐루야!

나가는 말

참으로 소중한 '기독교 부부 십계명'을 다시 한번 나누면서 오늘의 말씀을 끝내려 합니다.

첫째, 두 사람이 동시에 화를 내지 않는다.
둘째, 집에 화재가 났을 때만 고함을 지른다.
셋째, 아내는 남편의 관심을 만족시켜 주고,
　　　남편은 아내의 관심을 만족시켜 준다.
넷째, 아내나 남편을 다른 사람과 비교하지 말라.
다섯째, 상대방의 아픈 곳을 찌르지 말자.

여섯째, 분을 품고 잠자리에 들지 말자.

일곱째, 처음 사랑을 늘 추억하자.

여덟째, 결코 포기하지 말고 '천국 방언'을 많이 쓰자.

아홉째, 서로 간에 비밀을 만들지 말자.

열째, 하늘의 중매자를 늘 기억하고 두려워하자.

6장 야곱, 환도뼈를 얻어맞다: 성경이 가르치는 인생관

그가 이르되 네 이름을 다시는 야곱이라 부를 것이 아니요
이스라엘이라 부를 것이니 이는 네가
하나님과 및 사람들과 겨루어 이겼음이니라
야곱이 청하여 이르되 당신의 이름을 알려주소서
그 사람이 이르되 어찌하여 내 이름을 묻느냐 하고
거기서 야곱에게 축복한지라 그러므로 야곱이
그 곳 이름을 브니엘이라 하였으니 그가 이르기를
내가 하나님과 대면하여 보았으나
내 생명이 보전되었다 함이더라
그가 브니엘을 지날 때에 해가 돋았고
그의 허벅다리로 말미암아 절었더라
– 창세기 32:28~31(20~32) –

들어가는 말

성경에서 야곱만큼 인생의 솔직한 모습들을 여과 없이, 그리고 숨김없이 드러내 주는 사람도 많지 않습니다. 예전에는 야곱의 일생을

읽을 때마다 그가 미웠고 비웃어 주고 싶었습니다. 그러나 이제는 아닙니다. 그의 숱한 과오보다 그의 치열한 노력과 몸부림 그리고 후퇴하지 않는 믿음에 더 눈길이 갑니다. 그가 존경스럽기까지 합니다.

자신의 꾀로 살아온 세월

야곱 그는 태어나면서부터 긴 세월 동안 자신의 꾀, 지혜, 머리로 살아왔습니다. 실제로 야곱은 태어나면서부터 머리 굴리는 재주가 아주 뛰어났습니다. 뛰어난 재주를 썩힐 수가 있겠습니까? 또 자신만만 했을 겁니다. 그러다 보니 자기의 꾀, 지혜, 머리를 너무 믿었고 너무 자주 써먹었습니다. 그래서 형 에서로부터 이런 평가를 들어야 했습니다. "저 녀석은 사기꾼이야!"

하지만 성경은 우리에게 충고합니다. 잠언 말씀을 보십시오. '자기 명철을 의지하지 말고 하나님을 의지하라.'고 가르칩니다(잠 3:5, 19:25). 여러분은 어떻습니까? 하나님의 말씀, 성경 말씀보다 자신의 머리, 잔꾀를 더 의지하고 따르고 있지는 않습니까? 말로만 하나님 중심, 성경 중심, 교회 중심을 외치지, 자기 중심, 자기 꾀 중심을 따르고 있지는 않습니까? 이것은 자기 꾀를 의지하던 야곱과 다를 바 없는 삶입니다.

자기가 원하는 대로 살다

야곱은 평생 자기가 원하는대로 살았습니다. 어릴 때부터 어머니에게 자신이 원하는 대로 요구하였습니다. 어머니 리브가는 아들이 원하는 대로 다 들어주었습니다. 자식을 이렇게 키워서는 안 됩니다. 구분해서 가르쳐야 합니다. 할 수 있는 것과 할 수 없는 것. 되는 것 안 되는 것. 가도 되는 곳과 안 되는 곳. 배워도 되는 것과 배워서는 안 되는 것. 보아도 되는 것과 보아선 안 되는 것. 먹어도 되는 것과 절대로 먹어서는 안 되는 것. 해도 되는 말과 입 밖으로 꺼내선 안 되는 말. 이렇게 세세히 구분해 가르쳐 주어야 합니다.

야곱은 자기 욕심, 자기 욕망, 자기 꿈이 강한 사람이었습니다. 자기 욕심과 욕망을 다 이루고 싶어했습니다. 그러나 사람이 어떻게 자기가 하고 싶은 대로 다 하고 살 수 있겠습니까? 내가 하고 싶은 대로 다 해버린다면 옆에 있는 사람들은 필연적으로 상처를 입게 되고 말 것입니다. 가족, 형제, 친구, 이웃들이 아픔과 고통을 겪습니다. 야곱은 이것을 몰랐고 자기 중심으로 살았습니다.

탄탄대로인 줄 알았습니다

야곱의 계산은 딱딱 맞아 떨어지는 듯 했습니다. 그는 실패가 없는 듯 했습니다. 하는 일마다 성공했습니다. 그래서 야곱은 자신의 머리를 더 믿었고 자신의 욕망 분출과 추구는 멈추질 않았습니다. 부모의 환심을 받아내었고, 형으로부터 장자권을 사소한 식사 한 그릇으로 이양 받았습니다. 부모든 형이든 속여 빼앗았습니다. 4명의 아내를 두기까지 했습니다. 그리고 거기서 아들 열둘을 얻었습니다. 대단한 축복이 아닐 수 없습니다. 외삼촌, 외사촌들보다 재산을 더 많이 늘렸습니다. 일을 무리하게 저질러 놓아도 결국은 자기에게 유리한 방향으로 전개가 되었습니다. 자기 꾀만 믿고 살아도 탄탄대로를 걸을 수 있다고 확신했습니다.

그러나 아니었습니다. 그렇게 탄탄대로를 걷는 줄 알았는데 사실 그의 내면에는 커다란 구멍들이 여러 개 생겨났습니다. 외사촌들의 차갑고 날카로운 눈빛, 시기심, 냉대, 살기를 매일 온몸으로 느껴야 했습니다. 그 중압감은 엄청났을 것입니다.

게다가 가장 크게 중압감을 느꼈을 때는 형 에서를 만나러 갔을 때였습니다. 형이 자기를 죽이고자 사람들을 불러 모았다는 소식을 들었습니다. 이번에는 제아무리 꾀를 내어도 마음은 진정이 안 되고 죽을 것만 같았습니다. 심장이 뛰고 초조해졌습니다. 아마도 식은땀이 비 오듯 흘렀을 것입니다.

기나긴 타향살이, 이국땅에서 나그네로 살면서 내면에서 생긴 커다란 구멍은 크게 모아진 재산으로도 메울 수 없었습니다. 지나고 나서 보면, 깨닫고 나서 보면, 겪고 나서 보면 죄, 비양심, 비신앙적인 성공, 즐거움, 쾌감은 정말 잠시뿐입니다. 오히려 그 대가는 혹독하고 잔인합니다.

나가는 말

하지만 그때였습니다. 야곱 그도 여호와 하나님을 믿는 신앙인이었습니다. 그에게도 신앙 양심이 있었고 간증이 있었습니다. 바로 돌베개를 베고서 잠들었던 벧엘에서 하나님께 했던 서원입니다. 그 서원이 떠올랐습니다. 이제 하나님께 돌이킵니다. 하나님께 기도합니다. 환도뼈가 부러져 엄청난 고통을 당해도 하나님을 끈질기게 붙잡았습니다. 자기 내면의 구멍을 메울 수 있는 분이 오직 여호와 하나님뿐이심을 믿었기 때문입니다. 하나님께서는 끈질기게 자신을 붙잡는 야곱을 기뻐하셨습니다. 그리고 그를 존귀하게 만드셨습니다. 이제는 그의 이름이

'이스라엘'이 되었습니다. '하나님과 겨루어 이긴 자'라는 놀라운 뜻입니다. 하나님께서 야곱을 제대로 된 하나님의 사람 곧 성도로 빚으셨습니다. 역사 속에서 길이길이 이스라엘의 족장으로 서게 하셨습니다.

이제 야곱은 얻어맞은 환도뼈가 부러져 움직일 때마다 고통이 뒤따랐습니다. 걷기도 불편했습니다. 그러나 그 불편함은 긴 신앙의 여정에서 볼 때는 지극히 잠시일 뿐입니다. 전능하신 하나님께서 야곱을 보호해 주십니다. 혹시 아직도 자기 꾀를 의지하고 있습니까? 잠시 당하는 고통이 두려워서 하나님의 보호를 거부하고 있습니까? 놀랍게 변한 야곱을 보십시오. 하나님의 보호를 구하며 의지하기 바랍니다. 할렐루야!

7장 나는 이제 더 이상 내 것이 아니라 주님의 것입니다!

오랜 후에 그 종들의 주인이 돌아와 그들과 결산할새
다섯 달란트 받았던 자는 다섯 달란트를 더 가지고 와서 이르되
주인이여 내게 다섯 달란트를 주셨는데
보소서 내가 또 다섯 달란트를 남겼나이다
그 주인이 이르되 잘하였도다 착하고 충성된 종아
네가 적은 일에 충성하였으매 내가 많은 것을 네게 맡기리니
네 주인의 즐거움에 참여할지어다 하고
- 마태복음 25:19~21 -

들어가는 말

청지기라는 말을 아십니까? 청지기란 주인의 것을 맡아서 책임 있게 관리하고 나중에 결산을 해야 할 신분을 가진 사람입니다. 우리는 넓은 의미에서 우주의 주인이신 주님의 청지기입니다. 그러므로 청지기에 대해서 잘 알고 충성해야 하나님께 칭찬 받고 후회 없는 삶을 살게 됩니다.

성경에는 청지기에 관한 교훈이 많습니다. 아브라함의 집에도 이

삭의 집에도 청지기가 있었습니다(창 24:2, 26:32). 요셉은 보디발의 집에서 관리인으로 일하다가(창 39:4) 하나님께서 높여 주심으로 나라를 맡아 다스리는 통치자가 되었습니다(창 41:41). 청지기 중에는 선한 청지기도 있지만 악한 청지기도 있습니다(눅 16:1-13). 고린도전서 4장이나 디모데전서 1장을 보면 진리를 맡은 자도 청지기라고 불렀습니다(고전 4:1, 딤전 1:12).

하나님께서는 청지기로서 우리에게 일을 맡기셨습니다. 성경이 그 일들을 가르치는데, 총 열 가지로 정리할 수 있습니다. 이 열 가지 일을 바르게 알고 충성하여 하나님께 칭찬 받는 종들 되기 바랍니다.

첫째, 예배(전 12:13)

인간은 하나님의 형상을 닮은 존재로서 그를 경외하며 그를 예배하는 것이 인생 최고 의무임을 알아야 합니다. 예배에 성공하면 인생에 성공하고 예배에 실패하면 인생에 실패하는 것을 깨달으십시오. 하나님은 마음과 뜻과 정성을 다하여 주 하나님을 사랑하는 자 즉 예배를 성령과 진리로 드리는 자를 지금도 찾으십니다(요 4:24).

둘째, 십일조(말 3:8-10)

십일조에 대한 최초의 성경 기록은 창세기 14장 18-20절에 나옵니다. 아브라함과 멜기세덱의 대화입니다. 또 창세기 28장 20-22절, 야곱의 서원이 기록된 31장 13절에 나오기도 합니다. "네 재물과 네 소산물의 처음 익은 열매로 여호와를 공경하라(잠 3:9)."는 말씀은 하나님 제일주의의 정신으로 자신의 재물 중 얼마를 헌금으로 구별하고 성별하여 드리라는 뜻입니다.

물질적 축복은 "먼저 그 나라와 그 의를 구하는 자에게(마 6:33)," 하나님 제일주의로 사는 자들에게 주어집니다(말 3:1-12). 십일조 헌금의 정신은 신앙의 표현이고 헌신의 표현이며 감사의 표현임을 기억하십시오.

셋째, 전도(롬 10:9-17)

전하지 않으면 어찌 들을 수 있겠습니까? 복음을 전하는 자가 없으면 들음으로써 구원 얻는 이들도 없습니다. 그러므로 신자는 때를 얻든지 못 얻든지 전도해야 합니다. 다니엘 12장 3절 말씀을 보면 많은 사람을 옳은 곳으로 인도하는 자는 하늘의 별과 같이 빛날 것이라고 했습니다.

넷째, 교사(딤후 1:11, 마 28:19-20)

모든 성도는 교사로서 책임이 있습니다. 신앙의 선배로서 자기 자녀뿐만 아니라 주일학교 자녀들을 돌보고 가르치고 모범을 보여주어야 합니다. 예수님은 베드로에게 사역을 맡기시기 전에 사랑을 확인하셨습니다(요 21:15). 하나님을 사랑하는 마음이 없다면 한 순간도 일할 수 없기 때문입니다. 교사된 여러분, 먼저 예수님의 사랑을 깨달으십시오. 그리고 예수님을 죽을만큼 사랑하십시오. 그리하여 몸과 마음으로 가르치기 바랍니다.

다섯째, 구역장 혹 순장(요 10:10)

한국교회의 부흥의 비결 중 하나가 바로 구역장이나 혹 순장 그리고 권찰들의 섬김과 심방에 있습니다. 구역장 여러분은 목회자의 소중한 동역자라는 자부심을 가지기 바랍니다. 이와 더불어 책임감도 가지십시오. 주님께서 목회자를 통해 여러분에게 양들을 맡기셨습니다. 선한 목자처럼 잘 돌보시기 바랍니다.

여섯째, 찬양대원(엡 1:5-10)

하나님은 이스라엘의 찬양 중에 거하신다고 하셨습니다. 신자들의 아름다운 찬양 속에 하나님께서 임하십니다. 특별히 오늘날 찬양대로 예배를 섬길 수 있습니다. 찬양대로 섬길 때는 구원의 감격과 고백에 푹 젖어 섬기기 바랍니다. 시와 찬미와 신령한 노래들로 서로 화답하는 성도들이 많은 교회가 부흥함을 기억합시다.

일곱째, 안내위원(행 9:26-27)

과거의 바울을 기억한 나머지 회심한 바울이 사도들을 찾아갔을 때 아무도 만나려하지 않았습니다. 그때 온유한 바나바가 바울을 환대하고 교회로 안내했습니다. 이처럼 안내위원은 교회의 얼굴입니다. 사직동교회 이석재 장로는 『좋은 교회를 꿈꾸는 자들에게』라는 책에서 안내위원 역할의 중요함을 이처럼 강조하고 있습니다.

여덟째, 말씀 듣기(마 13:13-17)

예수님의 비유에서 씨는 말씀을 가리키고 그 말씀을 잘 듣고 순종하는 자는 옥토와 같다고 하셨습니다. 목회자가 설교할 때 설교자를 주목하십시오. 그리고 때때로 아멘으로 화답하십시오. 하나님의 말씀을 잘 선포하도록 설교자를 위해 중보 기도하십시오.

아홉째, 목회자 협력하기(롬 16:1-4)

목회자도 연약한 인간임을 알고 이해와 위로 그리고 공감해 주십시오. 로마서 16장에서 사도 바울은 자신과 함께한 동역자들을 소개하고 있습니다. 그와 동역한 브리스길라와 아굴라는 너무나도 아름다운 부부요 협력자입니다. 그런 예가 한국교회에도 있습니다. 한국의 평양 산정현교회 주기철 목사님과 유계준 장로의 모범을 배우기 바랍니다.

열째, 넓은 마음 갖기(왕상 4:29)

청지기는 반드시 지혜로운 마음 곧 넓은 마음을 가져야 합니다. 구약 성경에서 솔로몬에게 주신 "지혜의 마음"을 영어 성경은 "이해하는 마음"으로 번역하기도 합니다.

나가는 말

청지기론을 생각하면서 존 웨슬리의 "언약갱신 기도문(Covenant)" 첫 문장 "I am no longer my own, but yours. 나는 이제 더 이상 내 것이 아닙니다. 주님의 것입니다!"를 꼭 소개하고 싶었습니다. 은사도 직분도 없다면서 달란트를 땅에 묻어 두는 청지기는 악하고 게으른 자입니다. 은사 없는 사람은 없습니다. 각자 받은 은사나 재능을 최선을 다하여 죽도록 충성하므로 착하고 충성된 종이라는 칭찬과 상급을 받기를 바랍니다.

8장 당신은 제자입니까?

> 예수께서 나아와 말씀하여 이르시되
> 하늘과 땅의 모든 권세를 내게 주셨으니
> 그러므로 너희는 가서 모든 민족을 제자로 삼아
> 아버지와 아들과 성령의 이름으로 세례를 베풀고
> 내가 너희에게 분부한 모든 것을 가르쳐 지키게 하라
> 볼지어다 내가 세상 끝날까지 너희와 항상 함께 있으리라
> 하시니라
> – 마태복음 28:18~20 –

들어가는 말

어떤 사람이든 누군가의 제자입니다. 아니면 무엇인가의 제자입니다. 1914년 러시아의 블라디미르 일리치 레닌(Vladimir Ilyich Lenin)은 수백 명으로 1억 명에 달하는 러시아를 무너뜨리고 공산주의 소련을 건국하였습니다. 여기에는 아주 골수 제자들이 큰 힘을 발휘한 것입니다. 젊음, 학벌, 출세, 명예도 오직 한 가지 목표 '러시아 제국을 무너뜨리고 만인의 만인에 의한 평등한 사회'를 꿈꾸었습니다. 이러한 제국을 건설

한다는 자들 모두 '칼 마르크스와 레닌'의 충성스러운 제자들이었습니다. 아직도 지구상 많은 나라 가운데 젊은이들이 그의 제자가 되겠다며 모여듭니다. 철들고 나서, 정신 차리고 나서 보면 부끄럽고 허망한 '인생 낭비'였음을 깨닫습니다.

'누가 더 충성스러운 마르크스, 레닌의 제자가 될 것인가?' 이 질문에 자신이 먼저 레닌의 제자가 되겠다며 치열하게 충성 경쟁을 하였습니다. '제자'가 무엇입니까? 존경하는 대상을 스승으로 삼고 따르는 자를 '제자'라고 합니다. 따라서 칼 마르크스와 레닌을 존경하여 추종하는 자들을 '막시스트/레니니스트'라고 부릅니다. 우리나라에도 NL계열, 주사파의 계보가 이어지고 있습니다. 사람은 누군가 스승을 택하고 나면 좀체 헤어나지 못한다는 것을 보여주고 있습니다.

당신은 누구의 제자입니까?

젊은 지성인 한 사람이 있었습니다. 자신의 눈에 비추어진 조국의 현실은 거짓, 부조리, 위선으로 가득했습니다. 미련 없이 뒤집어 버려야 할 타도의 대상이요 썩은 사회였습니다.

그 지성인은 칼 마르크스와 레닌의 제자요, 북의 '주체사상'의 열렬한 제자였습니다. 어느 날 그는 체포당해 구속되었고 힘겨운 수감 생활에서 그는 자신의 인생을 진정으로 부탁드릴 '스승'을 만나게 되었습니다. 건방진 지성인이 되기 전까지 모셨던 그분, 수감 생활에도 포기하지 않고 그분을 다시 스승으로 모시라고 눈물로 기도해 주시던 어머니의 공이 컸습니다. 결국 그는 예수 그리스도를 자신의 스승으로 모시게 되었습니다.

여러분은 누구의 제자입니까? 예수 믿는 신자입니까? 예수님을 믿는 것은 놀라운 복입니다. 금보다도 귀한 것입니다. 예수를 아는 것, 자녀가 되는 것만으로도 부족합니다. 그의 제자가 되어야 합니다. 예수님의 대명령은 "모든 족속을 제자로 삼으라."입니다(마 28:19).

모든 족속이 예수님 제자 후보생입니다. '예비 제자'입니다. 그렇다면 한 사람, 한 사람 모두 예수님의 제자로 훈련되어야 한다는 뜻입니다. 이 말씀을 나에게 적용을 한다면 나부터 먼저 훈련을 받아야 한다는 것이지요.

우리 사직동교회에는 무려 열아홉 개의 과목이 개설되어 있습니다. 어떤 과목은 소수 정예로 모집되지만 그 외에 많은 과목은 아직도 많은 자들에게 열려 있습니다. 낮 시간에 시간 내기가 어려우시면 저녁반에 참여할 수 있습니다. 저녁반도 무려 일곱 개가 개설되어 있습니다. 이렇게 풍부한 기회를 제공해 드리면 시간이 없다고 핑계할 수 없습니다. 혹 원하는 반에 들어갈 기회를 놓친 분들에게는 담임목사의 특별추천권을 행사하더라도 추가 지원 및 등록을 배려해 드리겠습니다.

19절 말씀은 새롭게 해석되어야 합니다. "모든 족속에게 복음을 전하라."는 선교 수준을 요구하는 것이 아닙니다. 예수님의 제자로까지 만들어야 한다는 명령입니다. 모든 신자 한 사람 한 사람이 빠짐없이 제자가 되어야 한다는 뜻입니다.

그러니 19절을 읽을 때에는 지구상의 '모든 족속'을 먼저 생각하지 말고 여러분 자신을 먼저 그 말씀에다 대입시키십시오. 예수 그리스도를 자신의 구주로 받아들이는 것은 각자의 선택이라 할 수 있으나 예수를 믿기로 결심한 자들은 '제자'가 되는 것이 필수라는 것입니다.

제자 훈련은 모든 신자의 필수 과목입니다.

제자 삼는(만드는) 방법은 무엇입니까?

제자 삼은 첫 번째 원리는 "가서/가라"입니다. 가서 어떻게 합니까? 가서 데리고 오는 것입니다. 집으로 가서 부모님, 남편, 자녀들 친구들을 데리고 오십시오. 그리고 이들에게 새가족 공부를 하라고, 성경 기초반, 공부반에 들어가라고 하십시오. 제자 훈련 예비 과정을 공부하라고, 상담 공부를 하라고 권면하며 격려하고 입학시켜 주십시오.

중학교는 스스로 가서 입학하고 공부할 수 있지만 유치원과 초등학교는 입학을 도와주어야 합니다. 그러므로 19절의 "너희는 가서"라는 말씀을 해외 선교지로 가라는 말씀으로만 해석하면 안 됩니다. 우리 중에는 교회는 다니지만 '제자 훈련'에는 전혀 관심이나 부담을 느끼지 않고 있는 신자들을 제자 훈련의 장으로 데리고 오라는 뜻으로 해석해야 합니다.

여러분! 평생을 그리스도인으로 사셔야지요. 그렇다면 예수님의 제자가 되어야 합니다. 나 자신부터 분명한 예수님의 제자가 되어야 하며 그런 다음에 친구와 가족을 데리고 와서 예수의 제자로 만들어야 합니다. "make disciples!" 예수의 제자로 만들어라! 양성하라! 예수님께서 명령하십니다.

땅 끝까지 가서, 모든 족속들을 제자로 삼아야 마땅한데 그렇지 못하다면 우리 중에 있는 사람들이라도 먼저 이곳으로 데리고 와서 제자로 삼는 것이 마땅하지 않겠습니까? 가나안 농군학교 김용기 장로님이 초창기 노방 전도를 나갔답니다. 전도대원은 아들, 딸들이었습니다.

장로님이 북과 나팔을 구입하고서는 북은 장로님이 치시고 아들(김범일, 김평일)에게는 나팔을 불게 했습니다. 나팔을 생전 처음으로 대해 보니 아무리 힘껏 불어도 소리가 나지 않아 아버지께 말씀드렸더니 "야 이놈들아, 나팔을 만들어 낸 사람도 있는데 만들어 놓은 나팔도 불지 못한다는 말이냐?" 어찌 되었을까요? 아들들은 산에 올라가 입술이 부르트도록 연습하여 마침내 선수가 되었다고 합니다.

김범일 장로님은 지금도 그 나팔을 간직하고 있으며 미국 강연회 갈 때에도 요청에 따라 그 나팔을 가지고 갔다고 합니다. 무슨 이야기입니까? 세상 끝까지 찾아다니며 모든 족속(민족, 종족, 부족)을 제자로 만들 책임을 짊어진 우리입니다. 그런데 우리 가족들, 친구들을 이곳으로 데리고 오지 못해서야 되겠습니까? 먼저 여러분부터 '제자'가 되어야 하지 않겠습니까? 제자 공부하러 부지런히 오십시오. 개근하십시오. 이 자세가 중요합니다. 그리고 매 학기 한 과목은 꼭 참석하십시오.

둘째 원리는 가르치는 것입니다. 다시 말해 배우는 것입니다. 배우는 것만큼 즐거운 일이 또 있을까요? "조문도(朝聞道)면 석사가(夕死可)라."는 말이 있습니다. 배우고 때때로 익히니 이 얼마나 기쁘지 않겠습니까? 또 배우고 지키는 것까지 훈련 받은 사람은 위급한 상황에서도 잘 대처하며 극복할 수 있습니다. 그러니 꼭 제자반에 등록하여 배우시기 바랍니다.

제자반에서는 이런 것들을 배웁니다. *제자가 무엇인지를 배웁니다. *삼위일체 하나님이 누구신지를 배웁니다. *세례 받음의 의미가 무엇인지를 배웁니다. 이런 것들을 배운 사람들은 영향력을 끼치는 사람, 사람을 살리는 사람, 목회의 동역자가 됩니다.

셋째 원리는 지키는 것입니다. 배운 대로, 배운 만큼 지켜야 제자입니다. 제자는 아버지를 닮은 아들이요, 형 닮은 아우입니다. 제자는 스승의 뜻을 성취해야 합니다.

나가는 말

마르크스와 레닌의 제자는 소수임에도 크나큰 러시아 땅을 정복하고 소련을 세웠습니다. 그들은 지극히 인간적인 열정으로도 국가를 세우는데 성공했습니다. 하지만 그들이 세웠던 소련은 70여 년 만에 무너지고 다시 옛 러시아가 1990년에 회복되었습니다. 그러나 구원주이신 예수님을 따르는 우리는 그들보다 더 하나님 나라를 잘 세울 수 있습니다. 모두가 예수님의 제자가 되어 위대한 역사를 창조해 냅시다.

9장 개혁주의 교회관

> 그러나 너희는 택하신 족속이요 왕 같은 제사장들이요
> 거룩한 나라요 그의 소유가 된 백성이니
> 이는 너희를 어두운 데서 불러 내어
> 그의 기이한 빛에 들어가게 하신 이의 아름다운 덕을
> 선포하게 하려 하심이라
> – 베드로전서 2:9 –

들어가는 말

이 시대에는 수많은 단체들이 있습니다. 정권을 창출하려는 정당이 있고, 사회 정의를 실현코자 하는 여러 사회단체도 있습니다. 이러한 단체는 모두 각자의 분명한 목적을 지니고 있습니다. 그런데 그 목적이란 것이 거의 대부분 자신의 이익이나 자신들의 소리를 관철시키는 것입니다. 다시 말해 이들 집단은 이익단체인 것입니다. 물론 자신의 이익을 추구하지 않는 단체도 있습니다. 사회의 봉사와 섬김을 위해 조직된 단체도 있습니다.

교회의 설립 목적

이런 단체들과 달리 교회는 아주 특별한 단체라고 말할 수 있습니다. 교회를 이익단체라 말하기 어렵고, 사회봉사단체라고 말하기도 어렵습니다. 그 이유는 교회 설립 자체가 인간의 요구에 의해 형성된 것이 아니고 하나님께서 만드신 공동체이기 때문입니다.

교회의 분명한 목적을 알기 위해서는 교회를 구성하고 있는 구성원들의 성격을 파악하는 것이 적절하다고 생각합니다. 모여 있는 구성원들의 성격에 따라 교회의 목적이 명확해지기 때문입니다.

교회 구성원들의 성격을 가장 잘 설명하고 있는 성경 말씀을 꼽으라고 한다면 베드로전서 2장 9절 말씀을 꼽을 수 있습니다. 이 본문에서는 우리의 신분을 규정짓고 있는데, 바로 "택하신 족속이요, 왕 같은 제사장, 거룩한 나라, 하나님의 소유된 백성, 어두운 데서 살고 있던 우리를 불러내어 기이한 빛에 들어감을 입은 자들"이라고 말하고 있습니다. 참으로 놀라운 말씀이 아닐 수 없습니다. 그런데 참 안타까운 것은 한국교회가 이러한 순수한 목적을 잃어버리고 있다는 것입니다. 그 결과 한국교회는 심각한 위기를 맞이하게 되었습니다.

한국교회의 위기

한국교회가 안고 있는 위기 현상을 몇 가지 열거하자면 먼저, 교회 설립의 무질서를 들 수 있습니다. 교회 설립의 동기가 순수하지 못하게 세워지는 교회가 있습니다. 또 한편 구조적인 문제가 있습니다. 교단과 교파가 난립해서 효율적이지도 않고 집중하지도 못한 채 교회를 설립합니다. 이에 반해 로마 가톨릭교회는 단일한 위계를 이루어 교회를 세우는 것을 보면 부러울 수밖에 없습니다. 우리가 받은 좋은 복음의 내용을 바른 제도 속에 담아 전할 수 있다면 너무나도 좋은 일일 것입니다.

둘째는 이러한 동기와 더불어 신뢰도가 의문시되는 무인가 사설 신학교의 난립입니다. 하나님의 교회를 바르게 인도하기 위해서는 교회와 목사가 바른 신학 위에 세워져야 합니다. 말씀을 바르게 해석하고, 그것을 통해 하나님의 교회를 반석에 올려놓아야 합니다. 그런 책임감이 특별히 목사와 총회에 있습니다. 그러나 신뢰할 수 없는 신학교의 난립은 말씀을 바르게 분별하는 목사의 능력을 저하시키고, 그 결과 질 낮은 교회의 출현을 도래한 것입니다.

셋째로는 교회의 직분의 세속화를 들 수 있습니다. 교회의 직분은 교회의 목적을 바르게 이루기 위해 세워진 봉사 직분입니다. 그러므로 여기에는 그만한 인격과 영성과 겸손, 그리고 구원의 확신과 감격을 소유한 자가 세워져야 합니다. 그러나 현실에서는 교회의 직분이 그 사람의 위치를 나타내고 있는 상황이 되어 버렸습니다. 사회의 지명도나 재산, 인간적인 인기가 있으면 당연히 직분을 맡아야 하는 것으로 인식이 되고 말았습니다. 그 결과 직분이 대단히 세속화되어 버렸습니다.

넷째로 고난을 싫어하는 신앙 윤리 역시 문제가 있습니다. 우리 기독교는 축복의 종교입니다. 그러나 이러한 축복은 고난과 더불어 오며 그 고난을 통해 누리는 축복이라 말할 수 있습니다. 그러나 고난을 싫어하는 기독교인은 고난 없는 영광만을 요구함으로써 기독교의 본질과는 다른 샤머니즘적인 기복 신앙으로 한국교회가 흘러가고 있습니다. 이로 인해 기독교의 위상이 많이 저하되었으며 우리의 정체성도 많이 훼손되었습니다.

개혁주의 교회관을 확립하라

그러면 개혁주의 교회관을 바르게 확립하기 위한 우리의 대안은 무엇입니까? 우선 교회에 복음이 있어야 합니다. 더불어 그 복음을 담은 바른 말씀이 지속적으로 선포되는 교회를 지향해야 합니다. 복음으로 사람을 변화시키고 하나님의 교회를 확장하는 것이 교회의 기본 원리입니다. 이 원리를 굳건히 세워야 합니다.

둘째는 신앙고백을 바르게 하며 이런 자들에게 세례를 주어야 합니다. 복음의 정체성을 분명하게 지닌 그리스도인을 양성하는 교회를 지향해야 합니다. 그리스도의 교회는 바른 신앙고백 위에 세워집니다. 그리고 신앙고백이 분명한 자들에게 세례를 주어 참된 그리스도의 제자를 만들어야 합니다. 이렇게 함으로 예수님께서 우리에게 명하신 명령을 바르게 완수해 나갈 수 있을 것입니다.

마지막으로 교회의 순수성과 질서가 존중되고 권징이 살아있는 깨끗하고 수준 높은 교회를 지향해야 합니다. 하나님께서 교회를 구별되게 부르셨음을 꼭 기억해야 합니다.

나가는 말

예수님의 보혈로 값 주고 사신 것이 바로 교회입니다. 이런 관계를 기억해야 이 마지막 때에 하나님의 교회를 참으로 아름답게 보전하며 개혁적인 교회로 만들 수 있습니다. 하나님의 교회는 순수한 복음이 살아 있는 교회여야 합니다. 교회의 순결성이 보존되어야 합니다. 이를 위해 교회는 계속해서 순수한 복음을 지키기 위해 애를 써야하며, 하나님께서 주신 순결한 말씀에 순종하고자 우리 자신을 날마다 개혁해야 할 것입니다. 그때야 비로소 교회를 통해 하나님 나라가 완성될 것입니다.

10장 착한 행실을 보고 하나님께 영광을 돌리게 하라

이같이 너희 빛이 사람 앞에 비치게 하여
그들로 너희 착한 행실을 보고
하늘에 계신 너희 아버지께 영광을 돌리게 하라
— 마태복음 5:16 —

들어가는 말

성경에는 기독교인의 착한 행실을 강조하고 있는 말씀이 많이 있습니다. 하지만 한국교회는 이러한 부분에서 너무나 소극적인 입장을 취해왔습니다. 구한말 쓰러져 가는 조국의 현실 앞에서 피를 토하며 기도와 실천으로 자신의 몸을 불살랐던 신앙의 선배들의 아름다운 미덕은 이제 찾아보기가 어려운 실정입니다.

본회퍼가 말한 '값싼 복음'이라 할 만한 오도된 복음에 한민족 특유의 열정적이고 기복적인 종교성이 결합하여 한쪽으로 치우친 교회의 형태를 만들어 버렸습니다. 이제 교회는 더 이상 세상의 빛과 소금이라 말하기 부끄러울 지경입니다. 오히려 세상의 어둠과 부패를 막는 것이 아니라 세상으로부터 질타를 받고 있는 실정입니다. 크게 반성하고 심기일전해야 합니다.

부정부패 가운데 선 그리스도인

물론 인간은 전적으로 타락한 존재이기에 성경에서 말하는 착한 행실을 행하는 것이 그리 쉬운 문제는 아닙니다. 하지만 최근 한국 사회 속에서 기독교인들이 보여주는 모습은 그 정도에 있어 좀 심합니다. 항상 굵직굵직한 사건에 연루되는 기독교인들 때문에, 언제부터인가 우리들은 대형사고가 터질 때마다 '이번엔 제발 교인이 연루되지 말아야 할 텐데'하면서 마음을 졸이고 있습니다. 세상의 빛과 소금은커녕 세상의 부패 한복판에서 중추적인 역할을 하고 있으니 놀라지 않을 수가 없습니다. 더구나 그들이 교회의 중직자이니 더욱 안타깝습니다.

부정부패의 전형인 '게이트'가 끝없이 터지는 중에 연루자들 중 적지 않은 사람이 교인인 것으로 드러났습니다. 이러한 상황에서 교회는 말씀처럼 우리 행실로 하나님께 영광을 돌리게 하는 것이 아니라, 하나님의 영광을 가리는 결과를 낳고 있습니다. 물론 교회의 중직자가 사건에 연루된 것이 어제 오늘의 일이 아니지만 이처럼 전국을 떠들썩하게 만드는 일에 교회의 중직자가 관련되었다는 것은 단지 그 개인에게만 책임을 물을 것이 아니라 한국교회 전체가 사죄하고 회개해야 할 문제임이 분명합니다.

아름다운 청년?

최근 우리를 놀라게 한 사건이 있습니다. '아름다운 청년 모씨'에 대한 것입니다. 그가 이번에 미국 시민권을 획득하고 병역을 기피하게 되면서 사회적으로 상당한 물의를 일으켰습니다. 물론 이 문제는 다양한 이견이 있을 수 있습니다. 그가 어떤 국적을 선택하건 그것은 그의 자유이고 여기에 누구도 이의를 제기 할 수는 없습니다. 하지만 그는 공인이고 공개적으로 자신의 신앙을 고백한 교인인 것이 문제입니다.

그는 연예인들 사이에서는 물론이고 일반 국민들 사이에서도 예수 잘 믿는 청년으로 정평이 나 있었던 사람이었습니다. 따라서 이 문제는 그저 개인적인 차원에서만 이해하고 넘어갈 수는 없는 문제입니다. 그는 언론에서 군에 가겠다고 호언장담 하던 바로 그때 이미 미국 시민이 되기 위한 준비를 하고 있었습니다. 전 국민을 대상으로 거짓말을 한 것입니다. 한 사람의 공인으로서 그리고 정직해야 하는 기독교인으로서 거짓말을 한 것은 용서 받기 힘든 일임이 분명합니다.

그는 한동안 한국교회의 자랑거리였습니다. 선교적인 측면에서 긍정적인 역할을 감당했음이 분명합니다. 하지만 이번 사건으로 인해 그가 그 동안 전도한 만큼 오히려 복음의 문을 막는 기능을 할 것임이 불을 보듯 뻔합니다.

그는 소위 신앙이 좋은 청년일수는 있지만 한쪽으로 치우친 편협한 신앙을 가진 사람이 되어 버렸습니다. 안 그래도 사회에서 기독교인들이 자신만 알고, 기회주의적이라고 평가하고 있는데 이러한 생각에 쐐기를 박은 것이 되어 버렸습니다.

교회는 교회다워져야

이제 우리는 너무나도 '위기'라는 말에 익숙해져 버려서 위기를 주목하지도, 놀라지도 않습니다. 사실 이것은 대단히 위험한 상태입니다. 죽을 위기임에도 불구하고 자기 상황을 깨닫지 못해 죽어버릴 수도 있기 때문입니다.

한국교회의 위기를 보면서 강 건너 불구경으로 치부해서는 안 됩니다. 모든 교회와 성도는 '한국교회'라는 단수의 입장에서 모든 상황과 사건을 이해해야 합니다. 개인의 영역, 개체교회의 입장에서 '부족한 것이 없다, 이만하면 됐다.'는 안일에 빠져서는 안 됩니다. 한국교회가 불신자들에게, 나라와 민족 앞에 어떤 모습으로 비춰지고 있는지 깨달아야 합니다.

우리는 작금의 이런 현실 앞에서 위기의식을 가져야 합니다. 왜냐하면 그리스도인이라면 날마다 자신과 교회 앞에서 깨어 있어야 하기 때문입니다. 이런 추태가 앞으로도 계속된다면 이젠 정말로 우리 한국교회는 나라와 민족 앞에서 '맛을 잃은' 소금이요 '비추지 못하는' 빛이 될 것입니다. 위기의식이 없다면 서서히 맛을 잃어가고 빛이 사그라지는 것을 깨닫지 못합니다. 결국 어느새 사람들 발에 밟힌 바 되어 버리고 말 것입니다.

교회는 더욱 교회다워져야 합니다. 성도는 더욱 성도다워져야 합니다. 이것이 바로 교회의 존재 이유이며 목적입니다. 빛과 소금은 한마디로 그리스도인의 정체성이라 할 수 있습니다. 이 정체성을 분명히 하는 것은 교회의 일인 동시에 성도 각자의 몫이기도 합니다.

한국교회를 향한 하나님의 소망이 무엇입니까? 우리나라를 향한 하나님의 소망은 무엇입니까? 온 세계가 우리 한국교회를 향하여 무엇을 바라고 있습니까? 너무나도 분명합니다. 그것은 바로 교회가 더욱 교회다워지는 것입니다. 한국교회는 나라와 민족 앞에 영향력을 발휘하는 자리로 나아가야 합니다. 이런 자리로 나아가지 못하게 하는 것이 무엇인지는 너무나 분명합니다. 바로 교회와 성도의 올바르지 못한 삶입니다. 한국교회가 나라와 민족을 주도하기 위해서는 하나님은 물론이거니와 사람들 앞에서 떳떳해야 합니다.

21세기 한국교회의 책임

기필코 21세기에는 한국교회가 동북아를 책임지고 감당해야 합니다. 그러기 위해서는 교회가 기본적인 일에 바로 서야 합니다. 기본적인 일은 무엇입니까? 하나님은 우리의 중심을 보시지만 세상은 우리의 외모를 보고 판단합니다. 이 외모는 면모이며, 면모는 마태복음 5장 16절의 "행실"과 무관하지 않습니다.

성도가 일상적인 생활 가운데서 빛과 소금의 면모를 잃지 않는다는 것은 무엇입니까? 그것은 원칙을 세우고 그것을 지키는 것입니다. 통념적인 교양과 상식의 선을 지키는 것입니다. 손가락질 받을 만한 일을 보지도 말고 행하지도 말아야 합니다. 성도는 원칙을 지켜야 합니다. 하나님께서도 우리를 향하여 법을 세우시고는 그것을 귀히 여기시고 지키시지 않습니까?

특별히 직장인으로서도 부족함이 없어야 합니다. 사회의 구성원으로서 역할을 다해야 합니다. 교회의 청년이 무능력과 패배적인 모습으로 일관할 때 교회와 그리스도의 이름은 훼손됩니다. 성도는 사회의 구성원으로서 기능의 탁월성을 확보하기 위해서 세상 사람들보다도 항상 연구하고 배우는 자세로 주어진 일을 감당하여야 합니다.

또한 교회는 신자와 불신자 모두들로부터 신뢰받는 인격을 연마하여야 합니다. 인격적 감화와 모범적 생활을 통하여 이웃과 세상을 감동시키고 잃어버린 신뢰를 회복해야 하기 때문입니다. 이런 것들은 어떤 한 교회가 열심을 낸다고 해서 되는 일은 아닙니다. 한국교회는 교단과 상관없이 하나이며 운명 공동체입니다. 우리 모두의 이름이 교회라는 하나의 이름으로 불리기 때문입니다.

이를 위해 교회는 가르치고 교인들을 지도해야 합니다. 이런 면모들은 특별히 설교를 통하여 강조되어야 합니다. 교단에 상관없이 온 교회가 교양 주간을 정하고 사회에서의 성도의 역할과 자세에 관하여 가르치는 것도 좋은 방법입니다. 김장을 할 때는 항상 소금을 먼저 뿌려서 간을 맞추고 나중에 여러 가지 양념으로 마무리하는 것처럼, 기본적인 교양 교육은 성도들에게 필요합니다. 교양 교육을 무시하거나 뒤로 하고 매사에 서두르는것은 너무 열매에만 집중하는 태도입니다. 나무가 합당한 영양분을 섭취하지 못하고 열매를 맺고 그 열매의 씨로 다시 나무와 열매가 되면 그것은 악순환입니다. 결국 나무도 열매도 점점 감소하게 되는 결과를 맞이할 것입니다.

나가는 말

한국교회의 어깨 위에 놓으신 하나님의 일거리를 넉넉하게 감당하는 첫 걸음이 우리 각자의 착한 행실이라는 것을 기억합시다. 부디 선한 행실을 추구함이 불같이 일어나서 한국교회가 나라와 민족 앞에서 빛과 소금같은 역할을 감당할 수 있기를 바랍니다.

11장 아브라함처럼 복을 나누어주는 사람이 됩시다

내가 너로 큰 민족을 이루고 네게 복을 주어
네 이름을 창대하게 하리니 너는 복이 될지라
너를 축복하는 자에게는 내가 복을 내리고
너를 저주하는 자에게는 내가 저주하리니
땅의 모든 족속이 너로 말미암아 복을 얻을 것이라 하신지라
− 창세기 12:2~3(1~9) −

들어가는 말

오래 전 어느 교회에서 있었던 일입니다. 어떤 목사님이 교인인 한 할머니 댁에 찾아가 심방을 했습니다. 예배를 드린 후 할머니는 종이 한 장을 꺼내시더니 목사님에게 드렸습니다. 살펴보니 '복권'이었습니다. 사연인즉 심심풀이로 하나씩 구입하였는데 눈도 침침하고 관심도 없어져 그 복권을 목사님께 드리며 "목사님! 당첨이 되든지 아니면 휴지조각이 되든지 알아서 하세요." 하고 드렸습니다. 그런데 그 복권이 그만 1등에 당첨이 되어버린 것입니다. 놀란 가슴을 진정시킨 목사님은 그만 걱정이 앞섰습니다.

'평생 백만 원도 만져보지 못한 할머니가 1등 그것도 3억 원에 당첨된 사실을 듣는다면 그 자리에서 기절하지 않을까?' 이런 우려하는 마음으로 할머니를 찾아간 목사님은 어떠한 경우에도 충격을 받지 않게 하기 위해 먼저 이런 저런 이야기를 나누었습니다. 이후 복권에 당첨되었다는 말을 할머니에게 조심스레 말씀드렸는데, 이게 웬일입니까? 전혀 놀라는 기색이 없이 "목사님! 오늘이라도 하나님께서 부르시면 가야 할 나이 많은 내가 그 큰돈이 무슨 필요가 있겠습니까? 그러니 그 돈은 목사님이 필요한데 쓰세요." 그런데 놀랍게도 듣고 있던 목사님이 그만 기절하고 말았습니다. 살아오면서 새삼 깨닫는 것이 우리 목회자보다 성도 여러분들의 믿음이 더 좋으며 봉사와 헌신도 더 많이 하고 있다는 것입니다.

한때 우리의 관심을 크게 끌었던 대조적인 두 가지 이야기가 있었습니다. 한 가지는 경제부총리가 도덕적으로 떳떳할 수 없는 불로소득(약 60억)의 문제가 불거져 악화된 여론으로 인해 중도 하차한 사건입니다. 개인적으로 안타까운 것은 그 문제가 터져 나왔을 때 그 불로소득분을 사회에 환원시켜 버렸다면 부총리 자리에서 물러나더라도 명예는 지켰을 것인데 그렇게 하지 않은 점입니다.

또 한 가지는 고려대 앞에서 1,000원짜리 햄버거 가게를 경영하는 이씨 사연입니다. 초등학교 4학년의 학력이 전부인 그는 산전수전을 겪으며 안 해본 장사가 없을 정도로 힘들게 생활하다가 비록 작지만 햄버거 가게를 통해 아름다운 성공을 거두게 됩니다. 그는 자기가 만든 음식을 사 먹었던 주 고객인 고려대 학생들을 위하여 매 년 수천만 원의 장학금을 학교에 기증하며 할 수 있는 한 많은 인원을 채용하고, 가

맹점을 열고자 하는 이들에게 성의껏 도와주는 '나눔의 경영 철학'을 지금도 잘 실천하고 있었습니다. 참으로 아름다운 사연입니다.

오늘 우리는 '아브라함의 복'을 살펴보고자 합니다. 아브라함 하면 '복을 많이 받은 사람'으로 생각하지만, 그러나 오늘은 '복을 많이 나누어주었다'에 초점을 맞추어 보고자 합니다.

아브라함은 '복의 근원'이 되어주었습니다

2절에 "내가 너로 큰 민족을 이루고 네게 복을 주어 네 이름을 창대케 하리니 너는 복의 근원이 될지라." 정말 멋진 인생입니다. 사람들은 아브라함이 큰 민족을 이루고, 큰 복을 받고, 이름이 창대케 된다는 것에 관심을 둡니다. 그리하여 나도, 내 자녀도 아브라함처럼 큰 믿음의 가문을 이루어 창대케 되는 복을 달라고 금식하며 때로는 철야 기도도 합니다. 그러나 이 말씀의 강조는 2절 끝에 있습니다. "너는 복의 근원이 될지라."

받은 복을 독점하거나 움켜잡거나 숨겨 두어라는 뜻이 아닙니다. 그와는 반대로 복을 나누어주고, 흩어 구제하며, 베풀며, 창고를 잠그지 말고 열어서 나누어주어라는 뜻입니다. 이렇게 살았던 아브라함은 위대한 인물이 되었습니다.

규장문화사를 운영하는 여운학 장로님은 한국 출판계에서 존경받는 분입니다. 아들 다섯 명을 둔 장로님은 예수 믿기 전에 가훈을 정했고 그 가훈대로 자녀들을 열심히 가르쳤습니다. 그 내용인즉 '정직하고 부지런한 사람이 되자'였습니다. 그러나 평생 봉사와 헌신과 희생정신으로 살아가던 고 장기려 박사의 삶을 지켜보고서 여장로님은 '주 안에서 바보 되고 주 위해서는 손해 보자'라는 그분의 인생 교훈을 가훈으로 새롭게 삼아 실천하고자 애를 썼습니다.

새롭게 가훈을 정하고서 자녀들을 키워 보니 아들 다섯 명이 정말 사회생활에서 바보(?)가 되어 가더랍니다. 여장로님은 이런 아들들을 바라보며 믿음이 약해지고 장래가 염려되기 시작했답니다. 우리가 살다보면 주님을 위하여 살다 바보가 되고 손해를 보게 되더라도 채워주시는 갑절의 은혜를 경험하지만 장로님은 억지로 참고 견디며 행하는 것은 주님이 기뻐하지 않는다는 것을 깨달았습니다. 그래서 5년 전에 '주 안에서 즐겨 바보 되고 주 위해 기뻐 손해보자!'로 가훈을 수정했다고 합니다.

아브라함은 양보함으로 복을 나누어주었습니다

"아브람이 롯에게 이르되 우리는 한 친족이라 나나 너나 내 목자나 네 목자나 서로 다투게 하지 말자 네 앞에 온 땅이 있지 아니하냐 나를 떠나가라 네가 좌하면 나는 우하고 네가 우하면 나는 좌하리라"(창 13:8-9). 성도 여러분! 꼭 물질을 나누어주는 것만이 '복을 나누는 것'이 아닙니다. "나는 물질이 없어 복을 나눌 것도 없습니다." 이렇게 말하지 맙시다. 정말 중요한 것은 내 앞에 상대방과 이해관계에 놓였을 때 상대에게 양보하는 것이야말로 진정 복을 나누는 것입니다.

일찍 아버지를 여읜 롯은 큰아버지 아브라함의 도움으로 성장했습니다. 그동안 아들과 같은 사랑을 받으며 커왔습니다. 그럼에도 불구하고 롯은 여전히 '자기 욕심'에서 벗어나지 못했습니다. 지금 상황에서는 롯이 당연히 양보해야 합니다. 이미 늙어버렸고, 험난한 생을 살아오며 많이 지쳐있으며 거기다가 노후를 돌보아줄 자식도 없는 아브라함이 더 좋은 땅을 가지는 것이 합당하지 않겠습니까? 그러나 아브라함은 놀랍게도 조카 롯에게 선뜻 모두 양보하며 복을 나누어주고 있습니다.

이러한 모습을 본 하나님께서 아브라함에게 더 큰 복으로 격려하셨습니다. 13장 14-17절을 보십시오. 그렇습니다. '내가 무엇이 되어야 하겠다. 내가 저 사람보다 높아져야 하겠다. 더 빨리 유명해져야 하겠다.' 이런 태도는 '복을 나누어주는 그리스도의 정신'이 아닙니다. 복을 나누어주는 성도 여러분 되기 바랍니다.

아브라함은 사람을 살림으로 복을 나누어주었습니다

아브라함은 죽을 사람, 아니 죽은 사람과 똑같은 처지였던 조카 롯을 살려내므로 복을 나누어주는 사람이 되었습니다(창 14:11, 16). 롯은 전쟁 포로로 끌려가 거의 죽을 지경에 놓였습니다. 그 소식을 접한 아브라함은 집에서 키우고 훈련시킨 사람 318명을 데리고 구출 작전을 펼쳤습니다. 소수였지만 조카 롯의 생명을 구하기 위해 위험한 길에도 기꺼이 나섰습니다.

이런 아브라함의 모습에서 알 수 있는 복의 근원이 되는 사람, 복을 나누어주는 사람의 모습은 어떤 모습입니까? 바로 사람을 살려내는 사람입니다. 여러분은 어떤 사람입니까? 죽어 가는 사람을 살려내는 사람입니까? 탈진하여 기력이 쇠잔해져 가는 사람을 회복시키고 있습니까? 도둑맞고 납치당해 포로가 된 사람을 되찾아온 적이 있습니까? 사람을 살리는 성도 여러분 되기 바랍니다.

아브라함은 사람을 키움으로 복을 나누어주었습니다

아브라함은 참으로 끝없이 복을 나누어준 사람입니다. 아브라함은 318명이나 되는 고아들을 핏덩이 시절부터 데려다가 젖먹이고, 키우며 공부시켜 건장한 청년들로 만들었습니다(창 14:14). 내가 낳은 아이도 젖 먹여 키우기는 힘든데, 자신의 자녀도 아닌 아이들을 키우기에는 아내 사라의 내조도 컸을 것입니다. 아내를 끔찍이 사랑하는 아브라함이 아내의 이해와 동의 없이 이 일은 불가능했을 것입니다. 그러므로 부군들이 아브라함처럼 복을 나누어주는 사람이 되기를 원한다면 아내의 즐거운 이해와 협조가 절대적으로 필요합니다. 고아와 다름없던 이들이 아브라함 부부의 지극한 정성으로 건장하게 자랐으니, 비록 위험하더라도 생명을 살리고자 하는 아브라함의 선한 뜻에 부응하여 자기 목숨을 아끼지 않고 빼앗긴 자들을 찾으러 길을 떠난 것입니다.

그렇습니다. 인간적으로 볼 때는 전혀 희망 없어 보이는 사람을 '기르고 키우고 공부시켜 용맹스러운 일꾼'으로 만들어 내는 일. 이것이야말로 복을 나누는 일입니다. 참으로 위대한 봉사요, 헌신입니다. 그렇다면 전도하는 일, 그들을 교회로 데리고 오는 일, 잘 보살펴 주고 온전한 그리스도인으로 만들어내는 이것은 '최고로 아름다운 복을 나누는 일'인 것입니다.

나가는 말

우리는 이전까지 아브라함이 받은 복에만 관심을 가졌습니다. 그는 하나님께 대단히 큰 복을 받은 것이 분명합니다. 그러나 그는 복 받은 사람인 동시에 복을 나누어주는 사람이었습니다. 성도 여러분, 여러분이 받은 복은 무엇입니까? 하나님께 복을 받았으니 이웃과 형제들에게 양보하십시오. 사람을 살림으로 복을 나누어주며 또 사람을 키움으로 복을 나누기 바랍니다. 그리하여 하나님께 더욱 기쁨이 되는 삶을 살기를 바랍니다.

12장 신앙의 정통과 생활의 순결 고신교단

하나님이 이 모든 말씀으로 말씀하여 이르시되
나는 너를 애굽 땅, 종 되었던 집에서 인도하여 낸
네 하나님 여호와니라
너는 나 외에는 다른 신들을 네게 두지 말라
- 출애굽기 20:1~3 -

들어가는 말

역사는 "기록"되어야 하고 "기억"되어야 합니다. 역사가들이 어떤 사건을 기록해도 자손들이 기억하지 못하면 아무런 소용이 없습니다. 우리 조상들은 기록을 열심히 남겼습니다. 중요한 것은 후세들이 공부를 하고 기억해야 합니다. 영국의 저명한 역사학자 아놀드 토인비(Arnold Toynbee) 교수는 "역사를 망각하면 실수가 되풀이 되고 존재가 사라질 수 있다."고 경고했습니다. 역사를 공부하지 않으면 실수를 되풀이 하는데 개인뿐 아니라 국가마저도 그럴 수 있습니다. 신명기 6장 4-9절에서 말하는 것처럼 부모 세대는 정확하게 배워야하고 자녀들에게 부지런히 가르쳐야 합니다. 그렇기 때문에 저는 신사참배 80주년을 기억하면서 이런 특강을 하는 것입니다.

2018년 9월 9일은 신사참배 결의 80주년이 되는 날입니다. 신사참배는 한국교회가 남긴 부끄러운 역사입니다. 우리는 역사를 대할 때 수치스러운 것은 미화하거나 숨기고 아름답고 화려한 것만 부각시켜서는 안 됩니다. 정직한 역사 공부는 실수하고 수치스러웠던 역사까지도 정확하게 배우는 것입니다. 독일처럼 정직한 나라는 부끄러운 역사라도 드러내어 교훈을 삼지만, 일본같은 나라는 수치스러운 역사는 가급적 숨길 뿐 아니라 수치를 오히려 미화시켜 후손들에게 잘못 가르치는 일들이 너무나 많습니다. 예를 들면 '위안부' 문제와 같은 것들 입니다. 한국과 아시아의 젊은 여성들을 일본군의 성노리개로 비참하게 인권을 유린하고도 일본은 공식적으로나 국가적으로는 인정하지 않습니다. 양심 있는 학자들이나 일부 사람들만이 일본의 만행과 전쟁 범죄에 관한 역사적인 자료를 발굴하면서 자기들의 정부를 향해 소리를 지르고 있는 현실입니다.

그러나 우리는 정직해야 할 그리스도인입니다. 그리스도인이기에 우리의 수치스러운 역사도 알고 있어야 합니다. 오늘은 첫 번째로 우리나라 역사에 대해 이야기하고, 두 번째로는 한국 장로교회의 역사를 살피면서 신사참배 문제를 다루려고 합니다.

역사를 배우지 못한 결과

우리 민족의 역사를 먼저 살펴보겠습니다. 우리 민족에게는 삼국사기, 삼국유사와 같이 삼국 시대의 생활상을 알려주는 책이 있고, 고려 시대에는 고려사, 조선 시대에는 조선왕조실록과 같은 탁월한 책들이 있습니다. 그런 면에서 우리나라는 참 훌륭합니다. 그러나 이면에는 좋지 않은 면들도 있습니다. 망각의 병과 분열, 정쟁의 병입니다. 안타깝게도 일본이 지난 36년간 우리나라를 지배할 때에 이 전략을 얼마나 많이 사용했는지 모릅니다. 우리는 이런 우리의 약점을 깨달아야 합니다.

  대표적인 예가 바로 임진왜란(壬辰倭亂)입니다. 각 당파의 입장에 따라 적전분열(敵前分裂)함으로 전쟁을 막을 수 없었습니다. 병자호란(丙子胡亂)도 마찬가지입니다. 1636년에 청나라가 쳐들어왔습니다. 임진왜란이 끝나고 50년이 채 지나지 않아 똑같은 어리석은 일을 반복했고 결국 큰 위기를 만났습니다. 50년 전 선조가 압록강까지 도망했던 것처럼 인조도 남한산성으로 도망했습니다. 결국 인조는 삼전도에서 죄수의 옷을 입고 청 태종 앞에서 삼궤구고두례(三跪九叩頭禮: 명령을 듣고 무릎을 꿇어 이마를 땅에 닿게 해서 세 번 절하는 것)를 해야 했습니다. 침략자 청나라는 물러나면서 막대한 전쟁 배상금을 요구했고 그 결과 많은 젊은 여인들이 공출되어 힘든 삶을 견뎌야 했습니다. 후에 이들은 조국으로 돌아왔지만 '환향녀(還鄕女)'라는 이름으로 고통 받아야 했습니다. 실로 이 '환향녀'라는 슬픈 이름은 우리나라의 수치스런 역사가 만들어낸 고통의 어휘입니다.

  일본에게 당한지 400년 만에 다시 한번 꼭 같은 일을 당했습니다. 바로 1905년에 있었던 을사늑약(乙巳勒約)입니다. 그리고 1910년에 굴욕적인 경술국치(庚戌國恥)를 당하게 됩니다. 이때부터 36년간 우리나라는 일제의 말할 수 없는 학대와 고통을 당해야 했습니다. 우리는 이런 역사를 잘 알아야 합니다. 우리 민족은 역사 교육이 약합니다. 기억하지 않으면 같은 실패와 실수가 반복될 수밖에 없습니다.

너무나도 비굴한 장로교회 역사

같은 맥락에서 조선예수교장로회의 역사 역시 눈여겨봐야 합니다. 1866년 영국의 토마스 목사님이 뜨거운 가슴을 안고 한국에 선교하러 왔습니다. 한강으로 오려고 계획했었는데 뱃길이 잘못되어 대동강으로 오게 되었습니다. 당시 조선은 쇄국 정책을 펴고 있었기 때문에 배는 화공으로 불탔고 26살의 젊은 영국 청년 토마스 목사님은 관군에 의해 살해당했습니다. 이 일 후에 1884년 미국에서 의사 한 분이 들어왔는데 그분이 알렌 선교사입니다. 알렌 선교사는 서울에 서양식 병원 광혜원을 세웠습니다. 이후 이 병원은 미국 사업가 세브란스의 후원으로 증축했고 이름을 세브란스병원으로 변경했습니다. 1885년에는 장로교 선교사 언더우드가 들어왔고, 그는 연희전문학교를 세웠습니다. 후에 이 둘이 합쳐져 연세대학교가 되었습니다.

이런 분위기에서 1912년 9월 1일 평양에서 처음으로 장로교총회가 열렸고 총회가 열리기 전 1907년에 한국 최초의 목사 7명(서경조, 한석진, 이기풍, 송린서, 방기창, 길선주, 양전백)이 장립을 받았습니다. 이들의 불같은 헌신으로 교회가 부흥했지만 1938년 9월 9일 한국교회에 참으로 부끄러운 일이 일어났습니다.

1938년 9월 9일 평양 서문밖교회에서 제27회 조선예수교장로회 총회가 개최되었습니다. 그리고 주요 안건으로 일본이 요구하는 신사참배 참여 안건을 평안노회가 헌의했습니다. 이때 총회장은 평안노회 홍택기 목사였고 마지막까지 반대한 것이 바로 경남노회였습니다. 평안노회는 신사참배를 주도했고 경남노회는 끝까지 반대했습니다. 역사를 놓고 보면 '평양이 공산당의 소굴이 된 것과 6.25 전쟁 때 부산, 마산이 안전했던 것이 과연 아무런 상관관계가 없는 일일까?'하는 생각이 들기도 합니다.

당시 헌의안의 내용은 신사참배는 종교의식이 아니라 국민의례(國民儀禮)이기 때문에 양심의 부담 없이 참여할 수 있고, 그 자체는 죄가 아니라는 것이었습니다. 평안노회가 이 안을 상정했고 일본 군대와 경찰의 억압 속에서 통과시켰습니다. 당시 총회장은 "가(可) 합니까?" 물은 후에 "부(否) 하시면 아니오 하십시오"를 묻지 않았습니다. 모든 회의에서 사회자가 어떤 안건을 묻고 결정할 때 올바르게 가부를 묻지 않으면 그 결정은 무효가 됩니다. 사회자가 묻지 않았음에도 불구하고 전국에서 모인 총대들 그 누구도 이의를 제기하지 않았습니다. 그렇다면 반대하던 경남노회는 어디에 있었을까요? 신사참배를 반대하던 주기철, 한상동, 손양원 목사 등은 일제의 치밀한 계획에 따라 감옥이나 구치소로 예비 검속되어 발언할 수가 없었습니다.

이때 미국 선교사였던 한부선 선교사가 용감하게 일어서서 "회장! 왜 아니오를 묻지 않습니까?"라고 큰 소리로 이의를 제기했지만 곧 일본 경찰에 의해 회의장에서 내던져지고 말았습니다. 한부선 선교사는 이 일로 추방당해 본국으로 귀환했다가 해방 후에 다시 돌아와 고려신학교를 위해 평생을 헌신하셨습니다. 이 사건은 한국교회 역사상 가장 수치스러운 날이었습니다. 주기철 목사는 '나의 5대 각오'라는 설교를 하면서 '대동강아 모란봉아 나와 함께 울자'하며 탄식했습니다. 한국교회가 스스로 정절을 버렸다는 것입니다. 이 설교를 마지막으로 주기철 목사는 평양 감옥에 끌려가서 해방 직전 옥중에서 순교했습니다.

신앙의 정통과 생활의 순결을 위해

해방 후 이 큰 죄를 공적(公的)으로 회개하고 정리할 기회를 마련했습니다. 출옥성도였던 손양원, 한상동 목사는 자숙안을 헌의했습니다. 그러나 완악한 총회는 거부하고 도리어 경남노회 총대들의 자격을 박탈하는 일을 저질렀습니다. 그뿐 아니라 1951년 5월 25일 부산중앙교회에서 열렸던 전국 장로교총회에서 신사참배를 반대하는 것에 앞장섰던 경남노회 총대들을 강제로 쫓아내고 어용으로 경남노회를 만들어 회의를 진행하기까지 했습니다.

이때 총회에서 축출된 목사님들이 어쩔 수 없어서 뜻을 맞춰 신학교를 세우고 가꾼 것이 바로 오늘날 고신총회입니다. 이들은 감옥에 갇혔을 때 타협하는 말 한마디만 했더라면 감옥에서 나올 수 있었습니다. 그러나 신앙의 정절과 정통, 생활의 순결을 지키기 위해서 고난을 기꺼이 감수했습니다. 이것은 우리 선배들이 우리에게 보여 준 아름다운 흔적입니다. 이 흔적은 우리 고신교단을 통해 이어졌고 결국 오늘날 고신대학교와 고려신학대학원이 되었습니다.

나가는 말

오늘 이 시대는 일제 강점기와 같은 강제, 강요, 박해가 없음에도 불구하고 그릇된 성경해석과 자의적인 판단으로 자신을 주장하는 말세적 신형 신사참배가 예사로 이루어지고 있습니다. 이 시대 사람들이 그릇된 성경해석과 자의적 판단으로 신앙생활을 하는 것은 어떤 의미에서 보면 사사시대로 돌아가는 것과 같은 일입니다(삿 21:25). 사람들이 하나님을 왕으로 섬기지 않다 보니 어느새 사람들이 왕이 되었습니다. 지금 한국교회에 이런 일이 너무 많이 일어나고 있습니다. 그렇기 때문에 우리는 정신을 바짝 차려야 합니다.

우리 사직동교회는 마지막까지 한국교회의 신앙의 정통, 생활의 순결을 지키는 보루가 되어야 합니다. 이런 면에서 우리 성도들이 깊은 결단을 내리고, 젊은 세대부터 신앙교육을 잘 받고 또 잘 전수하여 조국교회를 파수하는 사람들이 되어야 합니다. 역사를 기억하고 다가올 역사에서 승리하는 우리 성도님들이 되시기를 축복합니다.

13장 일상의 행복

> 그러므로 이제 그리스도 예수 안에 있는 자에게는
> 결코 정죄함이 없나니
> 이는 그리스도 예수 안에 있는 생명의 성령의 법이
> 죄와 사망의 법에서 너를 해방하였음이라
> - 로마서 8:1~2 -

들어가는 말

사람들은 누구나 행복하게 살고 싶어 합니다. 사람의 한 평생은 행복을 찾아 쉬지 않고 달려가는 고난의 경주처럼 보입니다. 그러나 사람들은 여전히 자신이 행복하다고 믿지를 않습니다. 선진국이라고 일컬어지는 미국, 프랑스, 일본의 경우 국민들 중 겨우 15-20%만이 자신이 행복하다고 믿는답니다. 어느 나라 국민 못지않게 열심히 일하고 수고하였지만 그들 중 80%는 스스로를 불행하다고 생각하면서 인생을 힘들게 살고 있습니다.

부패한 인간의 행복 추구

한국 사람들은 행복해지려고 무던히 노력합니다. 열심히 일합니다. 악착같이 돈을 벌고 모읍니다. 열심히 공부합니다. 먹지도 않고 잠을 자지도 않고, 놀지 않고 오로지 공부하고 일합니다. 어떤 사람은 수단과 방법을 가리지 않고 출세를 하거나 크고 작은 권력을 손에 넣습니다.

어떤 사람은 이 한국 땅에서는 행복을 손에 쥐기가 글렀다고 판단하고서는 외국으로 이민을 떠납니다. 어떤 사람은 남이 갖지 않는 월등한 재산을 소유하기만 하면 틀림없이 행복해질 거라고 굳게 믿고서는 온갖 거짓말과 부정직한 수법을 동원하여 더러운 부자가 되기도 합니다.

미국 뉴욕의 고급 주거지 맨해튼에는 갑자기 한국인들이 몰려와서 미국 사람들도 좀체 엄두를 내지 못하는 고급 주택들을 예사로 매입하고 있다 합니다. 한국의 경제 사정이 답보 내지 후퇴하고 있는 것을 빤히 들여다보고 있는 미국 사람들로서는 참으로 이해되지 않는 불가사의라고 고개를 갸우뚱하고 있답니다.

그 돈들이 어떻게 어디서 나온 것일까요? 수사 경력이 많은 경제 전문 검사가 얼마나 답답하였으면 엊그제 이 비리를 발표하였겠습니까! 기업들이 땀 흘려 벌어들인 돈을 일부 더러운 정치인들이 그럴싸한 명목으로 거둬들여서는 가족 명의로 외국으로 빼돌려 그런 못된 일들을 하고 있다는 것입니다.

그런 부끄러운 돈으로 장만한 뉴욕의 호화 주택에서 식사를 하고 잠을 잔들 거기에 진정한 평안이나 행복이 있을까요? 결코 있을 수 없습니다. 아무리 타락한 인간이라도 그 속에는 일말의 양심이 있습니다. 하나님이 주신 양심입니다. 바늘이 아주 작은 것이지만 찌르면 여간

아프지 않는 것처럼, 어두워지고 무디어버려서 '일말(一抹)의 양심'만이 남아 있더라도 그 양심에 가책이 되어서 결코 행복을 누리지 못할 뿐 아니라 오래지 않아 후회와 고통만이 남게 될 것입니다. 하기야 후회나 고통조차 느낄 줄 모른 채 죽는 그날까지 거짓과 허위로 포장된 자신들의 성곽 안에서 '나름대로의 행복'을 즐기면서 살아가는 자들도 있을 것입니다.

마귀의 선물 '끝없는 욕심'

성경은 이런 인생들을 향하여 이렇게 경고하고 있습니다. "깨닫지 못하는 사람은 멸망하는 짐승 같도다"(시 49:20). 마귀가 인간에게 심어놓은 가장 나쁜 것이 '끝없는 욕심'입니다. 에덴은 말 그대로 낙원입니다. 즐겁고 아름다운 동산입니다. 무엇 하나 부족한 것이 없었습니다. 지금 우리가 보아도 아름답고 좋다고 생각 되는 것은 그때 에덴동산에 다 있었습니다.

수없이 많은 맛있는 각종 과일, 채소들, 우거진 수목, 나비와 잠자리, 형형색색의 기화요초들, 공중을 나는 각종 새들, 시원한 바람, 맑은 공기, 따스한 햇볕, 보드라운 풀밭, 맑은 시냇물, 느릿느릿 움직이면서 한가로이 풀을 뜯고 있는 하얀 양 떼, 깡충깡충 풀밭 위로 뛰어 다니는 토끼들. 바로 지상 낙원이라 할 수 있는 이 에덴을 하나님께서는 아담과 하와에게 거저 선물로 주셨습니다. 무엇 하나 아쉬울 것이 없는 참으로 '환상적인 곳'이었습니다.

그런데 마귀가 찾아왔습니다. 아담과 하와는 마귀에게 시간을 내 주었습니다. 자리를 함께하고, 이런 저런 이야기를 나누었습니다. 이

점부터 잘못 되었습니다. 마귀에게 시간을 내주지 말았어야 합니다. 이야기하는 중에 마귀는 아담과 하와에게 '끝없는 욕심'을 심어 버렸습니다. 그날부터 지금까지 인간은 '욕심의 노예'가 되어 무섭고 추한 존재로 전락해 버렸습니다.

왜 사람들은 '행복'하지 못합니까? 욕심의 두터운 굴레 속에 갇혀 있기 때문입니다. '욕심'이란, 그 정체를 알 수 없으며, 그 밑바닥을 가늠할 수가 없습니다. 끝이 없습니다. 아무리 채워도 채워지지 않고, 아무리 가져도 더 가지려고 합니다. 욕심이란 바닷물과 같아서 마실수록, 소유할수록 더 소유하고 싶어집니다.

욕심 부리는 자의 비참한 결말

그러니 '욕심'을 절제하거나 포기하지 않는 이상 사람은 결코 행복해질 수가 없습니다. 우리 시대에 있었던 대표적인 사건들이 이 사실을 증명하고 있습니다. 대영 제국의 황태자비였던 다이애나 스펜서(Diana Frances Spencer)를 기억하시지요? 지구상에서 여성으로서 누릴 수 있는 최고의 각광 받는 위치에 세워졌던 사람입니다. 그러나 우아하고 품위가 넘쳐흐르는 영국 왕실의 왕궁도 그녀의 욕구를 채워 주기에는 부족하였습니다. 황태자의 능력으로도 그녀의 욕심을 만족시켜 주기에는 역부족이었습니다. 행복을 찾아서 모험을 하고 방황을 해 보았으나 결국 그녀는 행복을 발견하지 못한 채 아주 젊은 나이에 프랑스 파리의 지하 차도에서 교통사고로 이 땅을 떠나 버리고 말았습니다.

행복했더라면, 진정한 행복을 알았더라면 그렇게 행동하지 않았을 것입니다. 그 누구보다도 행복하다고 믿으면서 지금까지 살아왔었는데 어느 순간 곰곰이 자기 내면을 들여다보니 결코 행복하지를 못하였던 것입니다. 그래서 그 '절망감'을 극복하지 못하고 극단적인 행동을 취한 것입니다. 재벌가의 비극적인 소식도 그렇지 않습니까? 그렇다면 과연 '행복'은 그토록 멀리 있고 우리 손으로 붙잡을 수 없는 것일까요?

이미 행복한 그리스도인

사람들은 여전히 행복이란 저 멀리 꼭꼭 숨어있을 것이라고 생각하는 것 같습니다. 행복이란 언감생심 지금 내 앞에 있을 리가 없고 머나먼 훗날 선택 받은 그 누군가에게만 주어질 거라고 예단해 버립니다. 그러니 그저 행복이란 상상의 산물일 뿐이고, 꿈속에서 나마 조금 맛볼 수 있는 것이라고 미리 단정 지어 버립니다.

그러나 우리는 그리스도인입니다. 그리스도인은 세상 사람들과는 행복관이 달라야 합니다. 행복은 저 멀리 까마득한 곳에 숨어있지 않습니다. 끝없이 머나먼 훗날이 되어서야 겨우 맛볼 수 있는 것이 아닙니다. 사탄은 그리스도인들에게 마저 지금 곧장 행복을 누리지 못하도록 열심히 작업을 하고 있습니다.

그리스도 예수 안에서 지금 당장 행복을 누릴 수 있음에도 불구하고 의심하게 하고, 불신하게 하고, 더디 믿게 만듭니다. 수많은 세월을 허송하게 만듭니다. 아직은 행복하지 못해도 어쩔 수 없는 현실이라고 받아들이게 만듭니다. 행복하지 않지만 불만을 내색하지 않고 참고 사는 것이 믿음이 좋은 삶이라고 스스로를 달래면서 살게 합니다. 이것이 바로 허다한 그리스도인들도 세상 사람들과 다를 바 없이 함께 범하고 있는 착각이요 오해입니다.

그리스도인은 이미 행복한 사람들입니다. 물고기가 바닷속에 있으면서도 "나는 언젠가 물 속으로 뛰어 들어가서 마음껏 헤엄치면서 물 속의 행복을 만끽하리라." 이렇게 중얼거린다면 우리는 그 물고기를 어떻게 평가하겠습니까? 그리스도인은 이미 행복의 바닷속에 들어와 있는 사람입니다. 그러므로 지금 행복한 사람들입니다. 그리스도 안에서 이미 새로운 피조물들입니다. 그리스도 안에 들어와 있으므로 더 이상 정죄함이 없습니다. 정죄(定罪)로부터 벗어났으므로 심판이 없습니다. 심판이 없으니 자유가 충만합니다. 자유함이야 말로 위대하고 숭고한 행복입니다. 그리스도인은 죄책감으로부터, 마귀의 고자질로부터 완전히 해방된 자들입니다.

나가는 말

세상에서는 신체적 자유, 사상적 자유, 정치적 자유를 아주 이상적이고 수준 높은 자유라고 평가합니다. 그런데 우리가 그리스도 안에서 얻는 자유는 이들을 압도적으로 능가하는 초월적인 자유입니다. 하나님께서 인간에게 허락하시는 최고의 선물이 바로 그리스도 예수님 안에서 주어지는 이 초월적 자유입니다. 이 자유를 얻은 그리스도인은 이미 행복한 사람입니다. 행복한 성도 여러분 매일 아침마다 "나는 행복한 사람입니다!"라고 고백하기 바랍니다.